新兴信息消费的环境评估及治理

万晓榆 著

科学出版社
北京

内 容 简 介

本书根据国家社科基金“新兴信息消费的环境评估及治理研究”（15XGL024）课题的研究成果，以消费经济学、管理学相关理论为基础，通过系统研究信息消费的环境演变过程，梳理了新兴信息消费的环境特征；阐述了新兴信息消费的关键影响因素与环境问题之间的作用机理；基于供需视角，从社会环境、供给环境、需求环境三方面设计了多层次、多维度相关联的新兴信息消费的环境评估指标体系；针对环境的关键维度，重点选取基础设施建设、重点产业发展、消费动力提升等方面的案例，构建了多主体激励性治理模型。形成了一套较为科学、系统的新兴信息消费领域环境治理理念和方法。同时围绕新兴信息消费发展环境存在的问题，从政府、产业和消费者等视角提出了治理的政策建议。

本书适合从事信息消费管理及应用的人员、行业和政府管理机构的工作人员、对信息消费感兴趣的研究人员，以及高校相关专业师生阅读参考。

图书在版编目(CIP)数据

新兴信息消费的环境评估及治理 / 万晓榆著.—北京：科学出版社，2020.8

ISBN 978-7-03-065924-8

Ⅰ.①新… Ⅱ.①万… Ⅲ.①信息消费-研究-中国-汉、蒙 Ⅳ.①F126.1

中国版本图书馆 CIP 数据核字（2020）第 158536 号

责任编辑：孟 锐 / 责任校对：彭 映

责任印制：罗 科 / 封面设计：墨创文化

科学出版社出版

北京东黄城根北街16 号

邮政编码：100717

http://www.sciencep.com

成都锦瑞印刷有限责任公司印刷

科学出版社发行 各地新华书店经销

*

2020 年 8 月第 一 版 开本：787×1092 1/16

2020 年 8 月第一次印刷 印张：13

字数：302 000

定价：98.00 元

（如有印装质量问题，我社负责调换）

编写委员会

主　　编：万晓榆

副 主 编：袁　野

编 委 会：盛海刚　王在宇　齐　捷　龙　宇　代时敏
王葶亦　范兴苹　蒋　婷　杨　腾　赵　寒
陈业建　樊自甫　刘雪艳　张　伟　张　洪

前　言

在信息消费高速发展的同时，诸如“垃圾短信”“网络欺诈”“黑电台”等信息消费环境问题已严重影响到公众个人隐私与财产安全、信息消费市场秩序及国家社会稳定，在一定程度上加剧了人民日益增长的美好生活需要和不平衡不充分发展之间的矛盾，这些问题的频繁发生对我国信息消费市场的健康发展造成了较大的负面影响。同时随着移动互联网、大数据及物联网等新兴信息消费业态的大量涌现，信息消费环境发生颠覆性变化。如何科学客观地认识新兴信息技术发展带来的消费环境演变，如何设计有效且具有可操作性信息消费环境的评估体系，以及如何开展有针对性的新兴信息消费环境治理，对振兴国民经济，推动信息消费升级，满足人民群众日益增长的消费需求，实现可持续的健康发展具有重要的意义。

在此形势下，作者从 2013 年开始，就我国信息消费市场对国民经济的贡献作用，新兴技术的发展对信息消费结构和模式的影响作用，以及由此带来的环境改变及综合治理进行了较为深入的研究。并先后承担了国家社会科学基金、重庆市科技研发项目、重庆市教委人文科学项目等相关课题。为全面梳理前期研究成果，扩大研究成果共享度，提高信息消费环境评估指标体系构建水平，丰富我国信息消费研究的理论与方法，作者组织撰写了本书。

本书采用文本研究、理论研究和实证研究相结合的方式，在深入分析前人研究的基础上，对新兴信息消费和环境的概念进行了定义；基于供需视角构建了新兴信息消费的环境评估指标体系；应用层次分析法(analytic hierarchy process，AHP)确定指标权重并构建评估模型，结合专家意见法和熵权模糊语言决策法对新兴信息消费的环境评估指标进行优化；同时选取具有代表性的省市进行新兴信息消费的环境评估，发现问题并提出针对性治理建议。本书注重点面结合，分层次研究新兴信息消费环境问题。①在面上，综合应用管理学、经济学、计算科学等学科领域的方法，将文献分析法、扎根理论、社会调查、实证研究等灵活交叉融合，有效保障了概念界定的理论依据和决策建议的准确性。②在点上，采用模糊语言、建模仿真、计量分析、博弈论等规范分析和数值模拟相结合，有效地解决了评估指标体系优化和治理模型构建系统性。重点研究了新兴信息消费的环境评估体系设计和环境治理模型构建等问题，以提升治理的科学性、针对性和适用性。

全书共九章：第一章分析了信息消费与其结构要素的关系和结构要素之间的关系，界定了信息消费的概念。第二章提出了在新兴信息技术背景下的新兴信息消费的概念，阐述了其内涵和特征，并对我国新兴信息消费形成的环境进行了界定。第三章从社会环境、供给环境、需求环境视角出发，剖析了国内在新兴信息消费环境建设过程中存在的主要问题。第四章围绕供给-需求视角，构建了新兴信息消费的环境评估指标体系。第五章运用熵权模糊语言等初始指标体系进行了优化，量化了指标权重，阐述了新兴信息消费环境的重点治理方向。第六章从信息基础设施建设、政府公共信息服务供给等五个重点治理方向，运用演化博弈等理论建立了治理模型。第七章选取典型城市重庆，重点从产业结构调整、农村信息化、信息污染治理三个方面进行环境治理案例分析，为地方新兴信息消费的环境治理提供决策支撑。第八章、第九章结合评估结果和新兴信息消费环境治理的重点方向，从政府、产业和消费者层面提出针对性的政策建议，最后对本书研究结论进行了总结。

本书由主编万晓榆统筹，设计并编写了第二章、第三章、第五章、第八章；副主编袁野承担了课题理论研究和数据收集分析，编写了第一章、第四章、第六章；重庆邮电大学硕士研究生盛海刚、王在宇、齐捷、龙宇、代时敏、王葶亦、范兴苹、蒋婷、杨腾、赵寒、陈业建等作为课题研究成员，参与了本书第七章、第九章的数据梳理，以及全书内容的撰写和校对。本书出版受国家社会科学基金西部项目“新兴信息消费的环境评估及治理研究”(15XGL024)项目资助。特别感谢全国哲学社会科学规划办公室资金资助，感谢北京邮电大学吕廷杰教授、工业和信息化部电信经济专家委员会陈金桥秘书长、中国信息通信研究院鲁春从所长等行业知名专家在课题研究过程中的指导和支持。本书在编写过程中还得到了重庆邮电大学樊自甫教授、刘雪艳、张伟博士的建议和帮助，在此一并表示感谢。由于作者水平有限，书中难免有疏漏与不妥之处，敬请广大读者斧正。

目　　录

第一章　信息消费领域国内外研究概述

目前国内外学术界关于信息消费已经有一定的研究积淀，但是相关研究的视角不同，研究的逻辑、内容等错综复杂，尚未对这一抽象复杂概念形成统一定义。本章通过对大量的国内外文献、文本资料进行梳理分析，采用扎根理论研究阐述了信息消费本质和核心逻辑，并进一步构建出信息消费未来研究框架。

第一节　信息消费研究现状梳理过程

一、信息消费研究主要阶段

经济新常态下，互联网经济对国民经济和社会发展具有较大的带动作用，信息消费是互联网经济的重要构成，国家层面已将促进信息消费视为扩大内需、发展新兴产业的重要手段。学术界对信息消费的相关研究逐年增多，学者们围绕各自的研究重点，综合运用管理学、行为学、经济学和社会学等多学科交叉优势，形成了多元化的信息消费研究格局。纵观信息消费的相关研究，主要可以划分为以下三个阶段。

第一阶段，信息消费最早的研究起源于情报学领域，这个阶段主要围绕信息消费概念界定开展研究。郑英隆（1994）在我国对信息消费最早的系统性研究中就提出信息消费是社会各种类型决策者将现有的相关决策信息进行消化吸收，并通过若干转换加工成行动决策或思想决策的过程。贺修铭（1996）从促进情报学概念体系的科学性和完整性角度研究，认为信息消费是社会信息生产和交流过程的延续，是信息消费者获取信息、认知信息内容和再生信息等基本环节所构成的社会活动。

第二阶段，随着互联网的普及，信息消费快速增长，更多的学者开始关注信息消费，这个阶段主要围绕消费过程和价值体现开展研究。陈建龙（1996）认为信息消费是人们使用信息资源满足生产和生活需要的过程，包括对信息内容的吸收和利用过程，以及信息与需要的匹配过程[①]。因此从过程出发，信息消费可以被视为是对信息的感觉、理解和整合，体现出消费过程的信息化。贺修铭（1997）提出信息消费过程包含信息需求、占有、处理和再生的几个特殊结构，同时 Oliver（1999）对于信息消费过程中的价值判断问题也做了进一步分析和定义[②]。

第三阶段，移动互联网，智能终端的出现，带来了更广泛的消费体验，这个阶段主要

① 陈建龙.论信息效用及其实现过程[J].北京大学学报（哲学社会科学版），1996（3）：36-40.

② Oliver R.Value as Excellence in the Consumption Experience[M].1999.

围绕信息消费主客体行为展开研究。李春海(1998)从信息消费者的视角将信息消费定义为在某种社会关系中,用户在可获增值期望收益的驱动下,结合自身的支付能力和智能素质,运用可能的技术装备,获取和使用信息及信息产品的过程①。舒华英和李曦烨(2013)从消费主体的需求目标出发,认为信息消费主体包括自然人和法人在信息需求引导下消费信息产品及服务的行为,包括对信息本身的收集、加工、利用及其相应的信息设备的选购、使用等,以及信息产品及服务在生产、交换、送达过程中对各类设施及网络的使用②。韩秋明(2015)认为信息服务消费尤其重视消费者行为,关注消费者在时间、精力等方面直接或间接进行信息服务消费活动③。

随着信息消费研究的不断深化,研究内容与研究问题不断增加,呈现出新的特点。学者对于信息消费的研究各有侧重,但大量研究成果仍未给出系统的信息消费研究框架体系,使得对信息消费的认知依旧存在困难。同时,许多信息消费研究也存在方法论上的不足,试图直接通过对现实的认知来构建信息消费理论体系,而这些研究的普遍问题主要体现为集中于小样本进行启发式分析,使得数据资料不丰富、不系统的问题依旧突出,总体呈现出零散分布现象,尚未形成一致的研究结果。

本章研究力求通过大量的文献和文本资料分析来梳理信息消费本质和核心逻辑,通过运用扎根理论研究方法,更客观地对文献进行编码和提炼,遵循从原始材料中逐步深化数据编码的思路,对现有信息消费研究内容与未来研究预测进行扎根分析,构建信息消费研究框架。

二、文献与资料收集

本章研究主要关注 CSSCI(Chinese Social Sciences Citation Index,中文社会科学引文索引)及国际信息消费领域的研究文献,在 CNKI(China National Knowledge Infrastructure,中国知网)、EBSCO 数据库、高校数字图书馆、清华大学、重庆大学、北京邮电大学等文献数据库中对信息消费研究相关联的文献摘要、标题和主题等内容进行搜集与初步筛选。但在文献收集过程中发现,国外学术界并未直接提出信息消费的概念,因此主要以国内文献资料为主。研究以信息消费、信息产品和信息服务等关键字进行初步文献检索,检索的关键词结合了目前信息消费的主流观点,根据文献摘要内容共筛选出相关文献 327 篇,作者包括郑英隆、贺修铭、沙勇忠、沈小玲等,这些作者在 CSSCI 检索期刊上至少已发表两篇及以上相关论文,所选取的论文具有一定影响力。进一步剔除主体内容与信息消费并无直接关系的文献,筛选后保留相关度较高的文献 156 篇。另外,鉴于国内外针对信息消费的研究文献较少,需要对直接包含信息消费的语段进行进一步补充,因此本研究将政府文件、网站时事评论与专题讨论等内容也纳入考虑,对研究语段进行进一步补充。

① 李春海.信息消费与信息监管[J].冶金信息导刊,1998(04):32-49.
② 舒华英,李曦烨.信息消费和比特经济[J].江苏通信,2013(04):10-12.
③ 韩秋明.农民专业合作社信息服务消费影响因素研究——基于陕西和内蒙古部分地区的实证研究[J].图书情报知识,2015(1):14-23,32.

三、基于扎根理论的编码过程

对相关文献的研究内容和未来的研究方向进行编码，通过开放编码、主轴编码和选择编码的过程，抽象出相关的理论框架。

首先，在开放编码中从信息消费相关文献、时事评论等资料中提取出 436 条信息消费语段，采用逐词编码方式逐字逐句地浏览数据，初步抽象出 52 个范畴及其下属的 477 个概念，即初级编码(表 1.1)。

表 1.1　信息消费开放式译码示例表

信息消费语段来源	概念化	范畴化	范畴性质
它在本质上是属于精神消费，不仅仅与人的认知能力密切相关……A6	认知能力	认知能力	能否对信息消费进行认知识别
而信息消费属于精神消费的范畴，与消费者的信息意识和认知水平紧密相关……A9	信息意识	认知能力	是否具有信息消费需求判断能力
在信息需求的引导下消费信息产品及服务从而得到满足的消费行为……A81	信息需求	需求认知	信息消费行为产生的源头
利用传统和现代各种手段，对信息进行生产……A243	信息生产	需求认知	信息消费行为产生的源头
生产劳动、经营管理等决策及其他社会决策活动有关的信息……A249	工作需要 经营管理	功能价值	信息消费产品所具有的属性，满足产品功能的目的
对信息产品和服务进行消费的过程……A294	信息产品 信息服务	消费内容	信息消费对象的具体体现
信息产品和信息服务聚焦在规模大、增长快、前景好的领域，概括起来是 6+4 体系……C8	信息产品 信息服务	消费内容	信息消费对象的具体体现
第一类信息产品能独立于原物质载体而独立转移，信息产品可以交换，而其原来的物质载体不需随其移动……A303	信息产品 信息载体	消费内容	信息消费对象的具体体现
体现了信息经济时代的基本特征，也是有效实现信息消费的内在需求……A309	经济	宏观环境	支撑信息消费的外部宏观背景
总计 436 个语段	总计 477 个概念	总计 52 个范畴	

主轴编码和选择编码是在开放式编码的基础上分析各个范畴在概念层次上是否存在潜在的联结关系，归类形成信息消费能力、消费主体性质、消费过程类型、消费过程感知、价值体现、价值区分、价值属性、消费对象类型、消费对象内涵、消费对象特征、宏观环境特征、微观环境特征、环境现状问题、环境评估 14 个主要范畴。

为构建相应的分析框架，在充分考虑各范畴原意的基础上，进一步系统比较范畴间关系，最终将现有信息消费研究归为信息消费主体、信息消费过程、信息消费价值、信息消费对象和信息消费环境 5 个核心范畴，具体编码结果如表 1.2 所示。

表 1.2 主轴性编码

核心范畴	主要范畴	性质与特征	初级编码数量
信息消费主体	信息消费能力	认知能力、支付能力	73
	消费主体性质	自然人性质、法人性质	
信息消费过程	消费过程类型	需求认知、获取占有、吸收处理、创造利用	48
	消费过程感知	消费者感知、过程纯粹性、接触感知、可分离性	
信息消费价值	价值体现	决策需求、成本代价、使用情境、稀缺程度	68
	价值区分	功能价值、情感价值、认知价值、社会价值、条件价值	
	价值属性	直接属性、间接属性	
信息消费对象	消费对象类型	信息产品、信息载体、信息服务	106
	消费对象内涵	信息满足、消费满足	
	消费对象特征	数字化、智能化、增值性、外部性、个性化等	
信息消费环境	宏观环境特征	政治、经济、社会、技术、宏观环境特征	182
	微观环境特征	顾客、渠道、供应商、微观环境特征	
	环境现状问题	演进、问题、现状	
	环境评估	评价模型、评价方法	

第二节 信息消费目前的研究视角梳理

一、信息消费的概念及特征

（一）信息消费的概念

郑英隆（1994）是国内最早对信息消费进行定义的学者，其通过研究将信息消费产品划分为感知类、理知类和情趣类。此后，国内外关于信息消费的研究不断丰富，但学界并未就其概念界定形成统一。通过整理分析，有研究将其定义整理为三类，第一类是信息消费活动学说，蒋序怀（2000）、马哲明和陈立军（2015）等研究认为信息消费是消费主体对信息产品和服务进行消费的一种活动；第二类是信息消费行为学说，金燕（2002）等研究提出信息消费是消费主体在工作生活中以信息需求为指导，对信息产品或服务产生的占有、处理等行为[①]；第三类是信息消费过程学说，贺修铭（1996）等研究认为信息消费是消费主体对信息进行获取、分析、使用和创造的过程。

目前各界广泛认同的是信息消费活动学说，认为信息消费是消费主体直接或间接以信息产品和服务为消费对象的活动（蒋序怀，2000）。随着信息技术的革新和应用范围的扩大，各类新兴信息产品不断被开发并推向市场，早先的信息产品分类及概念界定已不再符合社会实际，由此信息消费的概念研究必须根据时代变化进行相适应的调整，以更真实准确地

① 金燕.信息消费质量：含义、评估及提高[J].情报资料工作，2002（01）：26-27，15.

反映信息消费的内涵及时代特征①。

（二）信息消费的特征

信息消费作为信息化时代的产物，呈现出如下特征。

(1)共享性。由于信息不会因个体消费而造成内容削减或价值损失，因此其是能够且愿意被分享的，具有较强的外部性。信息在传播过程中，只要存在适当的渠道和适配的载体，就可以突破时间和空间的限制，被无限传播和分享②。

(2)关联性。随着社会信息水平的提升和信息应用范围的扩大，信息技术与传统三次产业不断渗透融合，在提升社会生产效率的同时，也改变了居民的生产生活方式，推动了国家经济加快发展及居民收入的快速提升，促进了居民信息消费的增加和信息产业规模的扩大，显示了信息消费的发展与居民生活的关联性③。

(3)无形性。由于网络空间中信息是无形的，因此其区别于传统的实体消费，属于无形性消费。信息虽然可阅读、可转载、可处理，却无法触摸，因此对其进行消费时，需借助一定信息载体，如智能手机、平板电脑等④。

(4)边际效用递增性。由于网络外部性的存在，信息在传播过程中不断被接收、编辑和再分享，其承载的内容与智慧随着传播的扩散而不断增加，价值也不断提升，因此信息具备较高的边际效用递增性⑤。

(5)耦合性。随着信息化进程的不断加快，“云、管、端”三者之间的融合不断加深，居民信息消费规模扩大的同时必然将带动相关信息载体市场规模的扩大，因而两者之间存在极强耦合性⑥。

二、信息消费主体视角

根据编码分析，将信息消费主体的研究分为两个方面，即信息消费能力和消费主体性质，见图 1.1。

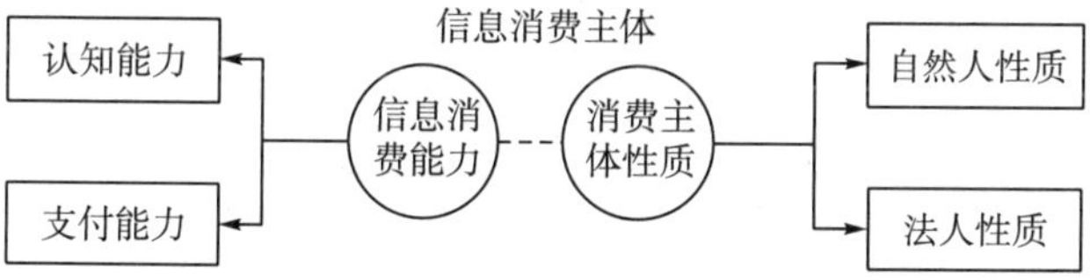

图 1.1　信息消费主体相关研究框架

① 何猛，闫强.大数据时代的信息消费内涵分析[J].北京邮电大学学报(社会科学版)，2014，16(4)：40-45.
② 朝乐门.信息消费的特征分析[J].情报理论与实践，2015，38(12)：15-19.
③ 张玲，李颖.利用新兴信息技术助力政府治理能力现代化[J].电子政务，2015(1)：83-89.
④ 赵付春.我国信息消费构成、影响和发展重点研究[J].社会科学，2014(01)：64-73.
⑤ 张思航.信息消费系数测算方法及信息消费影响因素研究[D].北京邮电大学，2015.
⑥ 泰尔网.工信部电信研究院专家解读《关于促进信息消费扩大内需的若干意见》[EB/OL].(2013-09-06)[2014-11-31].http://www.cttl.cn/zhthg/xxxf/.

（一）信息消费能力相关研究

Eisenberg（2008）认为消费主体的信息素质是信息社会消费者必不可少的能力之一，它影响着消费者生活的方方面面[①]。另外，Katz（2007）认为支付能力、智能素质等条件对于信息消费的推广具有巨大影响，信息消费能力的提高将进一步推进信息消费的深度与广度[②]。

（二）消费主体性质相关研究

近期信息消费主体的研究逐渐聚焦于个人，郭鸿雁（2013）的研究表明随着移动互联网以及宽带技术的发展，用户成为发展的主导，信息消费者更加注重信息的共享性[③]，并且在 Zhao 等（2014）的研究中反映了消费主体的消费习惯开始呈现出社区化、碎片化趋势，消费需求也更趋于个性化[④]。另一方面，Katz（2007）则是从企业运用和政府引导角度进行研究，例如信息消费监管等研究内容。

三、信息消费对象视角

对于信息消费对象的相关研究，通过对相关文献的编码和提炼后，总结出信息消费对象类型、消费对象内涵和消费对象特征三条主要范畴，见图 1.2。

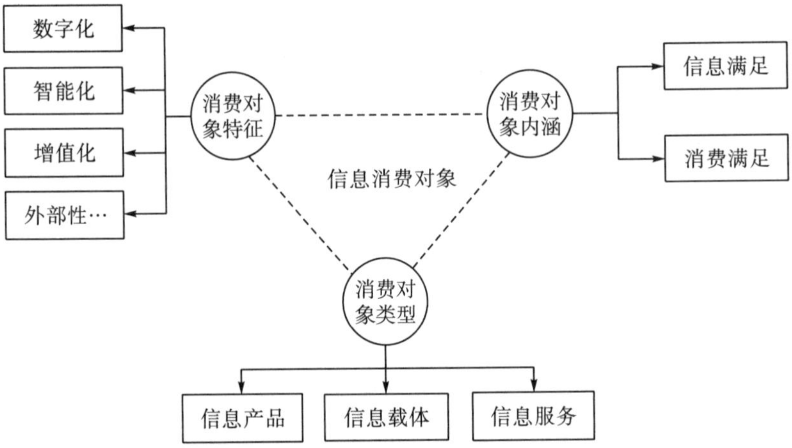

图 1.2 信息消费对象相关研究框架

① Eisenberg M B.Information literacy：essential skills for the information age[J].| Eisenberg | Desidoc Journal of Library & Information Technology，2008：39-47.

② Katz I R.Testing Information literacy in digital environments：ETS's iskills assessment[J].Information Technology & Libraries，2007，26(3).

③ 郭鸿雁.移动互联网演进与新一代信息技术勃兴：2008～2011 年[J].改革，2013(05)：106-112.

④ Zhao H，Zhang X H，Wang Q，et al.Customer segmentation on mobile online behavior[C]// International Conference on Management Science & Engineering.IEEE，2014：103-109.

(一)消费对象类型

以信息消费产品带来交流方式的变化为依据，赵丽霞(1999)将提供传统信息沟通方式的产品称为被动获取信息类产品，技术发展允许后才出现信息交流类产品[①]。根据信息消费的演进规律，蒋序怀(2000)发现低收入人群往往集中于演进前端的消费，高收入群体更贴近新式消费。沈小玲(2008)在此基础上引入有偿与免费的概念[②]。刘晨延(2012)将信息消费产品划分为传统式、家电式、电脑网络式三类演进模式，同时从内容角度将其分为信息产品、信息劳务和信息设备三类，此后该研究也得到进一步的沿用与改进[③]。

(二)消费对象内涵

国际上信息产品的内涵更偏向于网络化的数字产品，普遍采用的是Lanvin(2006)的定义，将信息产品定义为凝聚信息人员的劳动且能被数字化或数字模拟化的产品。而对消费对象的研究则是基于Nelson(1970)提出的消费对象内涵进行扩展的，将消费者因素视为有效分析产品的关键。参考消费者对信息的挖掘，可以提炼出包含搜索与体验的内涵要素，将消费满足纳入产品内涵分析的基础性研究。

(三)消费对象特征

最初郑英隆(1994)结合消费对象的价值特征，主要对信息消费产品的价值意义进行了研究。后来邓胜利(2002)从对象的媒介特征进行研究，基于电信、广电和报刊、在线教育和文献信息等不同角度提取信息消费对象的媒介特征[④]。最近的研究中黎婷和刘勇(2007)根据信息消费对象的特征，重点关注信息消费产品作为劳务交换时的价值转移模式[⑤]。

四、信息消费过程视角

信息消费过程是反复提及的研究内容之一，借助编码分析，可以看出学者们对信息消费过程的研究主要是从链式消费过程和环式消费过程进行阐述，并在消费过程的各阶段各有侧重。信息消费过程主要内容可以归纳为消费过程类型、消费过程感知两方面，详见图1.3。

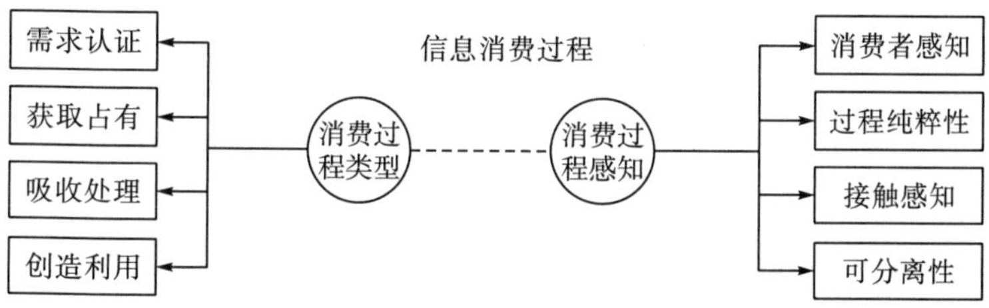

图1.3　信息消费过程相关研究框架

① 赵丽霞.关于信息消费的思考[J].软科学，1999(S1)：7-8.
② 沈小玲.影响信息消费的主体因素分析[J].情报理论与实践，2008，31(06)：849-853.
③ 刘晨延.我国信息消费有效需求不足的原因及对策[J].新视野，2012(02)：48-51.
④ 邓胜利.21世纪信息消费发展新特征及障碍研究[J].情报资料工作，2002(06)：13-16.
⑤ 黎婷，刘勇.信息消费界定评述与研究[J].图书馆理论与实践，2007(01)：56-58.

(一) 消费过程类型

信息消费是对信息的感觉、理解和整合的过程，陈建龙(1996)认为信息消费过程包括对信息内容的吸收和利用过程，以及信息与需要匹配过程[①]。而贺修铭(1996)指出信息消费是社会信息生产和交流过程的延续，是信息消费者获取、认知信息内容和再生信息等基本环节所构成的社会活动。此后李南南和孙秋碧(2007)进一步丰富信息消费过程的内容，并对不同阶段的消费类型进行分析，提出信息需求、信息获取占有、信息吸收处理和信息创造等基本阶段类型[②]。

(二) 消费过程感知

信息消费的过程感知主要从消费者入手，诸如考虑消费过程是否有相关人员介入、考虑信息消费过程是否全程可进行接触感知，以及用户感知信息消费的生产与消费是否具有可分离性等。

五、信息消费价值视角

根据对信息消费价值相关的文献提炼发现，目前研究主要围绕价值体现、价值区分以及价值属性三个主要范畴展开，见图 1.4。

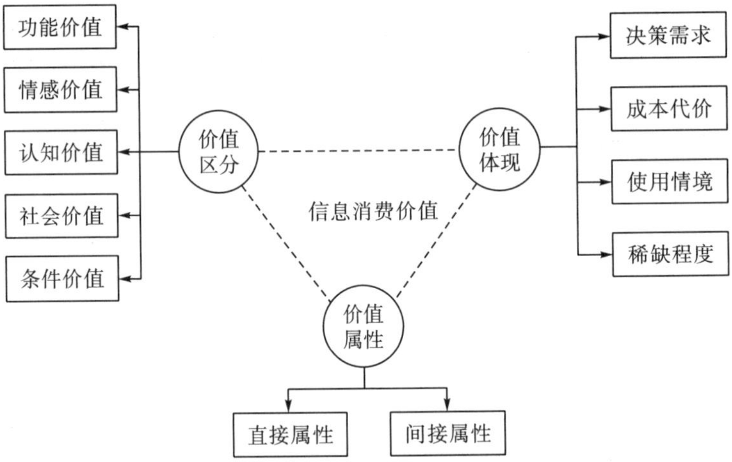

图 1.4 信息消费的价值相关研究框架

(一) 价值体现

信息消费产品具有决策支持意义，因为信息的存在是为了满足用户决策的需要，刘雅静(2005)认为信息消费产品的信息量与稀缺性决定了产品的价值，表现出成本代价差异[③]。

① 陈建龙.论信息效用及其实现过程[J].北京大学学报(哲学社会科学版)，1996(3).
② 李南南，孙秋碧.信息服务业的概念及范围初探[J].现代情报，2007(12)：69-70.
③ 刘雅静.信息消费：内涵、决定因素及发展对策[J].图书馆理论与实践，2005(05)：52-53.

蒋文锋和涂艳红(2005)提出信息的使用价值具有针对性，消费者根据信息时效性、有效性和获取难度等条件区分与判断信息价值①。

（二）价值区分

由于信息消费产品的生产与应用围绕社会生活进行，因此社会价值角度是优先考虑的维度。郑英隆(1994)比照物品消费价值的特点，提出信息消费的价值应重点考虑生产价值与生活价值。随着信息社会发展，消费者使用信息消费的情感、认知价值越发得到重视。此后，吴钢华等(2007)开始在研究中逐渐引入公共关系、文化和医疗保健等，对信息消费的价值做了进一步的补充②。

（三）价值属性

信息消费产品的信息化既体现为消费品本身具有较高的信息含量，还体现为消费过程的信息化。沙勇忠和高海洋(2001)认为信息消费的价值属性体现出直接属性与间接属性，直接属性即消费者需要直接参与设计并购买消费品本身；间接属性更突出信息消费产品的体验性。

六、信息消费环境视角

有关信息消费环境的研究在本章提炼的初级编码中占比最大。通过对与信息消费环境核心范畴相关研究文献的编码与提炼，共提炼出辅范畴 14 条，包括政治、经济、社会、技术、顾客、渠道、供应商、宏观环境特征、微观环境特征、演进、问题、现状、评价模型和评价方法。随后，研究对辅范畴进行深入剖析，选出描述信息消费环境研究的 4 个主要范畴，即宏观环境特征、微观环境特征、环境现状问题与环境评估，详见图 1.5。

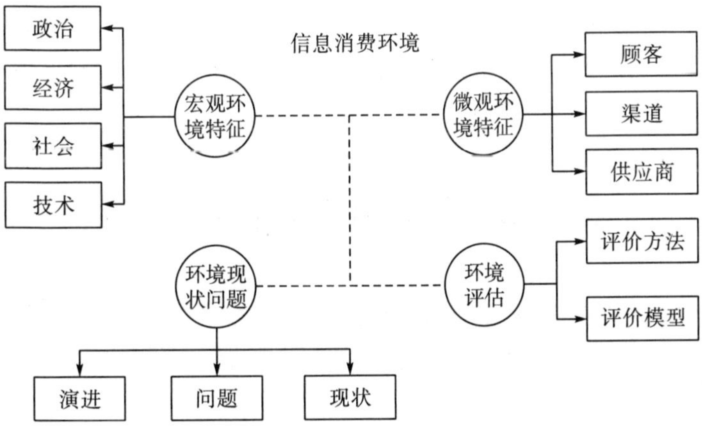

图 1.5 信息消费环境相关研究框架

① 蒋文锋，涂艳红.我国居民信息消费的发展及原因分析[J].湘潭大学学报(哲学社会科学版)，2005(S1)：1-3.
② 吴钢华，杨京英，闫海琪.信息消费系数及其测算方法研究[J].图书情报知识，2007(02)：69-71.

(一)信息消费宏观环境特征

王武军(2013)提出信息消费需要良好的政策支持，政府应重视基础设施建设①。陈坤和武立(2012)的研究表明劳动生产率的提高、R&D(research and development，科学研究与实验发展)经费的增加会促进新兴信息消费产业的良性循环②。此外，王元卓等(2013)提出科学技术的突破拉动了信息消费需求，不断实现人、机、物交互与融合。综合来看，政治、经济、社会和技术四个方面是信息消费宏观环境的最主要特征。

(二)信息消费微观环境特征

郭鸿雁(2013)提出随着移动互联网以及宽带技术的发展，用户成为发展的主导。Zhao等(2014)研究表明信息消费者更加注重信息的共享性，其消费习惯呈现出社区化、碎片化趋势。因此，激励消费手段应更关注顾客、供应商和渠道的信息对称。

(三)信息消费环境现状问题

对信息消费环境现状问题的研究主要集中在环境现状的演进梳理、问题和现状分析几个方面。Koroleva 等(2010)认为信息消费环境整体缺乏安全可靠性，信息污染、信息过载问题日趋严重，并且个人信息保护也有待加强。李小宇(2014)表明面向信息消费环境的监管措施还不够完善，存在监管真空地带，且我国城乡、地区间的数字鸿沟问题也较为突出③。

(四)信息消费环境评估

郑英隆(2013)认为信息消费的环境评估研究是衡量产业科学发展的重要手段。在国家宏观环境层面，方维慰(2003)根据当时的技术特点构建了包含经济环境、政策法律环境、基础设施环境、科技人才环境及社会文化环境的信息产业发展环境指标体系。在产业发展与竞争层面，王炳清等(2011)以电子信息产品制造业和信息服务业为研究对象，将环境支撑能力、环境竞争力作为电子信息产业发展与产业竞争力评价的一个维度，构建指标评价体系并完成评价实证研究④。在微观构成要素层面，学者主要侧重网络安全环境、信息资源配置、人才建设环境等评价研究。

第三节 信息消费未来研究方向

(一)信息消费主体的未来研究方向

1. 信息消费主体的研究

随着消费过程的深入与信息技术的进一步提升，将会对信息消费主体产生进一步的要

① 王武军.中国移动互联网产业发展与区域实践[J].传媒，2013(07)：22-24.
② 陈坤，武立.物联网产业系统成长演化机制研究[J].上海经济研究，2012(01)：97-104.
③ 李小宇.中国互联网内容监管策略结构与演化研究[J].情报科学，2014(06)：24-29.
④ 王炳清，胡平，陆燕萍.中国分地区信息服务业竞争优势的综合评价分析[J].科技管理研究，2011(21)：182-185.

求。除了主体的进一步细化，使信息消费更有针对性之外，人才建设因素、消费者行为影响因素分析等评价研究将成为研究重点。

2. 消费主体分析方法的研究

选取合理有效的研究方法有利于加强对信息消费主体研究的效率和效果，例如人口结构研究、实证分析、经验数据模拟、大数据画像等方法不断创新所带来的新思考在未来都值得关注。

（二）信息消费对象的未来研究方向

1. 信息消费对象的信息获取

需要从信息消费角度持续拓宽合法有效的信息获取手段，例如网络信息化数据提取，包括电子邮件、社会(社交)媒体、健康娱乐、生产生活资讯等开展研究的数据挖掘工具和算法也会成为热点。

2. 信息消费对象的影响变量研究

现有研究虽然对于消费对象的影响变量已有涉猎，例如信息消费产品互动性、共享性，信息消费产品的感知信息影响等，但社会的变革、技术的演进和商业模式的创新将对信息消费对象产生巨大的影响，因此仍有不断研究的必要。

（三）信息消费过程的未来研究方向

1. 信息消费过程测度研究

包括消费发展过程阶段测度、消费过程健康发展的影响因素和不足之处，以及对消费过程具有影响的两化融合水平等测度研究都需要进一步提炼与发现。

2. 信息消费过程模型研究

需要针对信息消费过程中的信息处理问题，运用科学的统计调查方法来深入分析，建立合理的信息加工等过程模型。此外，依据信息消费过程产生的数据与变化趋势、运用模型进行对比分析、挖掘信息消费增长的重要动力因素也是未来研究的重点之一。

（四）信息消费价值的未来研究方向

1. 跨文化、制度等不同情境下信息消费价值比较研究

针对当前基于互联网的信息消费活动，需要进行构建或重构信息消费的经济、文化、社会影响图谱，并对价值进行重新定义和分析，学者可以在立足于中国信息消费研究的基础上，与其他国家进行经济、社会、文化等领域的价值取向开展比较分析研究。

2. 具有不确定性的信息消费价值效益问题研究

围绕尚未涉及或新产生的经济和民生业态进行信息消费价值效益的研究，例如农村信息消费价值、信息消费决策支持力度等价值效益分析。

（五）信息消费环境的未来研究方向

1. 研究层次

未来信息消费环境的研究应当更加微观和有说服力，可以进行实证分析——如信息消费环境及其影响因素的研究、信息消费环境与信息消费、社会经济发展的互动关系等研究。此外，研究将由对现有环境影响因素的分析拓展到对环境治理方向，研究具体的治理过程中的各方博弈现象，以及治理过程中形成的形态和矛盾的解决。例如政府引导式的环境治理模式将是新媒体网络舆论治理的重要方式。

2. 研究方法

学者们研究信息消费环境时，建立指标体系的研究多，收集数据进行实证分析的研究少，运用大数据和人工智能的研究少，对具体研究方法的不断探索和创新将成为未来研究的热点。

本章小结

本章使用扎根理论研究方法，对信息消费内涵的相关研究资料进行了开放式编码、主轴性编码及选择性编码，同时对各因素之间的关系进行了深入探讨，分析了信息消费与其结构要素的关系和结构要素之间的关系，界定了信息消费的概念，并构建了信息消费的研究框架。本章研究主要结论如下。

(1) 在客观、深入分析大量资料的基础上，较为系统地梳理和阐述了信息消费研究的起源、信息消费的过程以及信息消费的视角，在此基础上厘清了信息消费的内涵与外延，总结和完善了现有信息消费概念界定和研究结论。

(2) 通过研究分析一定程度上克服了以往信息消费内涵界定中存在的研究视角的片面性以及理论形成不系统的问题，帮助研究者更好地抓住核心研究内容，促进信息消费研究的发展。

(3) 构建了信息消费理论模型，界定了信息消费的主体、对象、过程、价值及环境等核心范畴，划分了信息消费涉及的领域，为国家相关部门的数据统计口径提供了理论依据。

(4) 通过对现有文献和资料的梳理并结合信息消费发展的现状，从不同研究角度和层次明确了信息消费未来研究方向，主要集中于信息消费环境、对象、价值、过程以及主体的研究，为今后的研究提供了思路。

第二章　新兴信息消费的环境演变及时代特征研究

信息技术的快速发展使得居民信息消费环境发生了巨大变化。本章以文献分析和逻辑推演方法为手段，在上一章梳理信息消费发展历程后，结合客观实际提出了在新兴信息技术背景下的新兴信息消费的概念，阐述了其内涵和特征；并对我国新兴信息消费形成的环境进行了界定，为后续指标体系构建及环境治理研究奠定了重要基础。

第一节　新兴信息消费的内涵

随着社会经济的快速发展，居民信息消费规模不断扩大，信息消费逐渐发展成为居民消费的新潮流①。2013 年国务院发布《国务院关于促进信息消费扩大内需的若干意见》，首次将信息消费提升至国家战略地位，为全国信息消费产业的快速发展奠定了重要基础。据工业和信息化部统计，2016 年我国信息消费规模达 3.9 万亿元，实现同比增长 22%，增速远超社会消费品零售总额的平均增速，充分显示了我国信息消费的巨大潜力和空间②。2017 年国务院常务会议再次强调扩大升级信息消费，进一步表明了信息消费对于我国经济增长的重要作用和我国发展信息消费的决心，2018 年工业和信息化部、国家发展改革委员会发布了《扩大和升级信息消费三年行动计划(2018—2020 年)》，再次为推动信息消费向纵深发展，壮大经济发展内生动力指明了目标和实现的具体措施。

在信息技术的影响下，社会生产方式、企业交易模式、居民消费方式和生活方式都发生了巨大变化。在此过程中，新兴信息技术的迅猛发展极大地促进了新兴信息产品的丰富和新兴信息消费市场的壮大。信息消费市场供给水平的整体提升，不仅优化了居民的信息消费渠道，还强化了居民信息消费的时间碎片化和选择多样化特征。另外随着信息消费用户规模日益庞大，消费型社交平台也不断增多，居民信息消费的社交化特征也愈加突显③。

根据国家信息产业发展相关战略，为不断壮大我国信息消费市场，促进产业结构升级，必须厘清新兴信息技术背景下的新兴信息消费内涵，通过内涵界定、特征研究和趋势分析，制定更加科学合理的引导政策，推动新兴信息消费全面快速发展。

---

① 李旭辉，李超，魏瑞斌.基于 CSSCI 的信息消费被引文献计量研究[J].图书馆工作与研究，2014(04)：104-108.

② 中国新闻网.经济观察：升级信息消费　中国做强经济增长新引擎[EB/OL].(2017-05-12)[2017-10-26].http://www.chinanews.com/cj/2017/05-12/8221954.shtml.

③ 何猛，闫强.大数据时代的信息消费内涵分析[J].北京邮电大学学报(社会科学版)，2014，16(4)：40-45.

一、新兴信息技术与信息消费行为

互联网和移动通信网的快速发展，使得当下社会发展与信息数据和信息技术的结合越来越紧密，信息化社会建设越来越成为各国争相发展的热点，核心信息技术的发展在各领域的主导地位也越加突显①，其中以云计算、大数据等为代表的新兴信息技术不断发展成了社会生产力进步最突出的动力来源②。

新兴信息技术和移动应用的变革一方面极大地促进了居民生活方式、消费行为的变化，另一方面还极大地推动了网络消费的普及，拓宽了居民消费的选择(包括消费地区的选择、消费商家的选择、消费产品的选择、消费时间的选择和消费结算方式的选择等)。樊文静(2012)指出信息技术的应用不仅可以帮助居民获取更多消费相关信息进行理性的消费决策，还可能使居民因更容易接触到各类网络消费活动而产生冲动消费行为③，由此可见，信息技术对居民生活的影响既是多方面的，又是多层次的。

除了给居民生活带来改变，新兴信息技术的突破也给相关产业及企业发展带来了较大影响。产业方面，信息技术与电子商务、网络教育、在线医疗、系统管理等领域融合发展不断深入，各类产品不断推陈出新；企业方面，国内外著名企业都在加快布局云应用、云服务等相关产品，力求在新领域占得先机，其中包括谷歌、微软、百度等。据国际研究机构 Gartner 预测，2017 年全球公共云端市场规模有望扩大至 2468 亿美元④。杨善林等(2012)指出随着云端应用的发展，消费者的信息消费模式逐渐发生了转变，最突出的是消费开始从个体转向群体，从粗犷走向集约，以租用代替购买。

信息技术应用范围的持续扩大，给国家、地区和企业带来了巨大的数据存量，为开发利用社会生活各领域存储了真实数据，大数据技术越来越受到各界重视，并开始发展成为新一代技术革新的代表。据测算，到 2020 年全世界数据存量将达到近 35ZB⑤。大数据技术的发展和应用不仅降低了信息消费过程中各参与主体间的信息不对称⑥，提高了消费者的信息收集和分析能力，还增强了企业对消费者的数据收集和人物画像，促进了企业个性化产品推送和精准化营销活动的发展⑦。

另外，以射频识别、红外感光等技术为基础的物联网产业也不断发展壮大，在物流、交通和生产等领域发挥着越来越重要的作用。由此，美国、日本等国家率先出台了物联网产业相关规划，如智慧地球、U-Japan 等。为紧随世界潮流，加快国内智能产业发展，2010 年以来，我国也先后出台了《物联网发展专项行动计划》等 10 个相关战略规划及行动实施意见⑧。在移动通信技术快速发展的背景下，融合了物联网技术的各类信息消费产品也不

---

① 沈雪石，刘长利，吴集，等.近 10 年来《技术评论》十大新兴技术解读[J].科技进步与对策，2013(01)：155-160.
② 张玲，李颖.利用新兴信息技术助力政府治理能力现代化[J].电子政务，2015(01)：83-89.
③ 樊文静.移动互联网时代的消费者行为分析[J].商品与质量，2012(S8)：12.
④ 云计算.Gartner：2017 年公共云市场将达 2468 亿美元，IaaS 和 SaaS 增速显著[EB/OL].(2017-03-10)[2017-10-26].http://cloud.idcquan.com/yzx/111483.shtml.
⑤ 尚吉刚. 浪潮王恩东：数据社会化，计算+将成数据引擎再进化原动力[EB/OL].(2016-10-27)[2017-10-26].http://www.sohu.com/a/117383 223_116235.
⑥ 李明杰，闫强.大数据在信息消费中的应用分析[J].北京邮电大学学报(社会科学版)，2014(02)：58-63.
⑦ 何猛，闫强.大数据时代的信息消费内涵分析[J].北京邮电大学学报(社会科学版)，2014，16(4)：40-45.
⑧ 李航，陈后金.物联网的关键技术及其应用前景[J].中国科技论坛，2011(1)：81-85.

断丰富和成熟，其中包括智慧家居、智慧交通、智慧旅游和可穿戴设备等。

各类新兴信息技术的发展，快速渗透到社会生产生活的各个领域，不断融合发展出新产品、新服务，既丰富了居民消费选择、促进了市场供需对接，又推动了产业结构优化升级、资源利用效率提升，有力地保障了我国经济的持续增长和快速发展。

二、新兴信息消费的内涵界定

（一）新兴信息消费的内涵界定

信息技术的革新和飞跃式发展，推动了居民信息消费需求、消费对象和消费渠道的深刻变化。因此，基于社会发展现状，信息消费的内涵特征和概念界定必须做出相应调整。本章研究将当前由技术发展带动的新信息消费统称为新兴信息消费，为对其内涵及特征进行准确界定，课题组在对前人相关研究进行梳理分析的基础上，于 2015 年 12 月就信息消费的内涵、发展变化、消费环境和消费治理等问题访谈了吕廷杰、陈金桥、宋彤等 10 余位业内专家。

访谈发现，符合时代发展的新兴信息消费概念受到了业内专家的广泛认同。以信息消费活动学说为基础，以业内专家意见为指导，以相关研究分析为参考，本书认为新兴信息消费是消费主体为满足生产和生活需要，以智能终端为载体，以移动互联网为渠道，以大数据和云计算等新兴信息技术背景下的比特产品为主要消费对象的消费活动。

由于信息的无形性特征，居民在进行部分信息消费时必须借助信息载体和终端，如郑英隆(2013)提出的信息消费对象不仅包括信息服务，还包括信息产品。因此，以市场供给为现实依据，以相关政策和专家意见为分类指导，本书认为新兴信息产品包括新一代智能终端和新兴信息服务两类，其中智能终端以具备无线接入功能的智能手机、平板电脑和可穿戴设备为核心，新兴信息服务以移动互联网接入、新一代软件应用和内容服务为代表。

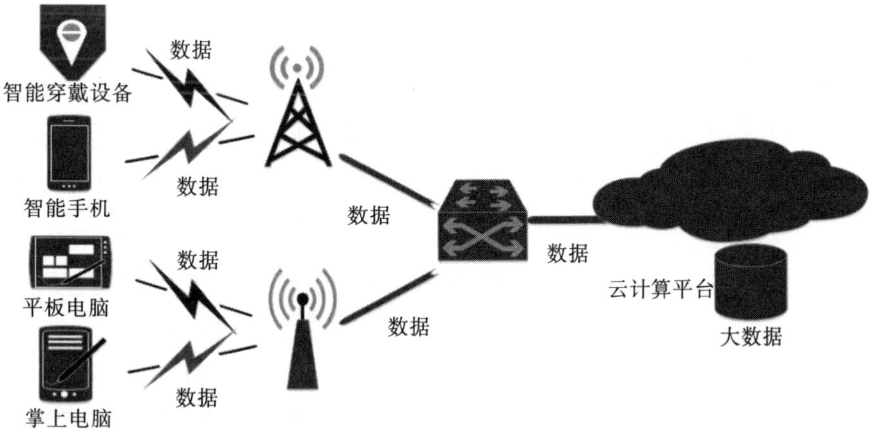

图 2.1　新兴信息消费过程示意图

（二）与其他相似概念的区别

在我国宽带网络发展早期，蒋序怀(2000)结合电子网络时代特色，提出了该时代特征下以电视机、台式电脑和固定宽带接入服务为主的新兴信息消费。随着技术的革新和时代的演变，我国已迈入移动通信时代，居民的信息消费选择和消费渠道都发生了巨大变化。因此，本书所提出的新兴信息消费有别于前者，是在前人研究的基础上，立足于时代发展现状，对新兴信息消费的重新定义，是对传统信息消费的传承和发展。

2013 年，国务院下发了《关于促进信息消费扩大内需的若干意见》，地方相关部门深入学习该中央文件精神，根据文件内容整理得到了“信息消费 6+4 体系”①和“新型信息消费 4+3 体系”②，其中文件所提出的新型信息消费从属于“信息消费 6+4 体系”，但未能充分结合时代特征对信息消费内容进行发展和完善。不同于前者的从属关系，本书提出的新兴信息消费以“信息消费 6+4 体系”为基础，融合了新一代信息技术和随之衍生而来的新兴信息产品及服务，其中包括可穿戴设备和智能终端等，与过往信息消费形成了一种相交关系，如图 2.2 所示。因此，相较前者而言，本研究提出的新兴信息消费更加符合客观现实和时代特征，有助于各界以此为基础对信息消费进行更加准确、科学的研究。

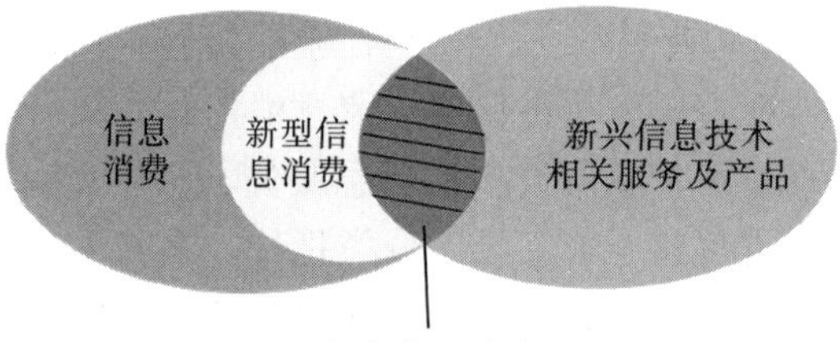

图 2.2 信息消费、新型信息消费与新兴信息消费的关系图

三、新兴信息消费的特征分析

研究认为新兴信息消费以传统信息消费为基础演变而来，既融合了传统信息消费的特征，又具备自身的独有特征，此观点得到了业内专家的广泛认同。基于新兴信息消费的基本内涵，课题组将从如下几个方面对其特征进行具体分析。

（一）信息内容：比特化、海量化和场景化

第一，信息内容比特化。新兴信息消费的内容随时代发展呈现出极强的数字化特征。随着移动互联网的发展与信息化社会建设的不断推进，人们的娱乐、消费和社交等各方

① 北京市经济和信息化委员会.信息消费(6+4)[EB/OL].(2014-02-14)[2017-10-17].http://www.bjeit.gov.cn/ztzl/xxxf/xxxffl/115803.htm.

② 北京市经济和信息化委员会.新型信息消费(4+3)[EB/OL].(2014-02-14)[2017-10-17].http://www.bjeit.gov.cnztzl/xxxf/xxxffl/115804.htm.

面都与比特流有较大关联，例如微博、微信、美团和滴滴等。有数据表明，2016 年我国种类繁多的手机业务中非话费消费的比例已经高达 70%[①]。访谈中，陈金桥等专家对本研究提出的比特化特点表达了认同，并认为企业在经营过程中，数字化、比特化趋势也日益明显。

第二，信息内容海量化。随着云计算、大数据和物联网等互联网技术的飞速发展，社会数据存量猛增。运用大数据技术，企业可以从海量数据中挖掘出用户行为特征，进而发挥数据潜藏的巨大商业价值。因此，各行各业越来越意识到数据对于企业发展的重要性，竭尽所能地收集海量的消费者数据，然后通过针对性分析为企业发展提供决策参考。

第三，信息内容场景化。得益于社会整体的技术进步，虚拟现实技术近几年发展迅速，极大地推动了信息场景的丰富，增加了居民信息消费的选择，促进了信息产业的发展。吕廷杰教授在访谈中表示，虚拟现实对现代社会居民消费产生了重大影响，该技术的发展实现了技术和场景的高度结合，在一定程度上拉动了我国信息消费的增加。

（二）信息载体：智能化和泛在化

首先，信息设备的智能化对于促进我国新兴信息消费的快速发展具有重要作用，其中最重要的是智能手机的更新换代，其显著推动了居民网络信息获取渠道从 PC 端向移动端的转移，通过移动手机使居民生活与信息技术高度融合。目前，居民已经能够通过移动手机对其生活、健康、运动和作息等进行监测。其次，平板电脑在消费者群体中的普及，在一定程度上打破了过往运营商对信息通信的约束，越来越多的居民能够通过无线网络进行语音通信和信息传递。再次，可穿戴设备不断丰富，逐步从以前的手表、手环向智能眼镜等体积轻巧、功能齐全的智能化设备转变。最后，车联网的发展也使得人们可以通过智能硬件设备获取更丰富的车辆及周边信息，实现更优的车辆控制和路径规划。可见，移动通信网络的发展全面推动了信息消费载体的移动化和智能化，居民信息消费的场景不再局限于传统，得到了极大的丰富，在一定程度上有力地促进了居民信息消费的增加，扩大了我国社会信息消费的总体规模。

（三）信息渠道：移动化

信息消费渠道由传统的 PC 端向移动端逐步转变，即信息消费渠道呈现出移动化的特征。2008 年以来，我国信息通信从 3G 到 4G 再到 5G 发展势头迅猛，越来越多的用户选择通过移动端 App 接入互联网。2016 年我国网民规模已达到 7.31 亿，互联网普及率达 53.2%，其中手机网民规模为 6.95 亿，占手机用户总数的 95.1%[②]。此外，2017 天猫“双十一”成交额 1682 亿元，远超 2015 年的 1207 亿元，其中移动端消费规模占比近 90%，交易覆盖了 225 个国家和地区[③]。可见，随着社会信息化水平的提升及各类智能终端的推广，越来越多的居民偏好使用手机、平板电脑等智能设备进行信息消费，进而移动端信息

① 中国电子报.2016 年我国移动互联网接入流量消费同比增长 123.7%[EB/OL].(2017-02-03)[2017-10-17].http://cyyw.cena.com.cn/2017-02/03/content_351075.htm.

② CNNIC.2016 年第 39 次中国互联网络发展状况统计报告[EB/OL].(2017-01-22)[2017-11-20].http://www.199it.com/archives/560209.html.

③ 网易新闻.2017 天猫双十一成交额 1682 亿元　全球共振创造新高度[EB/OL].(2017-11-12)[2017-11-20].http://news.163.com/17/1112/11/D31NBMA900018AOQ.html.

消费规模不断上升。董小英教授也在访谈中表示当下大量消费者倾向于选择通过接入移动网络进行信息消费。

（四）信息用户：碎片化、个性化和自媒体化

第一，相关数据表明，70%左右网民的上网时间集中在晚上，大多网民会在睡觉前通过手机上网，40%左右的网民会在排队等车、喝咖啡和餐厅候餐等时间段使用手机上网[①]。可见，不论是在公共场合还是私人空间环境中，用户的信息消费逐渐呈现出碎片化的特征。

第二，随着信息内容的丰富，信息消费活动愈加多样化，居民信息消费需求也不断突显出个性化和定制化的特征[②]。从早期的来电铃声定制，发展到当下的衣服、冰箱、电脑、网站等各类产品和服务定制，充分反映了居民个性消费的需要和市场发展的趋势。

第三，基于移动通信网络和智能终端的快速发展，各类居民工作生活应用软件迅速发展（如美拍、微信和微博等），居民不觉间便成了网络信息内容的生产者和独立的自媒体人。吕廷杰教授指出信息消费正在朝着自媒体化和社会网络发展。一方面，用户是各类信息的主要消费者，另一方面，用户也是各类信息的生产者，比如用户可以在社交平台、媒体等发表文字、图片和视频等，极大地增加了信息消费的内容。

（五）信息环境：混沌、复杂化

目前我国尚未对信息消费环境现状进行科学测度，信息消费环境到底处于何种态势仍是一个未知的问题。一方面，近两年我国信息消费发展成果相较于前几年进步明显，仅2016年就形成3.9万亿元的信息消费规模，为GDP（gross domestic product，国内生产总值）增长直接贡献0.26个百分点[③]，极大地促进了我国新兴信息消费环境建设；另一方面，12321网络信息举报中心数据显示，2015～2016年，我国网民因个人信息泄露和垃圾信息污染等造成经济损失约915亿元[④]，网络空间信息污染严峻，新兴信息消费环境建设前景不容乐观。由此，本书认为现阶段我国信息环境好坏难断，网络空间污染治理依旧任重道远，董小英教授对此观点表示了认同。

综上所述，以传统信息消费为基础，以信息化技术发展为推动衍生而来的新兴信息消费在信息内容、信息载体、信息渠道、信息用户与信息环境中都表现了新的特征，这些特征彼此关联且相互作用。本研究运用系统动力学的理论研究工具，结合消费生态系统的相关理论和新兴信息消费过程及相关概念，梳理得到新兴信息消费理论模型如图2.3所示。

---

① 王君珺，闫强.碎片时间的应用现状与发展趋势分析[J].北京邮电大学学报（社会科学版），2011(02)：47-52.

② 沙勇忠，刘焕成.信息环境演化对信息消费的影响[J].情报科学，2001(12)：1310-1313.

③ 中国新闻网.中国工信部副部长：去年中国信息消费规模达 3.9 万亿元[EB/OL].(2017-03-23)[2017-11-20].http://www.chinanews.com/it/2017/03-23/8181580.shtml.

④ 中国互联网协会.《中国网民权益保护调查报告 2016》：54%的网民认为个人信息泄露严重[EB/OL].(2016- 06-26) [2017-11-20].http://www.isc.org.cn/zxzx/xhdt/listinfo-33759.html.

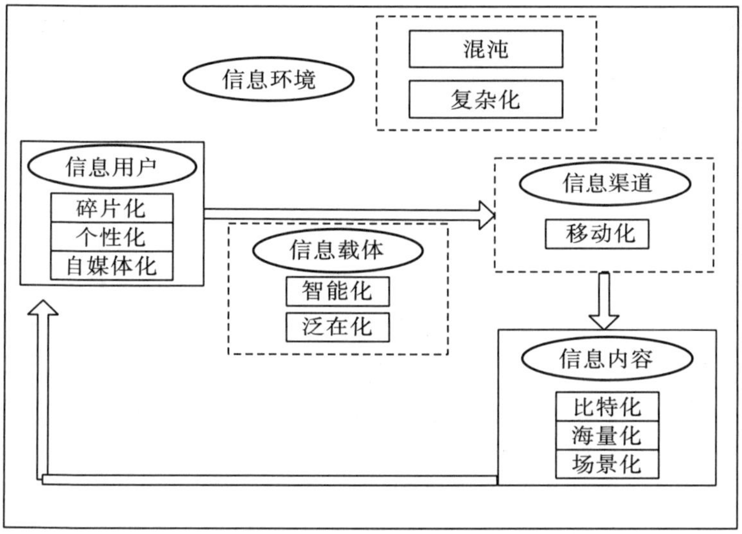

图 2.3　新兴信息消费的系统示意图

第二节　新兴信息消费的环境内涵

一、新兴信息消费的环境概念界定

回顾文献发现，目前学术界未对信息环境、信息生态、消费环境和信息消费环境进行系统的对比研究。此前，沙勇忠和刘焕成(2001)及林艳华(2002)等学者将信息环境与信息生态视作等同①②。本书认为此观点有待进一步商榷，因为信息环境主要是指影响居民信息消费选择的外部内容因素和媒介因素的集合。韩子静(2008)认为信息生态既包含信息消费主体又包含影响信息消费的各类因素，由信息人、信息、信息技术、信息基础设施和相关政策法规等共同构成。因此对比来看，信息生态内容覆盖更广泛，信息环境只是其中一个构成部分，两者不能等同。

此外，我们还必须注意到信息环境研究、信息生态研究和消费环境研究的属性差异。其中前两者研究多以消费个体为主，具备较强的个体属性；后者多以整体环境为主，具备更强的社会属性。具体来看，消费环境包含了影响居民信息消费偏好、选择和决策的各类自然因素和社会因素，其中以社会因素为主，包括居民宗教信仰、消费观点、消费习俗和道德规范等。由于信息消费的发展受到互联网技术的影响，因此信息消费环境不可避免地具备部分互联网特征，其中网络外部性成了信息消费环境区别于信息环境和信息生态的突出特征。

郑英隆(2013)认为信息消费环境包含影响居民信息消费活动的全部因素，如社会经济发展、信息技术发展、居民科教文卫发展和相关政策法规制定等。对比来看，可将影响居

① 沙勇忠，刘焕成.信息环境演化对信息消费的影响[J].情报科学，2001(12)：1310-1313.
② 林艳华.信息环境与信息消费[J].情报杂志，2002，21(8)：30-31.

民信息消费的因素划分为主体因素和客体因素，其中主体因素包括居民受教育情况、居民可支配收入和居民信息设备保有量等；客体因素包括国家及地区信息基础设施建设、信息技术发展和信息消费新产品和新服务研发等。

(1)关于信息消费主体。有研究提出信息消费是针对信息产品和服务的消费。基于消费经济学相关理论，尹世杰(2007)认为信息消费研究应聚焦于消费领域，不应将生产性信息消费也纳入其中。基于消费经济学和消费者行为学，王景艳和朱珍(2013)认为信息消费主体应当是个人和不以营利为目的的单位，不包括营利性企业与政府[①]。本书以前人研究为参考，以经济学理论为指导，认为信息消费者中不应包含以投资为目的进行信息消费的营利性企业。

(2)关于信息消费客体。尹世杰(2007)研究认为信息消费的客体主要包括以基础应用和内容服务为主的信息产品。郑英隆(2013)研究指出，虽然居民进行信息消费是为了通过对信息内容的消费满足某种需求或实现某个目的，但在此过程中，支撑此消费顺利完成的信息载体也属于信息消费客体的构成部分。综上，本书整理得到信息消费的三要素内涵如表 2.1 所示。

表 2.1 信息消费三要素内涵

要素	内涵
信息消费主体	居民个人、非营利组织
信息消费客体	信息产品服务、信息载体
信息消费环境	信息消费主体方环境、信息消费客体方环境和其他外部环境

二、新兴信息消费崛起过程中的环境演变及特征

自信息消费这一概念被郑英隆(1994)提出以来，其已经得到了长足的发展。有学者将信息消费发展历程划分为三个阶段，分别是古代信息消费阶段、近代信息消费阶段和现代信息消费阶段。显而易见，这种划分过于宽泛，没有有效地结合时代特征对信息消费的发展进行梳理。信息技术作为推动社会信息消费环境演变的首要因素[②]，应当是进行信息消费发展历程划分的主要依据和重要指导。因此，本书以信息化建设过程中发生的四次信息技术革命为参考，将我国信息环境演变历程划分为如下几个阶段。

1)第一阶段：19 世纪中叶至 20 世纪 50 年代——起步阶段

随着科技的进步，电报和电话的发明开启了以电信号为载体的信息沟通时代，人类信息的传递方式不再局限于传统的纸质载体，电话、电报等进一步满足了人们的基础性沟通需求。中国现代意义上的信息基础设施发端于西方列强入侵时期，因此中国信息发展相对落后，到 1949 年，我国电话的普及率仅为 0.05%，电话用户只有 26 万户[③]。

该时期世界战乱频发，社会环境动荡，且信息基础设施常被破坏，因此没能形成稳定

① 王景艳，朱珍.信息消费与信息化消费[J].佛山科学技术学院学报(社会科学版)，2013(03)：64-68.
② 沙勇忠，刘焕成.信息环境演化对信息消费的影响[J].情报科学，2001(12)：1310-1313.
③ 高锡荣.中国电信市场的结构演变、产品创新与效率评价[D].重庆大学，2007.

的民间信息消费市场。当时的信息消费主体主要由以传递和收集情报为目的的军队和政府构成，面向居民的信息消费市场非常有限，仅局限于基础性电话、电报等。尽管当时信息消费规模微小，但在中国也开始得到发展。

2）第二阶段：20 世纪 50 年代中后期至 20 世纪 80 年代——徘徊阶段

1946 年美国宾夕法尼亚大学研制了第一台电子计算机 ENIAC，标志着新一轮信息技术革命的开始，此后以美国为代表的西方发达国家信息消费迅速发展，规模不断壮大。由于我国当时正处于计划经济时期，国内信息技术发展相对缓慢。直到 1978 年，我国城镇居民人均可支配收入仅为 343.4 元，电话普及率仅为 0.38%，当时有着占世界 1/5 人口的中国，其话机总数不及世界话机总数的 1%，电话普及水平相比美国落后 75 年。

由于这一时期是我国经济发展史上的一个特殊时期，国内信息消费外部环境的建设并没有得到政府管理部门的重视，在一定程度上导致了我国信息基础设施建设远远落后于世界平均水平，制约了信息消费客体的供给。随着时间的推进，信息消费的主体不再局限于军队和政府，居民的信息消费需求逐步得到释放，但该时期居民收入较低，消费能力不足，故消费需求释放相对缓慢且有限。

3）第三阶段：20 世纪 90 年代至 2008 年——快速发展阶段

改革开放后，我国经济迅速腾飞，信息基础设施建设日渐受到各方重视，各界投资力度不断加大。同时，由于国家经济的发展，居民收入水平和平均受教育水平都得到极大提高，居民工作生活方式和消费观念都发生了深刻变化，低水平的信息供给越来越难以满足居民日渐增长的信息消费需求。

为加快信息产业发展，国家采取了一系列相关举措。在信息消费政策方面，国家开始允许电信行业的企业化经营，其中最为典型的是 1994 年中国联通的成立打破了信息通信行业长期由邮电局垄断的局面。在信息消费选择方面，我国同年接入了互联网的第一条 64kb/s 国际专线，使得信息消费客体在电报、电话和广播的基础上，增加了低速的因特网服务。由于社会环境的稳定和企业化运营的推广，我国信息消费主体开始真正从党、政、军部门特供转向普通群众，且随着居民人均可支配收入的增加，我国社会信息消费能力和规模迅速提升。

4）第四阶段：2009 年至今——高速发展阶段

本阶段以 2008 年我国电信市场重组和 3G 牌照发放为开端，以上举措对我国信息消费市场进行变革影响重大。这一时期，苹果、诺基亚、三星、HTC、华为、中兴等知名电子设备厂商纷纷推出智能手机，允许用户自由安装软件。21 世纪初，国外 Facebook、Twitter 等社交平台不断丰富，国内 QQ 空间、新浪微博等社交平台也相继面世，信息消费大众化特征愈加明显。居民信息消费已不再满足于基本的信息沟通、娱乐、交友等。信息需求正在不断被释放，极大地推动了信息应用范围的扩大和信息产业的发展。信息技术的突破和智能手机等信息设备的推广，带动我国居民越来越多地融入互联网，“拥抱”信息消费。2016 年我国网民规模已达 7.31 亿人，互联网普及率达 53.2%，其中手机网民规模为 6.95 亿人，占手机用户总数的 95.1%①。网民规模的增长和信息设备使用群体的扩大，极大地反映了

① CNNIC.2016 年第 39 次中国互联网络发展状况统计报告[EB/OL].(2017-01-22)[2017-11-20].http://www.199it.com/archives/560209.html.

当下居民对信息应用的依赖和对信息消费的认同。

从客体环境来看，随着“宽带中国”等战略的推广实施，我国信息基础设施建设不断完善，逐步实施了“信息进乡入户”，大幅提升了居民信息接入水平，推动了信息产业快速发展，促进了信息消费市场供给丰富。从主体环境来看，随着国民经济水平和受教育水平的提高，各年龄段、各阶层的居民均开始“拥抱”信息消费，极大地拓宽了国内信息消费市场，扩大了信息消费用户规模，推动了信息消费增长。当下，我国已进入以移动互联网、云计算和大数据等新兴信息技术为背景的新兴信息消费阶段，实现了从需求到结构、从内容到形式、从方式到手段的根本性变化。整理我国信息消费环境发展阶段如表 2.2 所示。

表 2.2 信息消费环境发展阶段一览表

发展阶段	信息技术发展的标志性事件	信息消费形式	信息消费环境特征
19 世纪中叶～20 世纪 50 年代	1837 年莫尔斯发明有线电报；1875 年贝尔发明电话；1900 年南京开通中国第一部电话	电报、电话、广播	信息消费民间市场未形成；信息消费主体以军队和政府部门为主；信息消费客体局限于电报、电话和简单的广播节目
20 世纪 50 年代中后期～20 世纪 80 年代	1946 年第一台电子计算机诞生；1973 年摩托罗拉公司发明第一部手机；1977 年第一种个人微电脑 Apple II 诞生	广播、黑白电视、模拟手机	信息基础设施建设落后世界平均水平；人民大众的信息消费需求受可支配收入限制；信息消费客体并未得到明显丰富
20 世纪 90 年代～2008 年	1991 年欧洲开通移动通信 GSM 系统；1994 年我国开通第一条 Internet 国际专线；1999 年腾讯 QQ 上线	数字手机、桌面电脑、无线寻呼、短彩信	电信产品消费尝试市场化经营；信息消费主体需求迅速增长；信息消费客体增加了；低速因特网服务
2009 年至今	2009 年，全球移动数据流量超语音；2011 年 iPhone4s 发布；2014 年 6 月我国手机使用率首次超越 PC 使用率	移动智能终端、互联网支付、SNS	信息消费市场环境趋于完善；信息消费主体大众化、需求多样化特征突显；移动互联网呈现出取代桌面互联网的趋势

本 章 小 结

随着新兴信息技术的出现与发展，信息消费在经济社会中占据越来越重要的地位，并呈现出独有的内涵和特征。针对这些变化，本章运用文献分析和逻辑推演的方法对与信息消费相关的文献资料进行了研究，研究结论如下。

(1) 基于对我国居民信息消费现状的分析，结合已有学者对信息消费的相关研究，揭示了新兴信息消费在新时代下的新内涵和特征，完善了信息消费研究体系的相关内容。研究认为新兴信息消费是为满足生产和生活需要，以智能终端为载体，以移动互联网为渠道，以大数据和云计算等新兴信息技术背景下的比特产品为主要消费对象的消费活动。

(2) 通过对信息环境、信息生态和消费环境等概念的梳理和分析，探究信息消费发展的各个影响因素以及这些因素在新兴信息技术背景下呈现的特征，并根据这些因素将信息消费环境划分为信息消费主体环境、信息消费客体环境和其他外部环境三大类。

(3) 以信息技术的历史演进为线索，阐述和分析了各个时期信息载体和信息呈现形态的变化，指出在移动互联网、云计算、大数据等新兴行业支撑下的信息消费环境进入了一个全新的发展阶段。

第三章　国内外新兴信息消费的环境现状分析

本章从社会环境、供给环境、需求环境视角出发，通过国内外文献、新闻报告等资料的分析梳理，总结国内外新兴信息消费在基础设施建设、支撑政策、网民规模、居民消费等方面的现状，并剖析国内在新兴信息消费环境建设过程中存在的主要问题。

第一节　全球新兴信息消费的环境现状

一、社会环境现状

（一）各国新兴信息消费发展相关政策布局

在新一代信息技术快速发展的背景下，世界各国纷纷加快在信息消费领域的谋篇布局。在产业发展方面，各国就云计算、大数据、人工智能等领域分别出台了相关意见；在信息环境建设方面，网络安全、数据安全等受到了各国普遍重视，有关实施意见不断下发；在市场交易方面，数据交易相关规则制定、交易法规设计等领域的指导方针相对匮乏。整理收集到的信息发现，目前仅日本出台了针对性的数据垄断监管政策，如表 3.1 所示。为保证信息产业的健康发展，我国在制定产业政策的过程中，不仅需要注重产业发展指导，还需要加强产业相关规范设计，如交易规则设计、交易法规制定和交易统计设计等。

表 3.1　各国信息消费领域政策布局

政策	国家								
	美国	英国	德国	法国	日本	韩国	新加坡	印度	中国
人工智能	●	●		●	●				●
机器人	●		●	●	●	●			●
云计算	●	●	●			●			●
信息安全	●	●	●	●	●	●	●	●	●
大数据	●	●		●	●	●	●		●
网络安全	●	●	●	●	●	●	●	●	●
数据垄断					●				
智能制造	●	●	●	●	●	●			●

(二)各国信息基础设施建设现状

随着信息技术的进步，全球信息社会建设稳步发展，2017 年全球信息社会指数为 0.5748，较 2016 年指数提升 2.96%。2011～2017 年五大洲信息社会建设成效显著：亚洲扎实前行，非洲进步明显，美洲和欧洲稳步发展，大洋洲信息社会发展仍旧领先全球其他各洲。聚焦到国家层面，2017 年卢森堡信息社会建设成果显著，其国家信息社会指数位列全球第一，远远超过其他国家。而同年，中国信息社会指数仅 0.4749，在全球 126 个样本国家中位列第 81 位，较 2016 年上升 3 位；在 55 个一带一路国家中位列第 35 位，较 2016 年上升 1 位；在亚洲 35 个国家中位列 19 位，较 2016 年上升 2 位。从反映居民信息消费生活的居民数字生活指数来看，中国数字生活指数仅为 0.5443，与美国、英国等差距巨大[①]，如图 3.1 所示。由此可见，尽管近年来中国信息化发展水平快速提升，但整体社会信息化水平还较低，居民信息消费发展水平还相对较弱，国家亟待进一步优化居民信息消费环境，以推动国内信息消费发展。

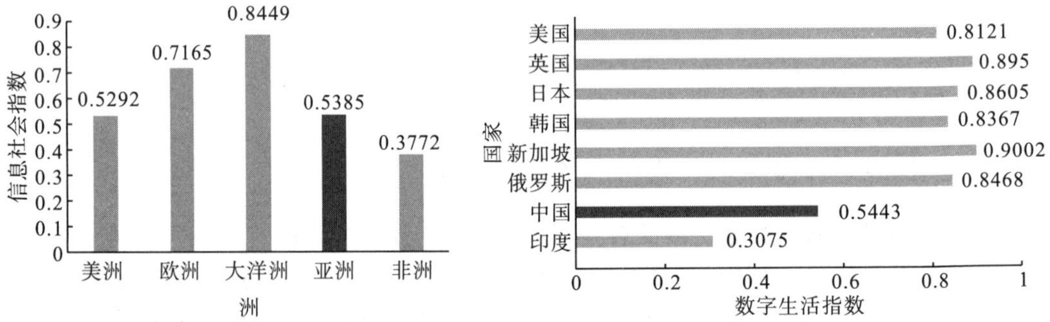

图 3.1 各洲信息社会指数及主要国家居民数字生活指数

二、供给环境现状

(一)新兴信息消费产业生态圈

1.云计算产业

从整体来看，近年来全球云计算产业呈平稳增长态势，产业规模不断壮大。2018 年，IaaS(infrastructure as a service，基础设施即服务)、PaaS(platform as a service，平台即服务)和 SaaS(software as a service，软件即服务)等领域的云服务市场规模已达到 2720 亿美元，预计到 2023 年全球产业规模将达到 6233 亿美元[②]。与美国等发达国家相比，我国云计算发展仍有较大空间。由于我国行业起步较晚，总体上企业机构对于云计算的投资占比不高。我国企业云计算相关支出占 IT 总支出的比例为 14.4%，该比例指标在美国则高达 29.1%。

① 国家信息中心.2017 全球中国信息社会发展报告[EB/OL].(2017-12-29)[2019-09-13].http://www.199it.com/archives/669096.html.

② 中国产业信息.2019 年中国云计算市场快速增长，SaaS 行业市场潜力巨大[EB/OL].(2019-07-27)[2019-09-29].http://www.chyxx.com/industry/201907/765705.html.

其中，我国企业对于公有云的投入仅占6.5%，虽然较2015年接近翻倍，但距离美国的23.9%仍有不小差距。因此，我国未来需进一步加强云计算产业发展，提升国际影响力和行业话语权。

2.移动互联网产业

移动设施是移动互联网产业的重要支撑，图 3.2 显示了 2013～2018 年智能手机和可穿戴设备的出货量。居民移动设备普及率直接影响着移动互联网产业的发展，截至 2018 年全球约有 50 亿人拥有智能移动设备，在所有发达经济体中，韩国成年人拥有智能手机的比例最高达 95%，以色列(88%)和荷兰(87%)分别位居第 2 位、第 3 位，而中国的智能手机普及率仅为 68%，排名第 15 位①，这将对中国移动互联网产业的发展有所制约。近年来，随着居民收入的提升，2018 年全球可穿戴设备出货量已达到 1.72 亿台，全球智能手机的出货量约为 14.05 亿台，虽较 2017 年有所下滑，但仍旧可观，亚洲作为移动信息产业重要的增长市场，未来发展潜力巨大，我国亟待加强市场研究和市场规范，通过合理布局推动我国移动信息产业快速发展壮大，实现从发展跟随到发展引领的突破。

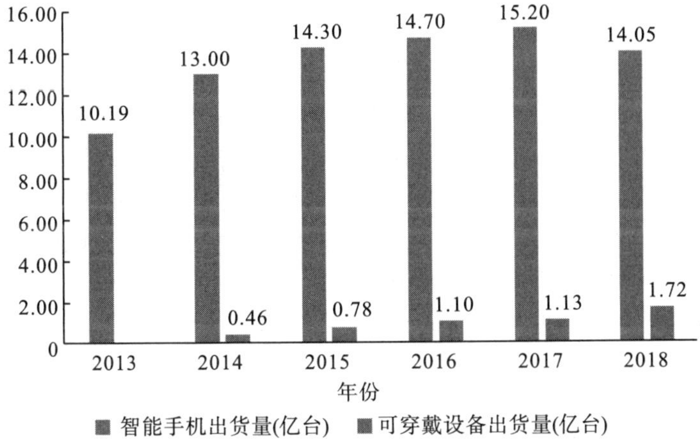

图 3.2　全球智能设备出货量

3.大数据产业

据预测，随着全球各领域大数据应用的全面展开，未来大数据产业将成为新的 IT 支出增长点。就全球趋势而言，2018 年大数据市场总体价值约 420 亿美元②。当下，世界主流的大数据企业主要分为以大数据技术为主导的公司和以数据库/数据仓储业务为主的公司。梳理发现，全球领先的大数据公司主要包括 IBM、惠普、Splunk、戴尔、Opower、Teradata、Oracle、微软、亚马逊、Google、SAO 和 EMC 等③，其中大多为美国企业，鲜

① 搜狐.全球智能手机普及率[EB/OL](2019-03-20)[2019-09-01].http://www.sohu.com/a/302540929_99910469.

② 每经网.《2018 全球大数据发展分析报告》在蓉发布[EB/OL].(2019-05-12)[2019-09-13].http://www.nbd.com.cn/articles/2019-05-12/1330660.html.

③ CPDA 数据分析师.全球大数据领先的公司[EB/OL].(2018-10-25)[2019-09-13].http://www.chinacpda.com/jishu/14922.html.

见亚洲企业，可见相较欧洲、美洲等地区，亚洲大数据产业发展相对落后，仍处于探索、跟随阶段。可见，我国应加强大数据产业发展投资，打造一批具有国际影响力的领先企业，提升我国大数据产业整体发展竞争力。

4.物联网产业

根据 GSMA（全球移动通信系统协会）智库发布的全球物联网市场报告来看，全球物联市场到 2025 年将达到 1.1 万亿美元，其中商业应用占据了物联网市场的半壁江山。GSMA 认为，中国是物联网技术的一个巨大市场，同时也是元器件等产品的主要供应商。中国作为世界工厂，是各种商品的主要制造商，其中包括世界上大部分的电子产品。事实上，中国制造了大部分的传感器、芯片及物联网的其他构成组件。据 GSMA 智库预测，到 2025 年全球范围内将会有 18 亿移动物联网（Mobile IoT）连接（总共 31 亿蜂窝物联网连接）。到 2025 年，将有 138 亿工业物联网连接，其中 63 亿在亚太地区和中国，占总数的 65%。近年来中国物联网发展趋势向好，但未来仍需进一步加强物联网产业发展投资和企业培育，加快构建健康完整的产业链[①]。

（二）各国新兴信息产品及服务创新能力

通过梳理以创新为导向的全球最值得关注的 100 家人工智能公司发现，目前人工智能企业在各领域均有布局，且取得了一定成果。深入对比发现，我国多数智能公司处于跟随阶段，整体创新能力和发展能力较发达国家的领先企业尚有较大差距[②]。本书进一步对标了各国的科技创新能力，从国家层面来看，美国拥有全球最强的创新影响力，约有 70 多家人工智能公司来自美国；来自中国的人工智能公司占比 11%，与以色列并列第 2 位。综合来看，尽管当下中国创新型企业较美国差距甚远，但国内整体创新热情较高，未来大有可为。因此，国家应进一步发挥大众创业、万众创新相关政策的带动作用，激发全社会的创新潜能和创业活力。

（三）全球网络空间安全

世界经济论坛指出，网络安全是全球各国领导最关注的问题之一。随着人类社会与互联网的联系日渐紧密，网络攻击对整个网络生态系统和全球经济生态的影响更加巨大，潜在的威胁不容小觑。2018 年检测发现受到 DDoS（distributed denial of service，分布式拒绝服务）攻击的 IP 数量为 140 万余台，其中境内 DDoS 占 90.6%（图 3.3），境外 DDoS 占 9.4%。其中中国、美国和韩国既是 DDoS 攻击的主要来源国，也是主要被攻击国，中国更是全球第一被攻击国。可见，全球网络空间安全形势不容乐观，中国作为主要被攻击国，必须加快制定网络防御计划，提升网络空间安防能力，保障国家整体信息安全。

① 物联网世界.市场预测：2025 年全球物联网市场规模将达 1.1 万亿美元[EB/OL].(2018-10-11)[2019-09-13].http://www.iotworld.com.cn/html/News/201810/d631068b6753a4fd.shtml.

② 199IT.CB insights：2019 全球人工智能企业 100 强[EB/OL].(2019-02-09)[2019-09-13].http://www.199it.com/archives/831106.html.

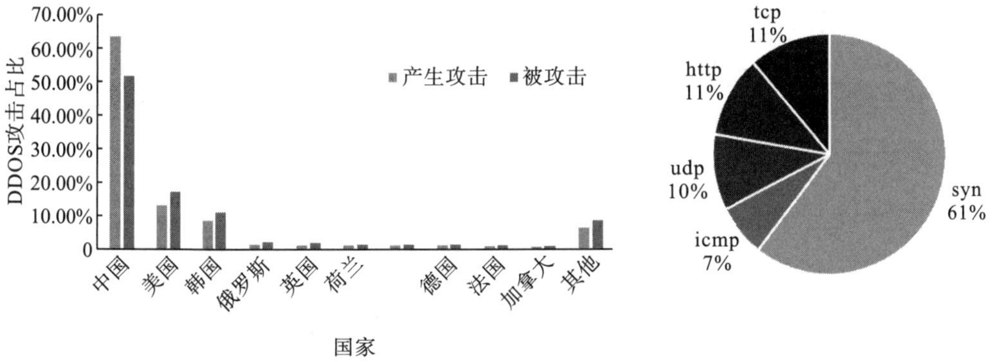

图 3.3　攻击来源、攻击目标分布及攻击类型占比

三、需求环境现状

(一)各国居民信息素质

截至 2019 年 6 月 30 日，全球网民数量已达 44.22 亿人，其中亚洲网民数量占比接近 50%，而中国和印度的网民数量增长迅猛，互联网全球化浪潮已经走出美国中心。具体来说，这 44.22 亿全球网民中，亚洲排在第一，数量达到 22 亿人，占比为 49.8%；紧随其后的是欧洲，数量是 7.19 亿人，占比 16.3%；非洲网民 5.25 亿人，占比 11.9%；拉丁美洲网民 4.47 亿人(10.1%)，包括美国在内的北美洲网民 3.66 亿人(7.4%)；中东占比 3.9%；大洋洲占比 0.6%。在亚洲，中国网民数量为 8.29 亿人(互联网普及率为 58.4%)，占比为亚洲网民的 37.8%；紧随其后的是印度，网民数量为 5.6 亿人，占比 25.5%，如图 3.4 所示。

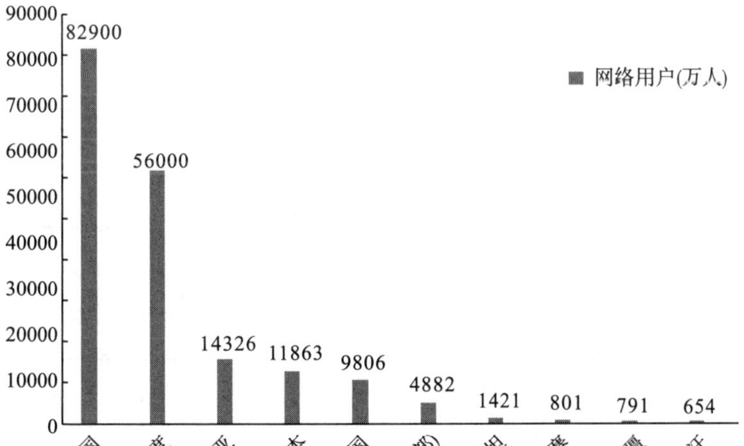

图 3.4　全球移动网民规模 TOP10 及其移动互联网普及率

可见，中国目前虽拥有庞大的网民规模，但整体移动网络渗透率仅近六成，较世界领先水平仍存在差距。在居民生活中，网络普及率直接影响着其信息接入能力和信息消费意识。由此，未来我国需不断加强网络基础设施建设和宽带进镇入乡工程实施，通过居民信息接入能力，激发居民信息消费需求，推动国内信息产业发展壮大。

（二）各国居民信息消费能力

中国目前虽是世界第二大经济体，整体经济体量巨大，但根据 2018 年发表的世界银行人均 GDP 显示，全球人均 GDP 为 1.13 万美元，但目前我国人均 GDP 仅 0.98 万美元，排名为世界第 67 名①，如图 3.5 所示。根据凯恩斯消费理论，居民收入直接影响居民信息消费支出。可见，相较列支敦士登、卢森堡、瑞士、美国等人均 GDP 较高的国家而言，我国居民信息消费能力相对较弱，这在很大程度上抑制了国内居民的信息消费需要。因此，我国应进一步加大社会发展投入，通过社会经济发展带动居民收入提升，促进信息消费需求释放，推动国内信息消费发展壮大。

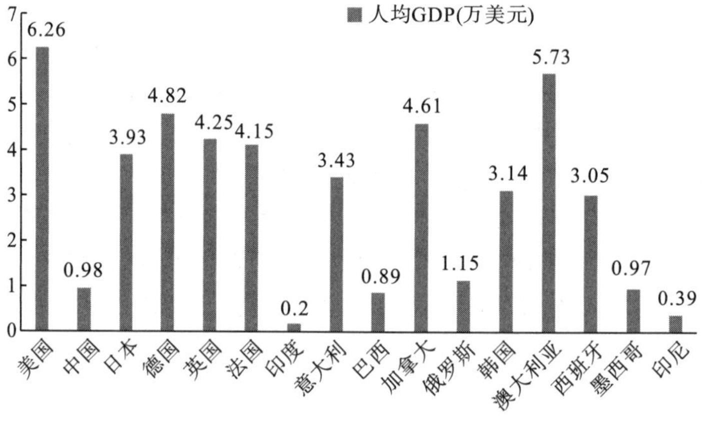

图 3.5 2018 年世界主要国家人均 GDP

（三）各国网络用户信息消费习惯

国家互联网发展水平和传统文化环境存在差异，因此不同国家居民对于移动互联网产品及服务的应用偏好也存在较大差异。在移动网络购物行业，中国网络用户规模庞大，但整体普及率仍较低；在移动社交行业，中国、美国、印度三国用户规模相对较大，但在用户普及率方面印度明显落后于中国和美国；在移动网络视频行业，中国用户规模巨大，居民使用偏好明显；在新闻资讯行业，中国虽用户量较大，但较日本而言，用户使用偏好仍相对较低。综合来看，全球用户接受度最高的移动产业是移动社交产业和网络视频产业，中国居民对移动消费具有较高偏好，发展前景良好②，如图 3.6 所示。

---

① 新浪网.世界银行：2018 年全球 GDP 为 85.791 万亿美元，人均为 1.13 万美元[EB/OL].(2019-07-02)[2019-09-13].https://k.sina.cn/article_6862376589_199078e8d00100qpdq.html.

② Useit 知识库.QuestMobile&APUS：2016 全球移动互联网报告[EB/OL].(2017-05-04)[2017-11-25].https://www.useit.com.cn/thread-15231-1-1.html.

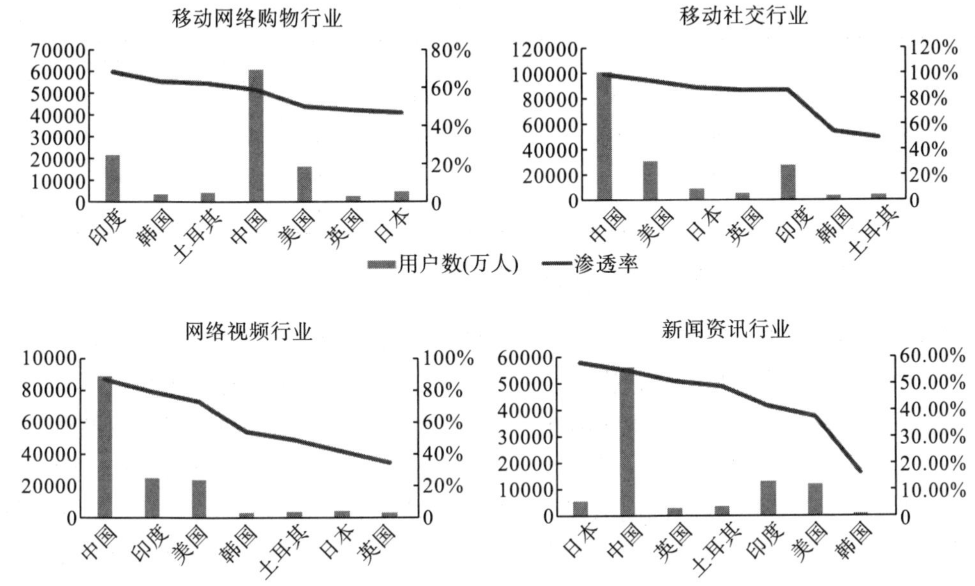

图 3.6　居民各类移动信息消费用户数及渗透率

第二节　国内新兴信息消费的环境现状

一、社会环境现状

（一）主要省市新兴信息消费发展相关政策布局

国家及地区信息消费产业相关政策的发布，充分表明了国家发展壮大信息消费的决心，显示了在经济增速总体下滑的背景下，加快发展信息消费，培育经济增长新动力、新引擎的必要性。从各省市就不同产业发布的各项政策来看(表 3.2)，北京、浙江、江苏、上海等省市作为国内经济发展领先城市，对信息产业发展的布局规划相对更加全面和领先；重庆、四川、湖北、贵州等省市紧随其后，不断加大对信息产业的规划投资。综合来看，国内各省市对信息消费产业的发展规划存在较大的同质性，未能充分结合地方特色，推进差异化发展。以重庆为例，未来重庆应充分立足国家一带一路和长江经济带重要联结点，结合区域特色，布局通道经济、新生经济和服务经济，全面推动具有地方特色的信息消费产业发展。

表 3.2　主要省市信息消费相关政策布局

政策	北京	上海	广州	浙江	江苏	四川	湖北	贵州	重庆
人工智能	●	●		●	●	●	●	●	●
机器人	●	●	●	●	●			●	●
云计算	●	●	●	●	●	●	●	●	●
信息安全	●		●	●	●	●	●	●	●

续表

政策	北京	上海	广州	浙江	江苏	四川	湖北	贵州	重庆
大数据	●	●	●	●	●	●	●	●	●
智能制造	●	●	●	●	●	●	●	●	●
互联网+	●	●	●	●	●	●	●	●	●
两化融合	●	●		●	●	●			●

（二）主要省市信息基础设施建设现状

根据2019年发布的《数字中国建设发展报告（2018年）》，比较各省市2018年基础设施建设指数发现，国内信息基础设施建设水平呈现出明显的东部领先、中西部跟随现象①，如图3.7所示。具体来看，东部地区浙江、上海、北京等省市基础设施建设成果显著，领先优势明显；中部地区湖南省基础设施建设成效相对较弱；西部地区重庆市基础设施建设成果相对较好，高于中部地区的湖南省；云南基础设施水平显著落后。可见，国内各省市之间存在明显的信息基础设施建设不均衡现象，为推进全国信息消费均衡发展，各省市急需立足地方环境，加强相关基础设施投资建设力度，推动区域信息流动机会均衡，缩小省市之间、城乡之间的“数字鸿沟”。

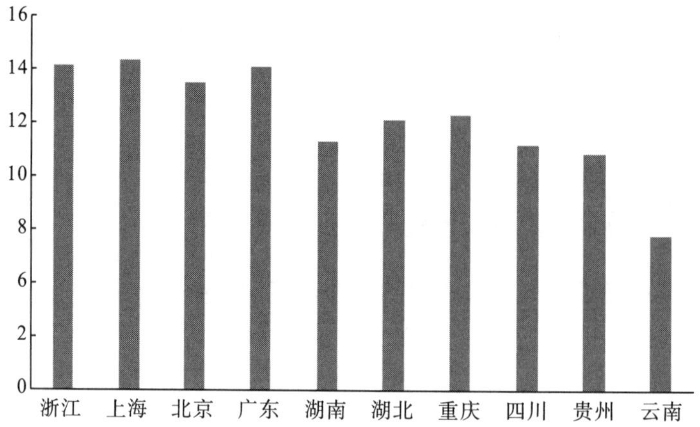

图3.7　国内典型省市基础设施建设指数

（三）主要省市信息污染现状

参考腾讯安全管家相关统计数据发现，2019年上半年，在垃圾短信方面，腾讯手机管家用户共举报垃圾短信近10.75亿条。在垃圾短信类型中，以广告短信为主，占比91.78%，其次是诈骗短信（5.11%）和违法短信（3.11%）。2019年上半年，用户举报垃圾短信最多的省份是广东省，占比为18.37%。用户举报垃圾短信最多的城市分别为北京（5.71%）、深圳（4.12%）和成都（3.80%）；在骚扰电话方面，共举报1.64亿次，较去年同时期增长14.83%，其中诈骗电话举报2793.84万次，同比减少5.95%。2019年上半年，iOS（苹果公司的移动

① 新浪科技.国家网信办发布《数字中国建设发展报告（2018年）》[EB/OL].(2019-05-06)[2019-9-13].https://tech.sina.com.cn/i/2019-05-06/doc-ihvhiqax6957206.shtml.

操作系统）用户标记骚扰电话和诈骗电话的高峰期是 4 月和 5 月，共标记骚扰电话 977.23 万次，其中诈骗电话 169.02 万次，占骚扰电话标记数的 17%。举报骚扰电话和诈骗电话数最多的城市是北京、上海、广州、深圳和部分新一线城市。2019 年上半年，腾讯安全实验室检测到恶意网址 1.04 亿次，拦截恶意网址 3010.05 亿次。在拦截的各类恶意网址中，色情网站排名第一，占比 56.91%；博彩网站和信息诈骗紧随其后，占比分别为 34.78%和 6.86%[①]。可见，为构建清朗的网络空间环境，国家亟待加强网络污染监管、网络污染定责和网络违法惩处。

二、供给环境现状

（一）新兴信息消费产业生态圈

1.云计算产业

分析运营商相关数据发现，近年来我国云计算产业发展迅速，据预测，2020 年我国云服务产业市场规模有望达到 1477.4 亿元，2021 年有望达 1858.3 亿元。虽近年来公有云和私有云的年增速有所减缓，但公有云年增速仍超过 30%，私有云年增速仍超过 29%，如图 3.8 所示。在云存储领域，国内五大供给商分别为阿里云、天翼云、联通沃云、世纪互联和西部数码；在 CDN 服务领域，国内五大引领分别为阿里云、联通沃云、天翼云、腾讯云和蓝汛。尽管国内云服务产业迅速发展壮大，但其应用多集中于游戏类、电商类、金融类、视频类和手机类互联网企业，在传统企业渗透相对较低，工业领域云服务应用占比仅 2%[②]。可见，未来我国需进一步深化传统企业的信息化应用，以信息化推动供给侧改革，以融合发展推动信息消费壮大。

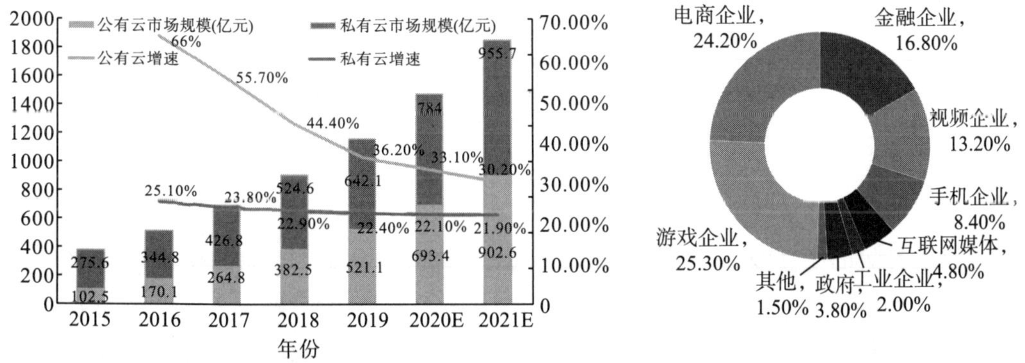

图 3.8 云服务市场规模及主要应用领域

① 腾讯手机管家.腾讯移动安全实验室 2019 年上半年手机安全报告[EB/OL].(2019-07-18)[2019-09-13].https://m.qq.com/security_lab/news_detail_517.html.

② 中国报告网.2019 年我国云计算市场规模在 5G 浪潮推动下增势迅猛[EB/OL].(2019-08-22)[2017-11-25].http://tuozi.chinabaogao.com/it/0R2442Q52019.html.

2.移动互联网产业

截至 2019 年 6 月，我国移动互联网月度活跃设备规模达 11.36 亿台，尽管季度增速减缓，但总量仍稳步在 11 亿台以上①，如图 3.9 所示。此外，随着国民经济的发展以及居民可支配收入的提升，居民移动智能设备普及率进一步提升，推动我国居民信息消费进一步扩大。具体来看，在网络购物方面，2019 年上半年，全国网上零售额 48161 亿元，同比增长 17.8%，比一季度加快 2.5 个百分点。其中，实物商品网上零售额 38165 亿元，增长 21.6%，占社会消费品零售总额的比重为 19.6%，比一季度提高 1.4 个百分点②。在移动支付方面，2019 年上半年中国移动支付交易规模达到 166.1 万亿元，较 2018 年上升 24.2%，增长势头重回正轨③。国内信息消费发展一片向好，为尽快实现国内信息消费扩大升级，未来企业有待加大市场研究，增加新产品、新服务的研发供给，以满足居民不断发展的信息消费需要。

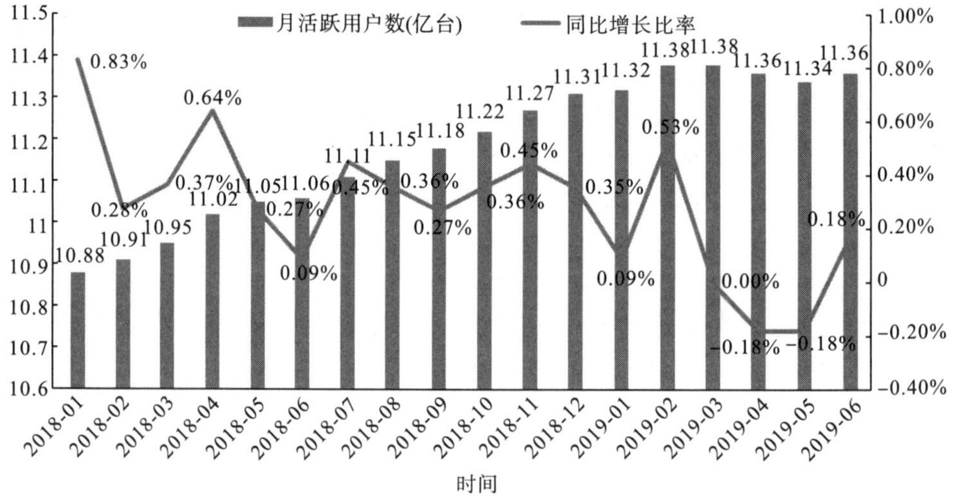

图 3.9 移动智能终端规模及增速

3.大数据产业

大数据技术的快速发展，使得大数据在政务、金融、工业、农业、民生、医疗、交通等领域的应用持续深入，数据存储、数据计算、安全产品研发、解决方案设计等服务不断丰富。地方政策和投资界也不断加大对大数据产业的扶持和投资。根据赛迪顾问的研究，中国大数据产业受宏观政策环境、技术进步与升级、数字应用普及渗透等众多利好因素影响，2018 年整体规模达到 4384.5 亿元，预计到 2021 年将达到 8070.6 亿元，持续促进传统

① QuestMobile.中国移动互联网 2019 半年大报告[EB/OL].(2019-07-24)[2019-09-13].https://www.questmobile.com.cn/resea r ch/report-new/54.

② 中国经济网.国家统计局：2019 年上半年全国网上零售额增长 17.8%[EB/OL].(2019-07-15)[2019-09-13].http://www.199it.com/archives/564532.html.

③ 艾媒网.2019 上半年中国移动支付行业研究报告[EB/OL].(2019-09-25)[2019-09-29].https://www.iimedia.cn/c400/66161.html.

产业转型升级，激发经济增长活力，主力新型智慧城市和数字化建设①，如图 3.10 所示。尽管大数据产业发展欣欣向荣，但当下仍存在政府数据资源开放程度不足、基础创新能力不强、数据资源流通交易机制缺乏、数据安全问题难以保障等问题。未来，相关政府部门及企业应进一步加强政务资源开放机制设计、数据交易规则设计、数据安全技术研发等工作。

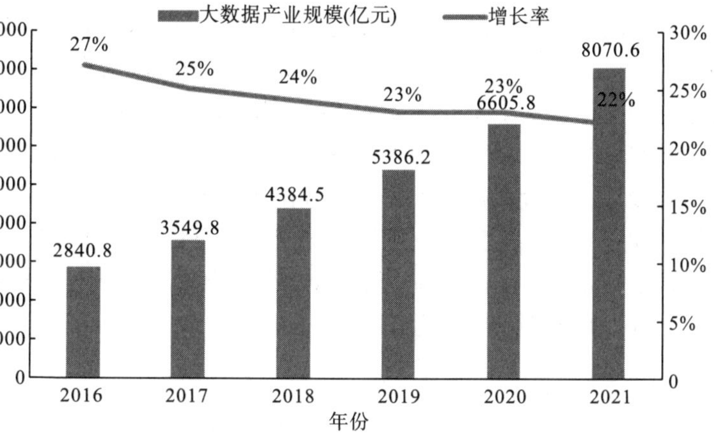

图 3.10 2016～2021 年中国大数据产业规模及预测

4.物联网产业

随着互联网、大数据等信息技术的进步和国家相关政策的出台，物联网技术应用范围持续扩大，产业规模不断扩大。2018 年我国物联网行业市场规模达到 13300 亿元②，预计到 2020 年我国物联网市场规模将达到 20000 亿元③，如图 3.11 所示。当下，物联网发展

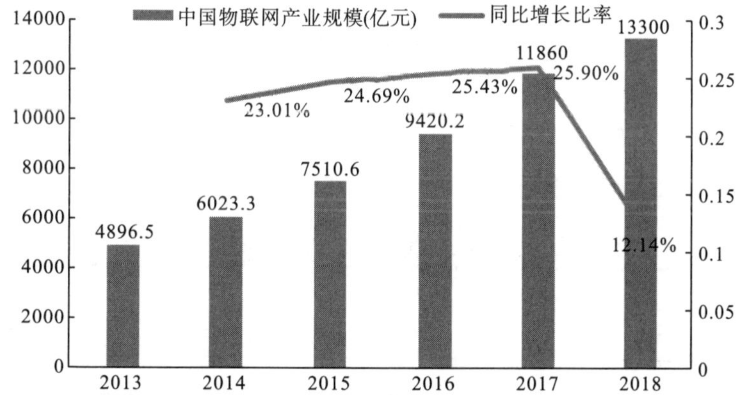

图 3.11 物联网产业规模及增速

① 网经社.赛迪顾问：《2019 中国大数据产业发展白皮书》[EB/OL].(2019-03-07)[2019-09-29].https://www.100ec.cn/detail--64 98821.html.

② 搜狐 2019 年物联网行业市场研究报告[EB/OL].(2019-08-22)[2019-09-29].https://www.sohu.com/a/335528625_405262.

③ 中国产业信息.2019-2025 年中国物联网行业市场竞争格局及未来发展趋势报告[EB/OL].(2018-08-26)[2019-0929].http://www.chyxx.com/research/201808/665844.html.

已经进入快车道，成为社会经济发展的主要动力之一。在产业发展增速逐步放缓的背景下，为保障产业经济的平稳较快发展，国家、地方、企业有待进一步加强产业发展趋势分析和布局研究，以打造完整、健康的产业生态链。

（二）主要省市新兴信息产品及服务创新能力

随着国家创新驱动发展战略的发布和社会科技水平的进步，我国社会创新环境和整体创新能力得到了较大提升。从综合科技创新水平指数看，北京、上海、广东、江苏和浙江等省市综合得分高于全国平均水平 69.63 分，处于第一梯队。湖北、重庆、陕西、四川等地区综合科技创新水平指数在全国平均水平 69.63 分和 50 分之间，处于第二梯队。其他省市创新能力相对较弱，综合科技创新水平指数在 50 分以下①，如图 3.12 所示。当下，国内创新资源投入和科技成果转换虽逐步呈现协同发展态势，但中西部地区创新发展水平较东部地区仍明显落后。未来各省市有待进一步系统性优化区域内创新创业生态环境，强化政策供给，充分释放地方创新创业潜能。

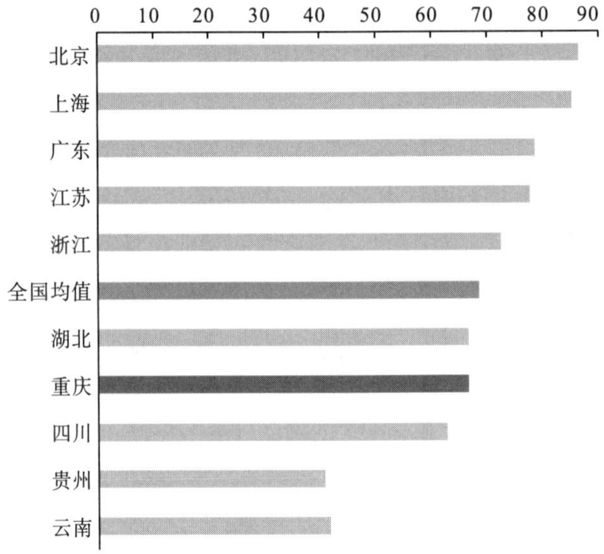

图 3.12　主要省市创新水平指数

（三）国内网络空间安全

随着全球信息化建设的推进，互联网全面渗透社会经济生活，病毒、木马、网络诈骗等信息风险也不断增加。据腾讯安全统计，2018 年国内最受病毒“欢迎”的省份为广东省；此外深圳市、广州市及武汉市则为最受病毒“欢迎”的城市前三名。由此可见，互联

① 搜狐新闻.《中国科学技术发展战略研究所：中国区域科技创新评价报告 2018》[EB/OL].(2019-07-04)[2097-09-29].https://www.dx 2025.com/newsinfo/1333992.html.

网较为发达的地区用户中毒情况较多[①]。2015～2017年病毒拦截次数持续增长，直到2018年首次出现回落，同时2018年整年病毒拦截次数呈现波浪式下降趋势，可见整体病毒传播情况得到有效控制，病毒活跃度正在逐步收敛。但总体来看，我国网络空间信息安全现状仍旧不容乐观，急需加强相关行业规范和法规政策制定。

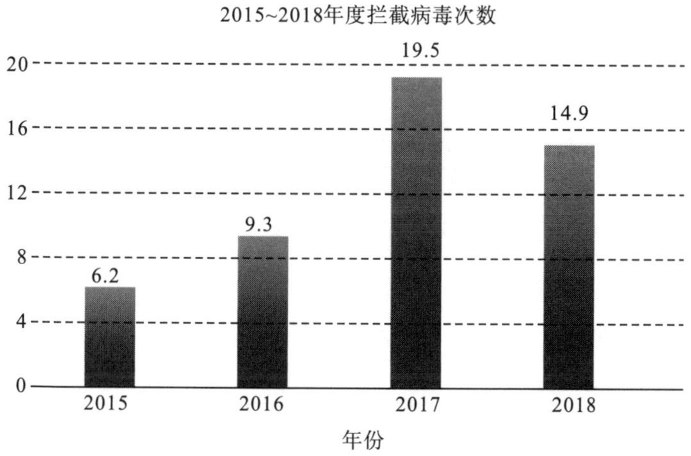

图3.13 2018年全国中毒设备数(亿台)及其分布

三、需求环境现状

(一)主要省市居民信息素质

居民信息能力方面，从全国来看，我国网民仍以中等学历群体为主，高等学历网民规模相对较小。截至2019年6月，初中、中专(或技校)学历的网民群体占比分别为38.1%、23.8%；受过大学专科、大学本科及以上教育的网民群体占比分别为10.5%、9.7%[②]。从地区来看，除北京人力资源储备具备明显领先优势外，各省市教育投入、大学生人数等分布相对均衡。在居民信息接入方面，通过比较各省市互联网普及率发现，由东向西区域互联网普及率呈明显下降趋势，可见部分区域居民信息接入能力相对较差，制约了地方居民信息意识的提升；从各省市网民规模增速来看，由东向西呈现明显上升趋势。可见随着信息技术的发展和信息基础设施建设的推进，西部地区网民数量将逐渐增加，区域内居民信息意识将不断提升，如图3.14所示。为加快居民整体信息素质提升进程，各省市应因地制宜，加强区域信息化建设。

① 腾讯管家.2018年度反病毒研究报告[EB/OL].(2019-02-19)[2019-09-29].http://guanjia.qq.com/act/brand/201901report/ADTAG= innerenter.gj.luntan.

② i99IT.CNNIC:2019第44次中国互联网络发展状况统计报告[EB/OL].(2019-09-01)[2019-09-29].http://www.199it.com/archives/931033.html.

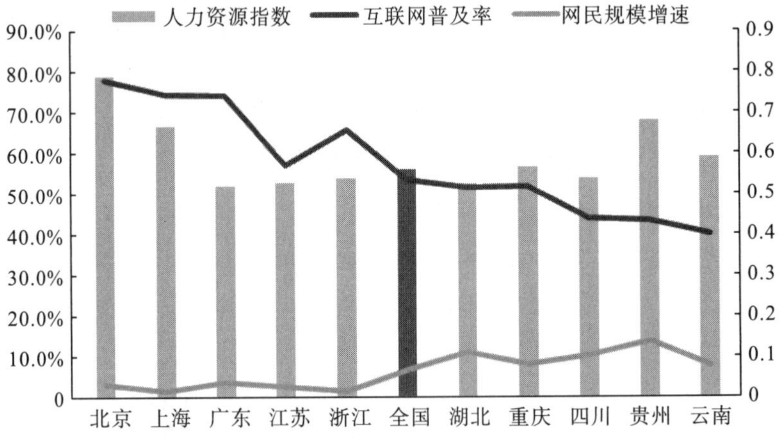

图 3.14　主要省市互联网普及率及人力资源指数

(二)主要省市居民信息消费能力

随着国家经济的发展，居民可支配收入水平不断提升，整体信息消费能力不断增加。通过比较各省市 2018 年的城乡居民可支配收入发现，我国区域经济发展存在较严重的不均衡现象。由东向西，居民人均可支配收入水平均逐步下降；由城市到农村，居民可支配收入大幅下跌，如图 3.15 所示。可见，经济发展水平在很大程度上限制了西部及农村地区居民信息消费需求的释放，抑制了国内信息消费的快速壮大。未来，国家有待进一步加强西部及农村地区经济发展投资，通过区域经济发展带动居民收入提升，促进居民信息消费需要向信息消费行为转变，推动国内各区域信息消费均衡发展，扩大整体信息消费。

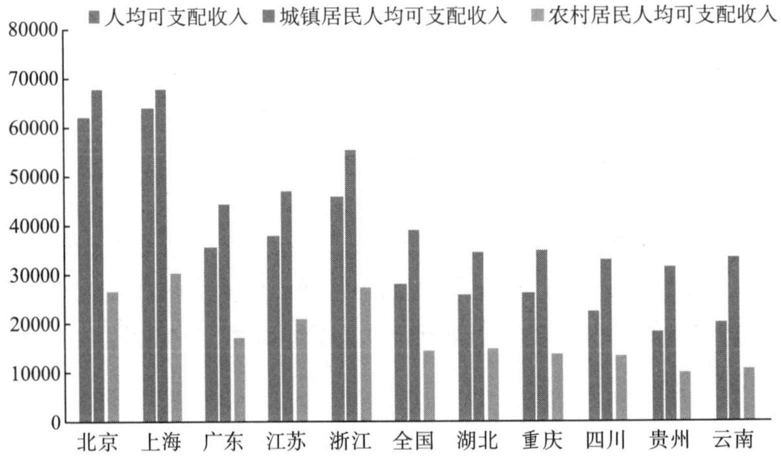

图 3.15　主要省市居民人均可支配收入(元)

（三）国内网络用户信息消费习惯

根据国家互联网络发展统计数据分析发现，自 2008 年 3G 牌照发放后，我国互联网应用领域得到了飞速发展，以即时通信、搜索引擎为代表的信息应用用户规模迅速扩大，以网约车、共享单车、外卖等为代表的新兴信息应用不断产生并发展壮大，如图 3.16 所示①。进一步分析行业统计数据发现，我国城镇居民在网络影视、网络阅读、网络游戏、网络音乐、网络直播等领域表现出较高的同步性，两者用户渗透率均高于全国平均水平，充分体现了未来我国二三线城市居民的消费潜力，如图 3.17 所示。未来，国家应进一步加强提升三四线城市信息服务水平，促进小镇青年信息消费需求释放，推动我国信息消费市场进一步扩大。

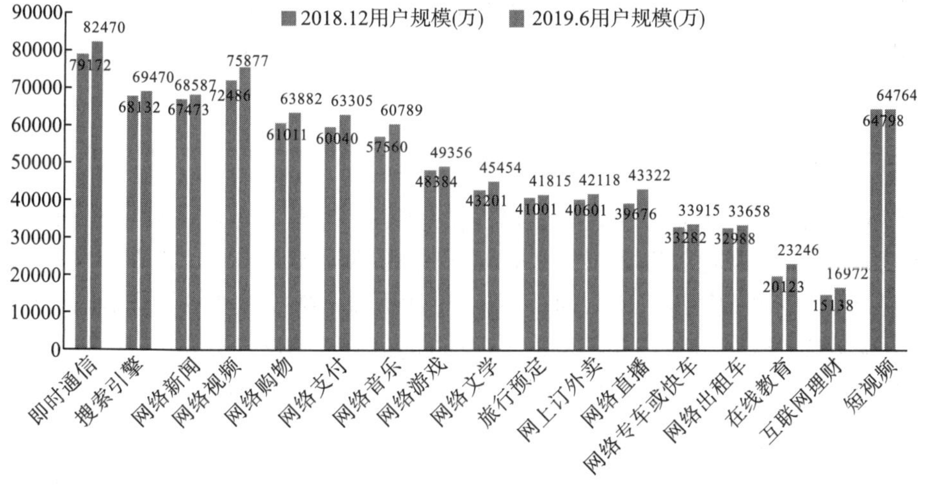

图 3.16　各类互联网应用用户规模

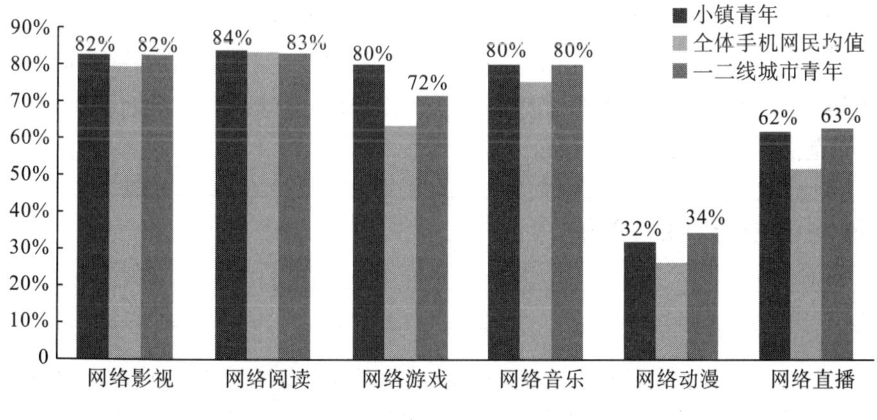

图 3.17　典型互联网应用小镇青年及一二线城市青年用户渗透率

① i99IT.CNNIC：2019 第 44 次中国互联网络发展状况统计报告[EB/OL].(2019-09-01)[2019-09-29].http://www.199it.com/archives/931033.html.

第三节　我国新兴信息消费环境建设的问题

一、社会环境中存在的问题

（一）政策设计

为保障国内信息消费快速发展，我国各级部门针对云计算、大数据、人工智能等领域发布了较多政策，但与产业发展密切关联的高端人才储备、交易规则制定、网络诚信体系建设等仍显不足。我国亟待加强信息消费产业相关配套政策研究，通过激励和优惠政策的发布，加强人才汇聚，推动高端信息产品的设计和开发应用；通过规则制定，规范市场交易，促进健康信息产业发展；通过诚信建设，优化网络秩序，保护各方权益，推动和谐信息消费建设。

（二）基础设施建设

近年来，我国信息基础设施建设取得了较大突破，但较日本、美国等发达国家而言，仍存在较大差距。信息通信设施作为信息产业发展的重要基础支撑，其建设与发展水平已成为衡量一个国家和地区综合实力的重要标志。我国需不断推动城乡信息基础设施建设统筹发展，减小城乡数字鸿沟，共同建设泛在先进的信息基础设施资源，完善海陆空一体化的信息基础设施体系，用基础硬件支撑信息消费产业平稳较快增长。

（三）信息污染治理

信息技术的快速发展给人类生活带来便利的同时，也造成了网络垃圾信息的泛滥和个人企业隐私的泄露，造成了消费者的经济损失，同时给网络空间安全带来了极大威胁。未来，国家需要加强相关法规制定，健全网络信息污染、网络信息违法的监控平台，明确违规行为的惩处规则，充分利用现代信息技术手段和激励管理模式，准确锁定信息污染责任人、企业或组织，探索政府、企业以及信息生产和传播个体间的多方演化博弈机制，以构建健康、和谐的网络空间。

二、供给环境中存在的问题

（一）产业生态构建

当下，我国云计算、大数据、人工智能产业整体水平较世界发达国家差距仍较大，信息产品制造低端产能过剩、高端供给不足的问题仍较明显。可见，依靠资源要素投入和规模扩张的粗放式发展模式难以为继，信息消费产业结构调整、转型升级已刻不容缓。未来，国家及地方应进一步立足国情，准确把握信息产业发展规律，因势利导，引导信息产业循序渐进转向高端发展。

（二）产品服务创新

从全球来看，中国虽具备较强创新潜力，但现有创新实力较美国、英国等差距明显，许多产业仍处于全球价值链的中低端，一些核心关键技术受制于人的状况并没有根本改变。在新一轮信息技术浪潮下，要实现我国产业转型升级和经济提质增效，必须从国家层面瞄准国际市场，超前布局前沿和高科技领域企业发展战略，加大基础研究，形成梯形产业发展结构，以中小企业颠覆性创新推动龙头企业渐进性创新，全面改善国家创新环境，提升整体创新实力。

（三）网络空间安全

我国网民数量和网络规模已达到世界第一，维护好我国网络安全于自身和全球网络安全都十分重要。当下，我国作为全球网络的主要攻击对象，网络空间安全形势不容乐观。如何处理大数据技术引发的数据利用新模式与数据安全之间的冲突、数据分享与数据泄露之间的冲突已成为各级政府亟待解决的问题。为打造安全、开放的网络空间环境，必须尽快加强关键信息基础设施保护、网络文化建设、网络犯罪打击和网络治理体系设计。

三、需求环境中存在的问题

（一）居民信息素质

互联网接入能力及居民受教育水平是影响居民信息素质的重要因素。由于我国互联网发展起步较晚，且居民人口庞大，整体互联网普及率相对新加坡、韩国等较为落后。国内由于各地区信息基础设施建设不平衡，城乡之间信息鸿沟差距明显。为提升国内居民整体信息素质，必须在加强居民素质教育的同时，提高农村地区信息接入能力，加快全体居民信息终端普及，通过消费体验、培训讲座等方式提高居民信息技能和需求培育，多方面共同促进居民信息素质提升。

（二）居民消费能力

居民可支配收入水平是影响居民信息消费能力的关键因素，由于区域经济发展的不均衡，城乡居民信息消费能力存在较大差异，整体呈现东部领先、中西部落后的态势。为进一步促进居民信息消费需求释放，壮大国内信息消费产业，应加强区域经济发展投资，以经济发展带动居民收入增长，促进整体信息消费需求释放。

（三）居民消费习惯

随着新一代信息技术的迭代更新，信息消费领域新产品、新服务不断丰富，居民信息消费选择不断增加，信息产品及服务用户规模持续扩大。当下，信息消费用户多集中于城镇地区，由于信息意识和信息素质相对较弱，农村地区居民对信息产品选择仍较少。为进一步壮大信息消费产业，推动信息应用普及，应加大乡镇居民信息产品试用推广和信息服务体验消费，让居民先了解信息消费，再选择信息消费。

本章小结

本章分别从社会环境、供给环境、需求环境三方面分析了国内外新兴信息消费的环境现状，得出结论如下。

(1)从全球来看，在新兴信息技术快速发展的背景下，各国对新兴信息消费产业的关注不断加强。在社会环境方面，各国在新兴信息消费领域的发展布局持续推进，但相关政策多集中在产业规划方面，具体的交易规则设计、交易法规制定、数据安全管制相对匮乏。在供给环境方面，全球云计算、移动互联网、大数据等产业市场规模不断壮大，但市场主导权多集中在欧美国家，其他地区国家整体创新能力和竞争力相对较弱。在需求环境方面，由于国家经济发展和基础设施建设的差异性，居民可支配收入水平、信息接入能力等存在较大差别，相较美国、日本等国家，中国居民的信息消费能力明显落后。

(2)从国内来看，为进一步扩大升级信息消费，各省市愈加重视新兴信息消费环境构建。在社会环境方面，各地方政府纷纷出台了新兴信息消费产业发展指导方针及实施意见，但各省市未能有效结合地方优势推进差异化、特色化发展，整体同质性较大。此外，针对严重的网络空间污染，当下未有省市制定明确的追责方案及惩处规则。在供给环境方面，云计算、大数据、物联网等产业供给不断丰富，市场规模持续扩大，但相关领先企业多集中分布于东部沿海地区，区域发展及创新能力存在严重的不均衡现象。在需求环境方面，由于区域经济发展不平衡和数字鸿沟的存在，各省市居民信息消费能力差异较大，其中农村地区居民由于经济支付能力和信息接入能力的限制，信息消费能力尤为不足。

(3)综合来看，当下全球网络空间垃圾信息泛滥、病毒攻击凶猛，对整体信息消费产业的健康发展造成了极大威胁，世界各国急需在分别推进信息产业发展的同时，协同促进网络安全建设和空间环境治理。其中，我国社会经济发展水平、信息基础设施建设水平、领先企业培育能力等较欧美等地区领先国家存在较大差距，未来亟待全方位加强信息消费社会环境治理、信息领域龙头企业培育和居民信息消费素质及能力提升等工作，以提升全球竞争力和领域话语权。

第四章　新兴信息消费的环境评估指标体系设计

新兴信息消费的环境建设对促进新兴信息消费的意义重大，但是目前对于新兴信息消费的环境的相关研究还比较匮乏，尤其在最基础的环境评估方面还是空白。本章研究以构建新兴信息消费的环境评估指标体系为目标，基于宏观经济学、消费经济学等理论研究，围绕供给-需求视角，梳理新兴信息消费的环境影响因素，从社会环境、供给环境和需求环境三个方面开展新兴信息消费的环境评估指标体系的构建，为建立新兴信息消费的环境治理体系奠定基础。

第一节　相关理论概述

一、供需理论概述

供给和需求对社会形态中的一切经济活动都有重要作用。供需平衡是所有经济活动顺利进行必须遵循的基本规律和前提，供需失衡会使经济发展出现危机，逐步陷入发展困境[①]。因此，基于供需视角探讨社会经济问题显得尤为基础和重要。为了能对市场中存在的种种现象和问题进行更好的剖析，可以对相关文献进行梳理，进一步从供需视角构建经济问题的相关理论体系。

经济学中的市场由需求和供给两方面构成。需求是指在特定时期内消费者愿意且能够购买的产品量。影响需求的因素不仅包括价格，还包括消费者偏好、预期以及收入水平等。供给是指某一特定时期内，经营者在一定价格水平下愿意且能够出售的产品数量。供给不仅受到价格的影响，还受到政策、生产技术及生产者对未来一段时间销售情况的预测等影响。

供给和需求共同作用于市场活动，相互依赖、相互制约。从供需角度对市场进行分析，为新兴信息消费环境评估指标体系的设计提供了必要的理论支持。

二、消费环境研究概述

消费环境最早出现在尹世杰（1992）编著的《消费经济学原理》中，尹世杰教授将消费环境定义为人类发展过程中面临的对消费行为产生影响的一切客观、外在因素，亦即是一

---

① 任红梅.马克思经济学与西方经济学供给需求理论的比较研究[J].西安财经学院学报，2016(06)：10-15.

切客观、外在条件。狭义上说，消费条件即消费环境，也就是消费主体若想完成消费活动，就必须具备某些外在消费条件。就如只有在电力供应的前提下消费家用电器才成为可能，公路的存在保证了汽车正常的消费，智能手机的出现才带来移动支付。广义上说，消费环境是指消费者和消费资料之外的所有因素。

但由于消费需求、消费对象、消费主客体的不同，影响消费环境的因素就会呈现出多样性，在对消费环境进行研究时由于针对不同的研究目的，需要对消费环境进行不同分类（李新家，2007）。根据消费环境的基本组成因素不同，可以将消费环境分为生态环境、物质环境和文化环境。生态环境是空气、土壤、水等要素之间相互联系、相互作用而成的生态系统；物质环境是生活服务中的各类公共基础设施，如道路交通、医疗设备等各种设施或物质条件，它由人们在实践活动中创造，是建立在生态环境基础上的；文化环境则包括道德观、科学技术、社会组织、政治条件等人们消费时的经济文化等因素。另外，对消费环境的研究视角也是多方位的，按照不同的研究视角，可以将消费环境分为宏观消费环境和微观消费环境。宏观环境是指对消费行为产生影响的经济制度及市场体系、各种方针政策、基础建设和收入水平等宏观因素；微观环境则是指与消费品生产、消费服务的产生和流通市场相关的各中间环节中对消费行为产生影响的微观因素。

简言之，消费环境的复杂多变，对消费活动影响重大。采用静态的、局部的分析不利于客观有效地研究我国消费环境，也不利于为消费环境的优化提供科学的依据。鉴于目前我国涉及动态分析信息消费环境的理论和实践都相对匮乏，需要从消费基础理论上进行深入的探究。

三、马克思主义消费理论

（一）马克思主义消费论概述

马克思主义消费论由马克思和恩格斯共同提出，马克思主义政治经济学也因为这一理论的提出和发展得到了丰富[①]。社会再生产由生产、分配、交换、消费四个环节构成并不断重复，这一理论是在《〈政治经济学批判〉导言》一书中由马克思最早提出。生产是起点，消费环节是终点，分配和交换是联系生产活动和消费活动之间的纽带。其中，分配和交换相辅相成，只是看待问题的视角略有不同——分配是从社会视角出发，交换是从个人角度出发。社会再生产的各个环节相互促进，也相互制约。

消费在市场中起着极为重要的作用，这一观点是马克思主义消费论着重强调的，具体体现在以下几点：第一，满足消费者的消费需求是生产者进行生产的最终目的。没有需求就不存在生产活动，也正是消费者对产品需求的不断增加以及日益增长的物质需求，使得生产者不得不进行生产活动，从而促进了经济增长。第二，正是因为消费的存在，产品才能够区别于其他自然对象而叫作产品。第三，社会中新产品的创造是由消费需求推动的。社会发展过程中消费者对于产品的需求越来越多样化，个性化需求趋势日益增强，为企业创新和进步提供动力。第四，市场规模和需求的不断扩大是由消费引起的，在新的历史时

① 李其庆.《马克思恩格斯全集》中文第2版第43卷前言[J].马克思主义与现实，2016(05)：27-33.

期，无论是对需求总量还是需求质量的要求都有很大提高，新的生产也由此产生。第五，分配作用在消费的过程，从而促进生产。消费者通过对收入的分配才能进行社会产品的消费，而消费活动建立在产品流通的基础上，因此消费者对收入的分配是生产和消费活动的桥梁。

（二）从供给视角促进消费

消费的决定性力量和前提是生产。李宗华(2004)认为我国存在产能过剩和供给过剩的现象，真正满足消费者需求的有效供给却不足，消费结构升级困难的一个重要原因是不合理的供给结构①。要想从根本上促进消费结构升级，进行供给侧改革刻不容缓。

从供给视角促进消费及消费结构升级，要求进行供给侧结构性改革。劳动力、创新、资本等要素的改革是供给侧结构性改革的主要内容，通过供给侧改革，可以实现资源的优化配置等经济目标。其内容包括：①通过提高产品的质量，使所生产的产品与消费者的需求相一致，有效满足消费者对产品的需求，扩大消费以促进经济发展。②通过增量改革优化投资结构，实现经济可持续发展。③优化产品、分配、流通、消费等结构，实现经济良好发展。

近年来，国家提出的“三去一降一补”政策是促进供给侧改革的重要手段。①去产能，就是化解产能过剩。化解产能过剩并不是简单地把这些企业的产能毁坏掉或关停，而是通过企业兼并、收购重组、增加内需等措施来化解。②去库存，即化解房地产库存。创造安全、生态、有竞争力的居住环境，是房地产发展和地方发展的关键因素。通过加快农民工市民化，可以有效扩大住房需求，消化大量房地产库存，稳定市场；通过落实户籍制度改革方案，可以促进非户籍人口形成在就业地买房或长期租房的预期和需求。③去杠杆，就是为扩大企业等主体的经营规模，提高生产率，通过借债的形式筹措资金。随供给侧结构改革，重资产行业应逐步向重人力、知识、技术资本行业调整，使产业结构尽快软化。④降成本，就是帮助企业降低制度性交易成本、财务成本和物流成本等，为企业创造良好的生存环境。⑤补短板，就是通过供给侧改革发展制约经济发展的各种因素，如民生建设、科技创新、人才队伍建设等因素。

通过供给侧结构性改革，淘汰落后产能，促进产业结构优化升级，利用“互联网+”开拓市场，对于激发消费新热点具有重大意义。随着我国城乡居民收入的进一步提高，我国大量的出口型企业由注重出口向迎合内需转型，实现产业结构的转型升级，优化居民消费结构。

（三）从需求视角促进消费

消费作为马克思主义消费理论最为重要的部分，在社会再生产过程中起着极为重要的作用。若不进行生产，消费者就不能消费，消费需求就得不到满足。因此，消费的实现需要生产来满足。与此同时，如果生产出来的产品不被消费，生产就失去了动力，生产者会拒绝生产该种产品，生产活动就无法进行，因此，消费活动是再生产中极其重要的组成部

① 李宗华.我国目前消费需求不足的原因及对策[J].山东大学学报(哲学社会科学版)，2004(05)，92-96.

分。无论在什么情况下，都应该高度重视消费的作用，促进消费。从需求视角促进消费，要求消费者树立正确的消费观念，同时应重视消费者的主体地位以发展消费力①。

首先，从需求视角出发促进消费，正确消费观念的树立对消费者而言至关重要。对消费的内涵、目的等总体认知构成了消费理念，消费什么(消费内容)和如何进行消费(消费方式)都是由消费观念所决定。不同的消费行为使得消费者存在不同的消费结构和消费模式。通过和谐消费，可以促进社会的和谐。促进和谐消费可以从以下几个方面出发：第一，通过宣传教育的手段，促进消费者建立和谐的消费观念；第二，转换消费观念，积极健康的消费理念有助于社会经济和个体的良好发展；第三，需要政府出台相关政策和法规，引导和促进和谐消费观念。

其次，从需求视角出发促进消费，还需要重视消费者在市场中的主体地位。马克思主义消费理论强调以人为本，在经济发展中占主体地位的是广大消费者，要将消费者放在首位，注重提高消费者的收入能力以带动消费能力的同步提高。宏观层面，社会的分配关系一定程度上决定了社会消费力，同时社会消费力又制约了社会的分配制度。微观层面，保障消费和谐发展需要提高消费力。当前阶段，消费者对于物质的消费需求仍然大于精神消费需求，这在某种程度上导致了一系列负面效应，例如生态环境的破坏等。因此促进消费需求需要从根本上提高居民的消费能力，转变消费观念。

总之，从需求视角出发促进消费可以通过改变消费者的消费观念、重视消费者的主体地位来推动需求侧发展，促进需求与供给的相对平衡，优化市场结构。

(四)实现供需均衡，推动宏观经济发展

《资本论》将现存的社会总产品划分为用于生产消费的第一类生产资料，以及用于个人消费的第二类消费资料。两类产品以合理的比例存在保证了社会生产平稳运行，让社会总供给和社会总需求以相对均衡的态势发展。马克思在消费理论中指出，不考虑消费的生产是盲目的，这与供过于求的社会经济危机直接相关；供给和需求的不平衡会制约产品的流通，从而改变生产商的生产计划决策，最终影响整个社会经济发展。

经济学基本思想提出人是理性的，会对外界刺激做出反应，调整自己的决策。对于消费者而言，当产品价格下降时，购买意愿增加；对生产者而言则正好相反，在产品价格下降的情况下，供给意愿是减少的。当产品价格达到某一水平时，社会市场中生产者的供给量和消费者的需求量恰好相等，此时就形成了市场均衡。在市场经济发展中，市场均衡将展现其重要作用：首先，市场均衡促进市场机制充分发挥其用途，市场经济调动企业积极性，让其通过相互竞争进入市场；其次，市场均衡能推动整个社会经济有序发展，新的市场经济规则改变了原有的经营制度，给企业和市场都注入了新的活力；最后，市场均衡有利于市场发挥完全竞争作用。

马克思主义消费理论提出消费和供需均衡在市场中的重要作用，其认为只有在供给和需求保持相对均衡的情况下，市场自身的调节作用才能得到最大限度发挥，最终引导宏观社会经济健康有序发展。

---

① 隋牧蓉.马克思消费理论视域下的中国和谐消费问题研究[D].沈阳：辽宁大学，2013.

第二节 新兴信息消费的环境评估指标体系构建基础

一、新兴信息消费环境界定

信息消费是指以信息服务和信息产品为消费对象进行的一系列消费活动，也是指在特定的信息消费环境中，为了满足自身的信息需求，信息消费者对信息服务和信息产品进行的消费活动(郑英隆，1994)。新一代信息技术的产生和发展，促使多样化的信息服务和信息产品被消费，信息消费对国民经济的带动作用日益显著。随着国家大力推动两化融合，信息消费不断发展，信息消费环境也不断变化。

不同学者对信息消费的环境内涵有不同的界定，沙勇忠和高海洋(2001)指出宏观信息消费环境包含信息消费主体、信息消费客体、信息消费的基础设施建设以及社会环境中的相关政策法规，他们还指出，科学技术是推动信息环境变化的一个重要因素；张鑫(2007)将信息消费环境定义为自然环境和社会环境两类，进而将其细分为自然环境、物质基础、政策制度、观念环境四个方面[①]；金燕(2002)认为国家政策环境、市场信息价格、社会环境共同组成信息消费的大环境[②]。

据工业与信息化部统计，我国2016年信息消费规模达到3.9万亿元，同比增长22%，对GDP贡献率约为0.26个百分点[③]。信息消费是拉动我国社会经济增长的重要牵引。目前信息消费发展快速，但类似有毒链接泛滥、黄色弹框遍布等信息消费环境问题，使得消费者个人信息遭到泄露，财产安全受到威胁，整个社会的信息消费秩序错乱。这些在信息消费过程中存在的问题已经严重阻碍了我国信息消费的正常发展，特别是在新兴信息技术发展带动的新兴信息消费业态下，新兴信息消费环境较之前发生较大变化，信息消费环境对信息经济发展的制约作用更加明显。

现阶段有关信息消费环境的研究已取得一定成果。王景艳和朱珍(2013)认为信息消费环境建设是信息消费正常发展和有序推进的基本前提和保障[④]；吴君格和何宗辉(2014)通过对国内外信息发展对比发现，信息消费发展较好的国家或城市，其信息消费环境相对而言也更有序[⑤]；沙勇忠和高海洋(2001)提出信息消费环境对信息消费发展既有促进关系，也存在一定的制约，即信息消费环境和信息消费发展之间是有互动的。

本书依据供需理论和马克思主义消费理论将新兴信息消费环境定义为影响以比特流为内容的信息产品和信息服务消费的所有因素总和，消费者、信息服务和信息产品、国家政策法规等都是信息环境的重要组成。将影响供给数量和质量的相关环境因素归结为供给环境，侧重于从宏观层面衡量整个信息产业的发展及相关环境；而将需求环境定义为影响

① 张鑫.基于消费环境不对称性的信息势差研究[J].情报杂志，2007(12)：87-89.
② 金燕.信息消费质量：含义、评估及提高[J].情报资料工作，2002(01)：26-27.
③ 中国新闻网.经济观察：升级信息消费 中国做强经济增长新引擎[EB/OL].(2017-05-12)[2017-10-26].http://www.chinanews.com/cj/2017/05-12/8221954.shtml.
④ 王景艳，朱珍.信息消费与信息化消费[J].佛山科学技术学院学报(社会科学版)，2013(03)：64-68.
⑤ 吴君格，何宗辉.中外信息消费比较分析[J].经济师，2014(06)：11-12.

消费者需求数量和质量的相关环境因素，这里侧重于从微观视角衡量个体和组织信息消费的素质、能力及信息产品和服务的使用状况；社会环境指影响新兴信息产品和服务市场发展的政策及市场建设环境，主要从国家的相关政策和信息社会的发展状况进行衡量。供给环境和需求环境相互影响和制约，社会环境作为中间变量对新兴信息产品和服务的消费起调节作用。

二、我国信息消费指标体系构建研究现状

胡琪君(2007)从主体、客体和环境等信息消费的构成要素进行分析①。从宏观、中观、微观层面而言，信息消费的主体包括国家地区、企业和个体；信息消费的客体则主要分为基于信息内容、基于信息接入和基于信息平台的信息产品或服务②。李旭辉和程刚(2012)关于信息消费评估的指标体系研究不仅从主体、客体、环境等结构要素进行构建，还结合研究对象，从内外部、流程、发展等视角展开③。

文献分析表明，先前学者对信息消费指标体系构建的研究主要集中在地区信息消费和企业信息消费层面，研究结论对新兴信息消费环境研究提供了宝贵的理论和经验的支撑。但在对信息消费环境的内涵进行界定时，大多学者仅考虑了国家宏观环境，且在指标构建的分类上显得较为单调，如仅选取宽带普及率、电话使用次数等传统信息技术指标，则缺乏时效性。因此，本书将影响信息产品和信息服务消费的必要因素均纳入环境范畴，借助供需分类，结合新兴信息技术发展的时代背景，构建一套更为科学的新兴信息消费环境评估指标体系。

三、评估指标选择的原则

在移动互联网、大数据和云计算等新兴信息技术广泛应用背景下，在以智能终端为载体进行比特产品为主要信息消费对象的新兴信息消费业态下，信息消费环境变得更加复杂多变。因此在构建新兴信息消费环境的评估指标体系时应该坚持科学性、客观性、独立性和可持续性的原则，对体系中的各级指标进行梳理、筛选和确定(图 4.1)。

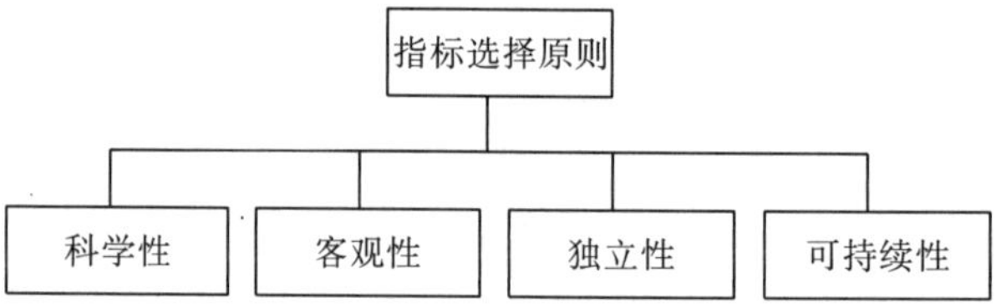

图 4.1　评估指标选择原则

① 胡琪君.信息消费力的制约因素和指标体系分析[J].大学图书情报学刊，2007(01)：9-13.
② 胡金祎，李旭辉.农村信息消费水平评价体系研究[J].农村经济与科技，2011(11)：143-145.
③ 李旭辉，程刚.农村信息消费水平评价指标体系构建研究[J].洛阳理工学院学报(社会科学版)，2012(02)：49-52.

（一）科学性原则

从信息消费环境的基本理论和定义出发，结合新兴信息消费供需双方的环境构成，选择能够准确反映新兴信息消费环境发展规律和发展水平的指标，尽可能全面完整地选取具有代表性的指标，并对指标进行分类分级，确保指标体系能够系统反映出新兴信息消费环境的发展特征。同时，为便于国际比较，指标体系构建中相关指标的表述也要与国外对新兴信息消费的环境指标接轨。

（二）客观性原则

指标体系应该准确反映出现有新兴信息消费环境的本质和基本特征，依据定量和定性相结合的设计原则。从供需视角出发，结合环境内涵和特征，全面梳理新兴信息消费环境的充分和必要因素。在指标的确定上还需综合考虑数据的可获取性和国家地区间横向对比以及不同时段的纵向比较。为后续客观地对信息消费环境进行评估奠定基础。

（三）独立性原则

指标体系的构建应体现独立性原则，表现在指标选取能够代表新兴信息消费直接关联的主体、客体和环境等构成要素，不受传统统计评估体系制约；同时在逻辑上各指标含义及属性上应保持正交，避免指标的冗余和指标间的相互干扰。

（四）可持续性原则

构建的指标体系要满足可持续性原则，随着信息技术的高速发展，消费产品快速迭代，消费服务模式不断创新，消费者对消费需求个性化增加以及对质量期望值提高，要求指标体系设计和指标的选取必须具有较强的可调整性，能够根据研究主体和时代特征的变化而进行相应的调整和变化。

四、指标体系构建流程

如图 4.2 所示，第一步，对国内外现有信息消费环境评估的基本指标进行总结梳理，从中提取出新兴信息的消费环境评估基本指标；第二步，将提取的相关指标进行罗列，对行业内信息专家进行访谈，以此对新兴信息消费环境的指标进行补充；第三步，从供给-需求视角出发，将各指标进行分类整理；第四步，对初步形成的指标进行验证，通过问卷和实地调研广泛收集数据；第五步，运用多元统计工具对指标进行分析；第六步，根据分析结果，按照指标构建科学性、客观性、独立性和可持续性的原则，进一步对指标进行筛选和优化，最终确定新兴信息消费环境评估指标体系。

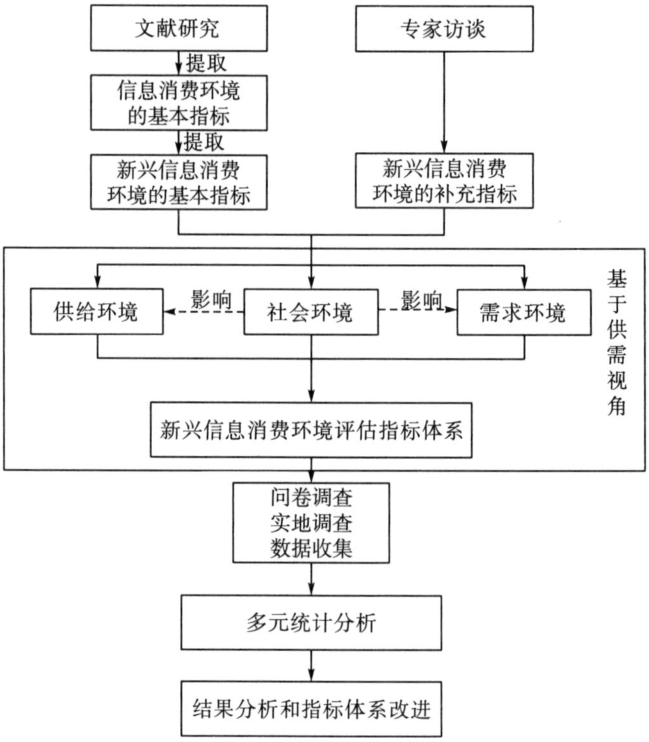

图 4.2 新兴信息消费环境评估指标体系构建流程图

第三节 基于供需视角的新兴信息消费的环境评估指标体系设计

一、新兴信息消费的社会环境评估指标

新兴信息消费的社会环境主要衡量与新兴信息消费直接相关的政策和信息社会的发展状况。包括政策支持、经济发展、基础设施和信息污染度四个二级指标(表 4.1)。

表 4.1 新兴信息消费环境的评估指标体系之社会环境

一级指标	二级指标	三级指标	指标属性
社会环境	政策支持	专项人才政策	定量
		专项资金政策	定量
		专项技术政策	定量
		价格优惠政策	定量
		税收扶持政策	定量
		监管政策	定量
	经济发展	人均 GDP	定量

续表

一级指标	二级指标	三级指标	指标属性
社会环境	基础设施	数字电视使用率	定量
		固定宽带接入率	定量
		移动高速 4G 网络接入率	定量
	信息污染度	垃圾短信数	定量
		骚扰电话数	定量
		恶意程序数	定量

(一)政策支持

信息消费过程中的各种利益冲突和纠纷均需要政策法规的调节和规范，信息产业和信息市场的壮大离不开相关政策的引导[①]。信息消费政策主要指国家或地区为促进新兴信息消费而出台的政策法规，根据出台政策的针对主体和范围不同，主要分为以下两类。①与人才、资金、技术相关的信息消费专项政策。针对我国新兴信息消费的发展，国家(或地区)已经或将来制定出台的关于信息消费人才、资金和技术等方面的专项政策。②与价格、税收、监管相关的信息消费市场政策。信息消费市场政策是政府为推动信息消费市场发展、规范信息消费市场秩序、优化信息消费市场体系，从价格、税收以及监管方面制定的信息消费市场政策。

(二)经济发展

人均 GDP 不仅间接反映了社会整体经济运行情况，还显示了全体居民平均信息消费能力，直接影响居民信息消费选择及信息消费偏好，为信息消费行为及发展空间预测提供重要参考。

(三)基础设施

信息基础设施等信息社会建设是社会环境的支撑体系[②]。新兴信息技术发展带来信息环境的变化，以数字电视使用率、固定宽带接入率、移动高速 4G 网络接入率作为基础设施环境指标具有较强的时效性。

(四)信息污染度

信息污染度指网络空间因信息流中混杂的陈旧过时、虚假伪劣的信息所造成的污染程度，其不仅危害了信息消费环境[③]，还影响了居民信息消费安全。垃圾短信数、骚扰电话数、恶意程序数是衡量信息污染度的重要指标。

---

① 金燕.信息消费质量：含义、评估及提高[J].情报资料工作，2002(01)：26-27.
② 沙勇忠，刘焕成.信息环境演化对信息消费的影响[J].情报科学，2001(12)：1310-1313.
③ 周淑云.信息污染及其控制[J].现代情报，2009，29(2)：68-70.

二、新兴信息消费的供给环境评估指标

新兴信息消费供给环境，是指供给方在生产或提供信息产品和服务时的环境，此环境的建设水平对信息消费发展具有直接影响。鉴于作为信息产品和服务主要供给者的电子信息产业受到经济投入、科技人才和技术研发等重要因素的共同影响(方维慰，2003)，故以此为参考引入了产业要素投入和产业发展效果两个二级指标，如表 4.2 所示。

表 4.2 新兴信息消费环境的评估指标体系之供给环境

一级指标	二级指标	三级指标	指标属性
供给环境	产业要素投入	信息产业固定资产投入	定量
		信息产业就业人员数	定量
		信息产业 R&D 经费投入	定量
	产业发展效果	信息产业人均产值	定量
		信息产业经济增加值占 GDP 比重	定量
		每万人口发明专利拥有量	定量

(一)产业要素投入

信息产业固定资产投入主要包括信息技术和信息服务领域的固定资产投入，典型的有信息基础设施建设投入、集成电路制造投入等。

信息产业就业人员数主要反映产业人才应用情况，人才队伍建设直接影响信息技术产品开发及服务水平提升。

信息产业 R&D 经费投入主要指地方政府及企业在产业科技创新中的资金投入，用科技经费投入进行衡量，可间接反映对信息产业发展的重视程度和未来信息产业的竞争潜力。

(二)产业发展效果

信息产业人均产值主要用于反映信息产业发展水平，也可用于反映产业发展效率，可为相关企业的发展管理提供参考。

信息产业经济增加值占 GDP 比重主要反映信息产业对国家经济发展的贡献程度，该指标也可间接反映信息供给方的经济环境。

每万人口发明专利拥有量主要指通过科技活动所产生的专利成果，科技产出水平是衡量企业及地方竞争能力的重要指标。

三、新兴信息消费的需求环境评估指标

需求环境指对信息产品和服务具有消费需求的使用方环境，使用者包括个人、企业及政府。需求方的环境建设情况不仅直接影响需求量的高低，还会间接影响信息消费市场的活跃度。胡琪君(2007)认为对于个人来说，信息消费能力和素质是影响个体信息消费的主

要因素①，黄郴和况能富(2002)认为企业和政府的信息消费能力也会影响组织的信息消费水平。但鉴于企业多进行信息产品和服务的供给，本书在需求方环境中重点考虑个体和政府，主要包括个体信息消费能力、信息素质和政府在线服务(表 4.3)。

表 4.3　新兴信息消费环境的评估指标体系之需求环境

一级指标	二级指标	三级指标	指标属性
需求环境	个体信息消费能力	数字广播电视支付能力	定量
		智能电话支付能力	定量
		固定宽带支付能力	定量
		人均周上网时长	定量
		人均新兴信息消费支出	定量
	信息素质	信息工具使用能力	定性
		信息消费意识	定性
		信息技术知识程度	定性
	政府在线服务	各级政府网站绩效	定性
		政府信息产品采购支出	定量

(一)个体信息消费能力

个体信息消费能力是指个体获取信息产品或服务能力的程度，信息消费能力是个体进行信息消费的基础，主要取决于信息接入能力和消费支付能力。

数字广播电视集上网服务、体感游戏、电视购物等于一体，快速激发了各类增值服务及应用。由此，数字广播电视支付能力可间接反映家庭日常信息消费能力。

智能电话支付能力及固定宽带支付能力分别反映了居民接入移动互联网和固网的能力，不仅可以用于表征信息接入水平，还可用于预测信息设备及固定网络建设发展及消费潜力。

人均周上网时长是指平均每人每周的上网时间，该指标可从时间角度衡量居民个人对智能手机、平板电脑等智能终端的使用情况。

人均新兴信息消费支出是指直接或间接以新兴信息产品和新兴信息服务为主要消费对象的人均经济支出，从金钱支出角度反映其实际新兴信息消费行为的结果。

(二)信息素质

信息素质能够反映个体信息收集利用的综合能力，是影响信息产品和服务推广及需求开发的重要外在条件②。

信息工具使用能力指人们有效利用信息设备和信息资源获取信息、加工处理信息以及创造新信息的能力等。

信息消费意识指人们在信息活动中产生的认识、观念和需求等。信息消费意识是个体

① 胡琪君.信息消费力的制约因素和指标体系分析[J].大学图书情报学刊，2007(01)：9-13.
② 万晓榆，齐捷，袁野.新兴信息消费环境的评估指标体系研究——基于供需视角[J].图书馆理论与实践，2016(06)：55-60

信息素质的深层次体现，拥有与时俱进的信息消费意识，才能产生有效利用信息产品及服务的需求，其主要体现在对信息重要性、敏感度和需求的认识上。

信息技术知识程度指个体拥有的一切与信息有关的理论、知识和方法，主要包括信息常识和网络技术等现代化信息技术知识。

（三）政府在线服务

政府在线服务反映的是政府部门利用互联网技术，为公众提供线上服务的能力。主要包括应用程序在线服务和人力资源在线服务。

各级政府网站绩效包括“信息发布”“办事服务”“管理保障”“互动交流”“功能推广”等内容，政府网站绩效在一定程度上反映了政务网站的信息化水平及信息消费素质。

政府信息产品采购支出主要指政府在信息消费中的资金投入情况，如计算机采购、信息化平台引入等，政府的良性消费不仅有助于促进市场发展，还可以提升组织信息化能力及信息需求。

本章小结

本章研究基于经典的宏观经济学、消费经济学等领域的经典理论，充分梳理了国内外相关领域研究成果，界定了新兴信息消费的环境概念及内涵，并在此基础上创新提出围绕供给-需求视角，以社会环境、供给环境以及需求环境为核心，构建新兴信息消费的环境评估模型。本章主要研究结论如下。

(1) 确定基于供给-需求角度分析新兴信息消费的环境的可行性。本章基于从国内外供需理论、消费环境、消费理论等角度文献的梳理，得出了以下几点：①信息消费供给和需求可以共同作用于市场活动且存在相互依赖、相互制约关系；②立足供给和需求视角进行市场分析，可以进一步促进产业结构升级、消费者观念培育等关键点，从而间接推动新兴信息消费；③基于马克思主义消费理论发现，保持市场供需平衡是推动市场稳定、驱动宏观经济发展的重要抓手。

(2) 率先界定了新兴信息消费的环境概念和边界。本章结合新兴信息消费的定义、新兴信息消费的环境时代演变特征等研究内容，进一步结合国内外文献及相关理论，在学术界首次提出了新兴信息消费环境的概念，认为新兴信息消费环境是影响以比特流为内容的信息产品和信息服务消费的所有因素总和，消费者、信息服务和信息产品、国家政策法规等都是信息环境的重要组成。

(3) 首次构建了新兴信息消费的环境评估指标体系。本章基于我国信息消费的指标体系构建研究现状，进一步依照科学、客观、独立和可持续四项原则，立足供给-需求的视角，以社会环境、供给环境以及需求环境为核心，构建了由 3 个一级指标、9 个二级指标、29 个三级指标组成的新兴信息消费的环境评估模型，为新兴信息消费的环境评估、治理等相关研究奠定了理论基础。

第五章　新兴信息消费的环境评估模型优化治理方向选取

前文从社会环境、供给环境和需求环境三方面依照科学、客观、独立和可持续四项原则，立足供给-需求的视角，以社会环境、供给环境以及需求环境为核心，构建了由 3 个一级指标、9 个二级指标、29 个三级指标及一系列细化四级指标组成的新兴信息消费的环境评估模型，由于该模型涉及的评估指标多，覆盖面广，对于现行不全面、不充分的信息消费统计体系来说是巨大挑战。为规避这个障碍，也为能够在短期之内实现对国家和地方宏观经济发展的决策支持，本章对已构建的指标体系进行了进一步的精简。运用熵权模糊语言对指标进行了优化，利用层次分析法(Analytic Hierarchy Process，AHP)量化了指标权重，进一步明确了新兴信息消费环境治理的重点方向。此外，研究还以上海、广东、重庆、山西、湖北为例，分别代表我国东部、南部、西部、北部和中部进行了评估分析。

第一节　相关理论概述

一、常见指标筛选模型

新兴信息消费环境评估的指标优化是使治理方向更科学可信的重要保证，是不同地区确定新兴信息消费环境治理方向的参考依据和理论基础。已有的指标筛选模型较多且各有特点，但其中任一单个模型都难以有效适用于新兴信息消费环境这样全新、复杂的评价系统(胡永宏，2012)，因此本书将多种方法有机结合，取长补短，以获得更为科学合理的评估结果。另外，如果评估研究中指标过多，会影响评价体系的简洁高效，降低模型评价的效果和反应速度，因此需要对初步设计的指标集进行筛选。

1) 专家主观筛选方法

参考专家意见对指标赋予权重，然后结合一定统计方法确定最终指标体系。常见的专家主观评判方法有 Delphi 法、AHP 法和模糊集法等。Delphi 法首先被兰德公司应用(1946 年)，此方法能有效利用专家的知识和经验，增加决策的全局性与广泛性。AHP 层次分析法是一种能有效帮助解决复杂决策问题，综合使用定性和定量分析的方法，其广泛应用于经济、通信、环保、军事和医疗等诸多领域。模糊粗糙集法则是一种同时考虑主客观因素的方法，该方法在考虑客观算法的同时还将专家视角带入其中，处理模糊或不确定的主观定性指标时表现出较高的效率与效果，证明了其超强的实用性。

2）数据分析筛选法

对统计数据自身的特征进行客观定量分析并依此来进行指标筛选。常用的数据分析筛选法包括主成分分析法、回归分析法和相关系数法等，这些最常用的定量分析方法种类繁多，广泛运用于社会、生产、生活等方方面面。此外，这类方法符合指标筛选的逻辑思想，且简单易操作，在处理指标方面效果显著。

3）知识挖掘筛选法

运用数学模型，基于专家主观观点，挖掘评价指标中的信息以得到评价指标和筛选结果之间的内在联系，最终完成智能指标评价和筛选。常见的知识挖掘筛选法主要包括粗糙集分析、灰色关联分析和熵权法等。粗糙集分析是一种处理模糊数据的方法，通过等价关系从较少的原始信息中对对象集合进行划分，以达到数据降维的效果，其步骤具有较高的科学性与清晰性，该方法在指标筛选领域被普遍推广应用。灰色关联分析其核心是考察拟合指标数据变化带来的曲线集合形状的相似度，依此来判断因素之间的关联程度。熵权法是客观赋权法的一种，根据信息熵计算各指标的熵权来进行指标修正，最终得到客观性较高的指标权重。

4）其他方法

除上述常用方法外，越来越多的新方法和新模型得到发展，并应用到指标优化研究领域。各种各样的新方法虽然在指标筛选上具有较强的能力，但机理不同可能会导致应用范围的差异。

新兴信息消费的环境评估具有复杂性、模糊性、地区差异性和非线性等特点，因此本评估的指标体系具有高度非线性和模糊性等特点。本书结合以上各方法的特点和适用情况，参考已建立的新兴信息消费的环境评估备选指标具体情况，综合科学性、代表性和操作性等特点考虑，最终选择综合利用 Delphi 法、熵权法和粗糙集分析来进行新兴信息消费的环境评估指标体系筛选。

二、常用指标赋权方法

根据不同的数据获取来源和计算方法，国内外常用的确定指标权重的方法大致可归为主观赋权法、客观赋权法和主客观相结合的赋权方法三类。

1）主观赋权法

根据专家经验主观判断得出权重并进行综合评估的定性分析方法。主要包括层次分析法、Delphi 法和模糊法等。其中层次分析法能将复杂问题进行分层，并将定性问题进行定量分析，在多层次、多目标的综合评价中应用广泛。

2）客观赋权方法

根据数据分析得出指标之间的相关关系的方法。主要包含最大熵法、主成分分析法和拉开档次法等。其中，最大熵法使用决策矩阵数据获得的属性权重来反映属性值的离散性，应用较为广泛。

3）主客观相结合的方法

应对主观赋权法和客观赋权法存在的缺陷而提出的主客观相结合的赋权方法。主客观相结合的方法主要是将两类方法结合使用，以充分发挥各自的优越性并规避单一方法存在的不足。

充分考虑各方法的优越性和可行性之后，本书选择通过熵权模糊语言方法进行指标优化，同时运用 Delphi 法和 AHP 层次分析法进行指标赋权。熵权法作为一种可以反映数据客观差异程度的方法，在指标权重的获取上具有重要作用。由此，本书在徐泽水(2002)、白先春和贺晋(2006)、栾大鹏和欧阳日辉(2012)等学者的研究基础上，将熵权法与 LOWA 算子、区间数比较排序法结合，并将模糊聚类方法引入群决策中，试图构建指标选择的一种新方法。本书具有大量复杂和难以量化的问题，但具有较强的层次结构，且层次指标间比较性和判断性较强，能够科学量化研究，因此选取层次分析法作为权重确定的方法。

第二节 新兴信息消费的环境评估指标优化

一、新兴信息消费的环境评估指标体系优化过程

(一) 指标体系的优化原则

第一，指标体系的建立必须要有科学依据，在一定约束条件限度内能合理地从信息社会环境、供给环境和需求环境三个方面对新兴信息消费的环境状态进行衡量。第二，评价指标应具有可测性、可比较性。第三，指标体系应具有代表性。对于本书而言，新兴信息消费的环境指标应全面体现新兴信息消费的影响因素，以区别于传统信息消费。

(二) 新兴信息消费的环境评估指标初选

结合信息消费的发展情况，本书在之前研究的基础上，进一步考虑衡量指标体系是否能够广泛推广，对标国家统计体系，选取最契合当前新兴信息消费发展阶段的关键性指标，参考专家意见，从定性定量分析的角度精简了新兴信息消费的环境评估指标体系，形成了3个一级指标，9个二级指标，23个三级指标。其中：①社会环境的政策支持维度，将初始指标体系中的价格政策、税收政策、监管政策统一归为信息消费市场政策，专项人才政策、专项资金政策、专项技术政策统一归为信息消费产业政策；②需求环境的信息素质维度，将初始指标体系中的信息工具使用能力、信息消费意识、信息技术知识程度统一归为信息能力。

表 5.1 新兴信息消费的环境评估初选指标

一级指标	二级指标	三级指标
社会环境	政策支持	信息消费市场政策
		信息消费产业政策
	经济发展	人均 GDP
	基础设施	数字电视使用率
		固定宽带接入率
		移动高速 4G 网络接入率

续表

一级指标	二级指标	三级指标
社会环境	信息污染度	垃圾短信数 骚扰电话数 恶意程序数
供给环境	产业要素投入	信息产业固定资产投入 信息产业就业人员数 信息产业 R&D 经费投入
	产业发展效果	信息产业人均产值 信息产业经济增加值占 GDP 比重 每万人口发明专利拥有量
需求环境	个体信息消费能力	数字广播电视支付能力 智能电话支付能力 固定宽带支付能力 人均周上网时长 人均新兴信息消费支出
	信息素质	信息能力
	政府在线服务	各级政府网站绩效 政府信息产品采购支出

1. 社会环境指标

社会环境是信息消费市场的基础条件，主要反映各种政策支持、经济发展、基础设施和信息污染度的基本情况。

1）政策支持

信息政策和法规是按照规范标准调整信息活动中社会关系的人文因素。国家信息政策是各种社会信息活动的制度基础，从宏观上规定着信息产业的发展和信息市场的交易规则。经济学理论认为，政策支持指标是组织生产要素的有力工具，如国务院出台的《关于促进信息消费扩大内需的若干意见》就发挥了这一作用[①]。同时，各信息消费试点城市也有相应的地方法规和制度出台。根据出台政策针对主体和范围的不同，本书选取信息消费市场政策、信息消费产业政策两个指标。

2）经济发展

GDP 是宏观经济中最受关注的经济统计数字，是衡量国民经济发展的一个重要的指标。而社会经济发展的程度是决定信息消费能力的基本要素。因此本书选取人均 GDP 作为衡量经济发展的指标。

3）基础设施

现代信息技术作为信息基础设施的依托，是信息时代的社会基准结构[②]，也是新兴信息消费的社会体系的体现。国家多次提出应当加大对中西部地区的信息基础设施建设，开

① 中央政府门户网站.国务院关于促进信息消费扩大内需的若干意见.[EB/OL].(2013-08-14)[2016-03-20].http://www.gov.cn/ zwgk/2013-08/14/content_2466856.htm.

② 信息社会发展研究课题组.中国信息社会发展报告 2015[J].电子政务，2015(06)：20-30.

展光进铜退、提速降费、光纤入户、三网融合等重大工程。考虑到新兴信息消费不同场景下不同的网络需求，选取以下三个指标衡量基础设施条件，即数字电视使用率、固定宽带接入率和移动高速 4G 网络接入率。

4) 信息污染度

互联网时代，信息存在海量性、快捷性、交互性等明显的特点，12321 网络不良与垃圾信息举报受理中心统计的 2018 年数据[①]显示，2018 年网民举报恶意程序共计 532012 次、举报垃圾信息共计 104159 次，举报骚扰电话共计 652000 次，因恶意程序、垃圾信息、诈骗信息等遭受的经济损失巨大。一个地区的信息消费环境质量与其信息污染的程度息息相关，因此选取垃圾短信数、骚扰电话数和恶意程序数来对一个地区的信息污染程度进行衡量。

2. 供给环境指标

对于信息消费供给方的企业而言，提高生产效率和信息产品服务质量，不断满足消费者的需求是在激烈的行业竞争中生存的唯一方法。因此本书从产业要素投入和产业发展效果两个方面衡量信息消费供给环境。

1) 产业要素投入

生产要素的投入和技术进步是决定一个国家和地区经济长期进步的主要因素，对信息产业也是如此。传统意义上的生产要素包括劳动、土地和资本三个类别，结合信息产业特征和数据的可获得性原则，选取了信息产业固定资产投入、信息产业就业人员数和信息产业 R&D 经费投入三个指标。

2) 产业发展效果

产业发展效果是生产要素投入的产出指标，若投入少而产出多则说明效率高，反之效率低下。信息产业的发展效果可从财富增加和研发成果两个方面加以衡量。为此选取产业人均产值、经济增加值占 GDP 的比重和每万人发明专利拥有量三个指标。

3. 需求环境指标

需求环境反映了需求方的信息消费能力和消费结果。由于本章界定的信息消费需求方既包括居民个人也包括非营利组织，其主体特征有所不同，故需要分别衡量。

1) 个体信息消费能力

从居民支付能力和实际使用情况两个方面衡量。支付能力重点反映居民使用信息技术的承受能力，也反映不同信息技术的价格水平。马哲明和李永和(2011)基于经济学理论，证明了收入是影响居民信息消费行为的最主要因素，收入越高，支付能力越强，信息消费意愿也就越强烈。因此从以下几个方面加以衡量：数字广播电视支付能力、智能电话支付能力、固定宽带支付能力、人均周上网时长和人均新兴信息消费支出。

2) 信息素质

针对居民信息素质高低对于信息消费总额的影响，本书主要从居民的信息能力角度予

① 《2018 年举报受理情况播报》. https://www.12321.cn/report.

以考虑。

3)政府在线服务

对于非营利组织的信息消费，考虑到数据的可获取性，本书主要考虑政府的信息消费，包括各级政府网站绩效和政府信息产品采购支出。

二、基于熵权模糊语言的新兴信息消费的环境评估指标选择

(一)模糊区间数的预备知识①②③

定义 1： 记$a=[a^-,a^+]=\{x|a^-\leqslant x\leqslant a^+\}$，称$a$为一个区间数。

定义 2： 设$a=[a^-,a^+]$，称a^-、a^+为区间a的左、右端点，$l_a=a^+-a^-$称为区间a的长度。

定义 3： 设$a=[a^-,a^+]$，$b=[b^-,b^+]$，定义以下几点。

(1)区间数的加法：$a+b=[a^-+b^-,a^++b^+]$；

(2)数与区间数的乘法：$\lambda a=[\lambda a^-,\lambda a^+]$，其中$\lambda\geqslant 0$；

(3)区间数的除法：$a/b=[a^-/b^+,a^+/b^-]$；

(4)若$a^-<b^-,a^+<b^+$，则称$a<b$。

定义 4： 模糊语言标度 S={非常符合，比较符合，一般，不太符合，非常不符合}，其对应区间数包括两部分，分别为非常符合=[0.8，1.0]，比较符合=[0.6，0.8]，一般=[0.4，0.6]和不太符合=[0.2，0.4]，非常不符合=[0，0.2]。

(二)基于熵权模糊语言的指标筛选方法①②④

设$X=\{x_1,x_2,\cdots,x_n\}$为指标集合，$G=\{g_1,g_2,\cdots,g_m\}$为属性集合，指标构建时需要遵循的原则为{科学性原则，可操作性原则，代表性原则}，共有$D=\{d_1,d_2,\cdots,d_t\}$位专家对指标体系根据上述三个原则给出每个指标的模糊语言评价，并将第k位专家所给评价按照定义 4 转换为区间值构成的评价矩阵$R=\{r^k{}_{ij}\}_{n\times m},k=1,2,\cdots,t$。

取每一区间标度的中间值构成新的矩阵$\boldsymbol{S}=\{s^k{}_{ij}\}_{n\times m},k=1,2,\cdots,t$，运用熵权法求出每位专家对各属性的相对重要程度判断$\boldsymbol{\omega}^k=[\omega_1^k,\omega_2^k,\cdots,\omega_m^k]^T$，$k=1,2,\cdots,t$。

对专家聚类，求群决策权数向量，步骤如下：

对矩阵$\boldsymbol{\omega}$=$[\omega^1,\omega^2,\cdots,\omega^k]$按列归一化，归一化公式为$x_{ij}=\dfrac{\omega_{ij}}{\max(w_j)}$，对归一化处理后的矩阵用以下公式构造模糊相似矩阵：

---

① 白先春，贺晋.一种基于模糊语言评估的多属性决策方法[J].运筹与管理，2006，15(02)：50-52.

② Xu Z S，Da Q L. The uncertain OWA operator[J].International Journal of Intelligent Systems，2002，17(06)：569-575.

③ Sengupta A，Pal T K. On comparing interval numbers[J].European Journal of Operational Research，2000，127(01)：28-43.

④ 徐泽水.基于模糊语言评估及语言 OWA 算子的多属性群决策法[J].系统工程，2002(05)：79-82.

$$\boldsymbol{P}=\left[p_{ij}\right]_{t\times t}=\frac{\sum_{k=1}^{t}(x_{ik}\wedge x_{jk})}{\sum_{k=1}^{t}x_{ik}\vee x_{jk}} \tag{5.1}$$

由式(5.1)可以看出，模糊相似矩阵 $\boldsymbol{P}$ 为对称矩阵，且对角线元素为 1；对矩阵运用传递闭包法 max-min 合成进行模糊聚类，设置信水平 $\lambda=0.8$；根据每类专家群体数目占总专家数的比例对各专家权重加权，并归一化后得最终权数向量 ω^T。用算术均值法对 $R=\left\{r^{k}_{ij}\right\}_{n\times m,}$ $k=1,2,\cdots,t$ 集结公式为

$$R^{*}=[r_{ij}]_{n\times m}=\frac{1}{t}\sum_{k=1}^{t}r_{ij}^{k};i=1,2,\cdots,n;j=1,2,\cdots,m \tag{5.2}$$

对指标选取方案进行信息集结：

$$\xi=R^{*}\omega^{T} \tag{5.3}$$

按照定义 4 对 ξ_i 由大到小进行排序，指标的最优数目由式(5.4)确定：

$$\frac{\sum_{i=1}^{p}\xi_i}{\sum_{i=1}^{n}\xi_i}\geqslant H,h=\min\left(p\right) \tag{5.4}$$

一般情况下，H 取值越大，所选取的指标数越多，通常取 80%。

(三)指标体系的选择

在指标预调研阶段，在课题组内选取了 14 名成员按照科学性、可操作性和代表性三个原则对指标体系进行了模糊语言判断，下面分别对新兴信息消费的三个层面进行筛选。

首先对需求环境指标进行筛选。收集 14 名成员的模糊语言评价结果(问卷见附录 A)，求出权重矩阵。模糊语言评价结果如表 5.2 所示。

表 5.2　模糊语言评价结果表

指标	k=1			k=2				k=14		
	G_1	G_2	G_3	G_1	G_2	G_3		G_1	G_2	G_3
X_1	比较符合	非常符合	非常符合	比较符合	比较符合	非常符合	…	非常符合	一般	非常符合
X_2	一般	非常符合	非常符合	非常符合	比较符合	非常符合	…	比较符合	比较符合	非常符合
X_3	不太符合	比较符合	非常符合	一般	一般	比较符合	…	一般	比较符合	比较符合
X_4	一般	一般	一般	非常符合	比较符合	比较符合	…	不太符合	比较符合	比较符合
X_5	一般	一般	比较符合	比较符合	比较符合	比较符合	…	一般	不太符合	一般
X_6	一般	非常符合	一般	一般	一般	一般	…	比较符合	不太符合	比较符合
X_7	不太符合	一般	不太符合	一般	不太符合	不太符合	…	不太符合	一般	一般
X_8	一般	比较符合	不太符合	一般	比较符合	不太符合	…	比较符合	比较符合	不太符合

将模糊语言评价矩阵转换为模糊区间数，转换结果如表 5.3 所示。

表 5.3 模糊语言对应的区间数

指标	k=1			k=2				k=14		
	G_1	G_2	G_3	G_1	G_2	G_3		G_1	G_2	G_3
X_1	0.6，0.8	0.8，1.0	0.8，1.0	0.6，0.8	0.6，0.8	0.8，1.0	…	0.8，1.0	0.4，0.6	0.8，1.0
X_2	0.4，0.6	0.8，1.0	0.8，1.0	0.8，1.0	0.6，0.8	0.8，1.0	…	0.6，0.8	0.6，0.8	0.8，1.0
X_3	0.2，0.4	0.6，0.8	0.8，1.0	0.4，0.6	0.4，0.6	0.6，0.8	…	0.4，0.6	0.6，0.8	0.6，0.8
X_4	0.4，0.6	0.4，0.6	0.4，0.6	0.8，1.0	0.6，0.8	0.6，0.8	…	0.2，0.4	0.6，0.8	0.6，0.8
X_5	0.4，0.6	0.4，0.6	0.6，0.8	0.6，0.8	0.6，0.8	0.6，0.8	…	0.4，0.6	0.2，0.4	0.4，0.6
X_6	0.4，0.6	0.8，1.0	0.4，0.6	0.4，0.6	0.4，0.6	0.4，0.6	…	0.6，0.8	0.2，0.4	0.6，0.8
X_7	0.2，0.4	0.4，0.6	0.2，0.4	0.4，0.6	0.2，0.4	0.2，0.4	…	0.2，0.4	0.4，0.6	0.4，0.6
X_8	0.4，0.6	0.6，0.8	0.2，0.4	0.4，0.6	0.6，0.8	0.2，0.4	…	0.6，0.8	0.6，0.8	0.2，0.4

取每个模糊区间的中点构成新的矩阵，如表 5.4。

表 5.4 模糊区间中点矩阵

指标	k=1			k=2				k=14		
	G_1	G_2	G_3	G_1	G_2	G_3		G_1	G_2	G_3
X_1	0.7	0.9	0.9	0.7	0.7	0.9	…	0.9	0.5	0.9
X_2	0.5	0.9	0.9	0.9	0.7	0.9	…	0.7	0.7	0.9
X_3	0.3	0.7	0.9	0.5	0.5	0.7	…	0.5	0.7	0.7
X_4	0.5	0.5	0.5	0.9	0.7	0.7	…	0.3	0.7	0.7
X_5	0.5	0.5	0.7	0.7	0.7	0.7	…	0.5	0.3	0.5
X_6	0.5	0.9	0.5	0.5	0.5	0.5	…	0.7	0.3	0.7
X_7	0.3	0.5	0.3	0.5	0.3	0.3	…	0.3	0.5	0.5
X_8	0.5	0.7	0.3	0.5	0.7	0.3	…	0.7	0.7	0.3

根据熵权法计算每位成员对三个评价原则的权重值，结果如下：

$$\boldsymbol{\omega}=\left(\omega^1,\omega^2,\cdots,\omega^{14}\right)^T=\begin{bmatrix}0.227 & 0.216 & 0.557\\0.212 & 0.329 & 0.459\\0.386 & 0.490 & 0.123\\0.410 & 0.410 & 0.179\\0.257 & 0.508 & 0.236\\0.226 & 0.348 & 0.426\\0.260 & 0.481 & 0.260\\0.431 & 0.309 & 0.260\\0.386 & 0.305 & 0.309\\0.133 & 0.485 & 0.382\\0.279 & 0.283 & 0.438\\0.202 & 0.399 & 0.399\\0.464 & 0.303 & 0.233\\0.513 & 0.316 & 0.171\end{bmatrix} \tag{5.5}$$

基于传递闭包模糊聚类方法对 14 名评判员聚类，计算综合权重值。设置信水平 $\lambda = 0.85$，截 tR 矩阵，14 位成员可据此聚为 6 类：

$$\{d_1\}\ \{d_2,\ d_6,\ d_{11},\ d_{12},\ d_{14}\}\ \{d_3,\ d_4\}\ \{d_5,\ d_7\}\ \{d_8,\ d_9,\ d_{13}\}\ \{d_{10}\}$$

根据每类中的成员数量可令

$m_1 = 1$，$m_2 = m_6 = m_{11} = m_{12} = m_{14} = 5$，$m_3 = m_4 = 2$，$m_5 = m_7 = 2$，$m_8 = m_9 = m_{13} = 3$，$m_{10} = 1$。

由此计算出 14 位成员的权重分别为

$$\alpha^k = \frac{m_k}{\sum_{k=1}^{14} m_k}$$
$$= (0.023, 0.114, 0.045, 0.045, 0.114, 0.045, 0.068, 0.068, 0.023, 0.114, 0.114, 0.068, 0.023, 0.114) \tag{5.6}$$

所以，综合权重为 $\omega^T = \sum_{k=1}^{14} \alpha^k w_j^k = (0.318,\ 0.355,\ 0.327)^T$，根据式(5.2)对原模糊区间数矩阵进行集结得

$$\boldsymbol{R}^* = \begin{bmatrix} [0.64, 0.84] & [0.59, 0.79] & [0.67, 0.87] \\ [0.63, 0.83] & [0.63, 0.83] & [0.61, 0.81] \\ [0.54, 0.74] & [0.57, 0.77] & [0.61, 0.81] \\ [0.61, 0.81] & [0.56, 0.76] & [0.63, 0.83] \\ [0.60, 0.80] & [0.51, 0.71] & [0.66, 0.86] \\ [0.53, 0.73] & [0.47, 0.67] & [0.61, 0.81] \\ [0.36, 0.56] & [0.33, 0.53] & [0.41, 0.61] \\ [0.43, 0.63] & [0.41, 0.61] & [0.40, 0.60] \end{bmatrix} \tag{5.7}$$

根据式(5.3)进行信息集结，得出需求环境中的 8 个指标的综合评价区间值为

$$\xi = \boldsymbol{R}^* \omega^T = \begin{bmatrix} [0.632, 0.832] \\ [0.623, 0.823] \\ [0.574, 0.774] \\ [0.599, 0.799] \\ [0.588, 0.788] \\ [0.535, 0.735] \\ [0.366, 0.566] \\ [0.413, 0.613] \end{bmatrix} \tag{5.8}$$

将 $\xi_i (i = 1, 2, \cdots, 8)$ 由大到小排列得

$$\xi_1 = [0.632, 0.832] \succ \xi_2 = [0.623, 0.823] \succ \xi_4 = [0.599, 0.799] \succ \xi_5 = [0.588, 0.788]$$
$$\succ \xi_3 = [0.574, 0.774] \succ \xi_6 = [0.535, 0.735] \succ \xi_8 = [0.413, 0.613] \succ \xi_7 = [0.366, 0.566]。$$

根据式(5.4)进行指标筛选并取各区间中点：12.7%、28.6%、42.3%、58.1%、71.9%、84.9%、95.5%、105.1%，故第 7 个指标即各级政府网站绩效可删除。用同样的方法，对供给环境初选指标进行筛选：

$$\xi=\begin{bmatrix}[0.619,0.819]\\ [0.595,0.795]\\ [0.642,0.842]\\ [0.600,0.800]\\ [0.573,0.773]\\ [0.522,0.722]\end{bmatrix} \tag{5.9}$$

将 $\xi_i(i=1,2,\cdots,6)$ 由大到小排列得

$$\xi_3=[0.642,0.842]\succ\xi_1=[0.619,0.819]\succ\xi_4=[0.600,0.800]$$
$$\succ\xi_2=[0.595,0.75]\succ\xi_5=[0.573,0.773]\succ\xi_6=[0.522,0.722]。$$

根据式(5.4)计算最终评价区间，并取各区间中点：15.9%，31.2%，46.6%，61.6%，76.5%，104.2%，故供给环境中 6 个指标均可保留。再处理信息社会环境指标：

$$\xi=\begin{bmatrix}[0.371,0.571]\\ [0.579,0.779]\\ [0.556,0.756]\\ [0.513,0.713]\\ [0.552,0.752]\\ [0.592,0.792]\\ [0.543,0.743]\\ [0.562,0.762]\\ [0.567,0.767]\end{bmatrix} \tag{5.10}$$

将 $\xi_i(i=1,2,\cdots,9)$ 由大到小排列得

$$\begin{aligned}&\xi_6=[0.592,0.792]\succ\xi_2=[0.579,0.779]\succ\xi_9=[0.567,0.767]\succ\xi_8=[0.562,0.762]\\ &\succ\xi_3=[0.556,0.756]\succ\xi_5=[0.552,0.752]\succ\xi_7=[0.543,0.743]\\ &\succ\xi_4=[0.513,0.713]\succ\xi_1=[0.371,0.571]。\end{aligned} \tag{5.11}$$

根据式(5.4)计算最终评价区间，并取各区间中点：12.7%，25.1%，37.3%，49.4%，61.4%，73.4%，85.2%，96.4%，105.1%，故信息社会环境的 9 个三级指标中，第 1 个指标即信息消费市场政策可删除。由此，最终指标体系如表 5.5 所示。

表 5.5 新兴信息消费的环境评估指标体系

信息消费环境	衡量指标	指标说明
社会环境	信息消费产业政策	指关于信息消费人才、资金和技术等方面的专项政策
	人均 GDP	反映地区整体经济发展水平
	数字电视使用率	指数字多媒体内容的重要终端，是家庭信息消费的重要条件
	固定宽带接入率	指网络基本覆盖条件，信息消费以信息化为基础
	移动高速 4G 网络接入率	指移动高速接入条件，是新兴信息消费发展的趋势
	垃圾短信数	反映一个地区的垃圾短信接收数量
	骚扰电话数	反映一个地区的骚扰电话接收数量
	恶意程序数	反映一个地区的恶意程序上线数量

续表

信息消费环境	衡量指标	指标说明
供给环境	信息产业固定资产投入	指信息产业固定资产投入，固定资产投入数量越多表明对新兴信息消费的支撑力度越强
	信息产业就业人员数	指信息制造业和信息服务业相关从业人员数量
	信息产业 R & D 经费投入	指信息产业研究与开发经费投入，反映企业软实力投入
	信息产业产业人均产值	反映信息产业人均创造财富的能力
	信息产业经济增加值占 GDP 比重	整体角度衡量信息产业对经济增长的贡献
	每万人口发明专利拥有量	衡量信息产业人力资本的提升程度
需求环境	数字广播电视支付能力	反映收入与使用数字广播电视业务成本之间的倍数，倍数越高，支付能力越强
	智能电话支付能力	反映收入与使用智能电话所耗平均成本之间的倍数，倍数越高，支付能力越强
	固定宽带支付能力	反映收入与固定宽带资费水平的倍数，倍数越高，支付能力越强
	人均周上网时长	从时间角度衡量居民个人对智能手机、平板电脑等智能终端的使用情况
	人均新兴信息消费支出	从金钱支出角度反映其实际新兴信息消费行为的结果
	信息能力	反映一个地区居民信息能力的指数
	政府信息产品采购支出	反映政府进行便民网站系统建设等新兴信息消费的努力程度

第三节　新兴信息消费环境评估及重点治理方向选取

一、新兴信息消费的环境评估指标权重确定

新兴信息消费的环境评估分析主要包括以下 3 个部分：社会环境、供给环境和需求环境。通过政策支持、经济发展、基础设施、信息污染度、产业要素投入、产业发展效果、个体信息消费能力、信息素质以及政府在线服务 9 个维度对新兴信息消费环境的 21 个评价指标进行度量，测度评价体系如表 5.6 所示。构造判断矩阵时，课题组在 2017 年第一季中国“经专对话”主题研讨会(ECICE 专题调研研讨会)上向 13 位信息经济领域与会专家发放问卷(见附录 B)，对各层级的指标按重要性进行了评分。

表 5.6　新兴信息消费评价体系表

目标层	准则层	指标层	
新兴信息消费环境评估指标	社会环境 A	政策支持	A1 信息消费产业政策
		经济发展	A2 人均 GDP
		基础设施	A3 数字电视使用率(万户)
			A4 固定宽带接入率
			A5 移动高速 4G 网络接入率
		信息污染度	A6 垃圾短信数

续表

目标层	准则层	指标层	
新兴信息消费环境评估指标	社会环境 A	信息污染度	A7 骚扰电话数
			A8 恶意程序数
	供给环境 B	产业要素投入	B1 信息产业固定资产投入
			B2 信息产业就业人员数
			B3 信息产业 R&D 经费投入
		产业发展效果	B4 信息产业人均产值
			B5 信息产业经济增加值占 GDP 比重
			B6 每万人口发明专利拥有量
	需求环境 C	个体信息消费能力	C1 数字广播电视支付能力
			C2 智能电话支付能力
			C3 固定宽带支付能力
			C4 人均周上网时长
			C5 人均新兴信息消费支出
		信息素质	C6 信息能力
		政府在线服务	C7 政府信息产品和服务采购支出

首先根据层次分析法中两两因素重要性比较的标度表(表 5.7)，对社会环境、供给环境及需求环境进行了两两因素的重要性比较。

表 5.7 层次分析法标度表

标度	定义(比较因素 i 与 j)
1	因素 i 与 j 一样重要
3	因素 i 比 j 稍微重要
5	因素 i 比 j 较强重要
7	因素 i 比 j 强烈重要
9	因素 i 比 j 绝对重要
2，4，6，8	两相邻判断的中间值
倒数	当比较因素 j 与 i 时

然后，根据专家评定打分的方法得到了各指标层权重，以专家 1 对社会环境、供给环境和需求环境权重判断的计算为例，计算出相应的权重：

$$
\begin{array}{cccc}
 & A & B & C \\
A & 1 & 5 & 1 \\
B & 1/5 & 1 & 1/9 \\
C & 5 & 9 & 1
\end{array}
=
\begin{array}{c}
\text{权重} \\
0.207 \\
0.058 \\
0.735
\end{array}
$$

以此为例，专家权重汇总表见表 5.8。

表 5.8 专家权重汇总表

权重	专家 1	专家 2	专家 3	专家 4	…	专家 10	专家 11	专家 12	专家 13
A	0.207	0.143	0.067	0.143	…	0.258	0.243	0.290	0.714
B	0.058	0.429	0.467	0.429	…	0.105	0.669	0.655	0.143
C	0.735	0.429	0.467	0.429	…	0.637	0.088	0.055	0.143

基于此原理，依次对分属于社会环境、供给环境和需求环境的指标进行两两比较判断，并将最终结果进行平均后得到最终的指标测度，如表 5.9～表 5.12 所示。

表 5.9 新兴信息消费环境评估指标权重

新兴信息消费环境评估指标	权重
A 社会环境	0.226
B 供给环境	0.314
C 需求环境	0.460

表 5.10 社会环境指标权重

		社会环境评估指标	权重
社会环境 A	政策支持	A1 信息消费产业政策	0.273
	经济发展	A2 人均 GDP	0.290
	基础设施	A3 数字电视使用率	0.149
		A4 固定宽带接入率	0.092
		A5 移动高速 4G 网络接入率	0.072
	信息污染度	A6 垃圾短信数	0.021
		A7 骚扰电话数	0.039
		A8 恶意程序数	0.064

表 5.11 供给环境指标权重

		供给方环境评估指标	权重
供给环境 B	产业要素投入	B1 信息产业固定资产投入	0.222
		B2 信息产业就业人员数	0.183
		B3 信息产业 R&D 经费投入	0.053
	产业发展效果	B4 信息产业人均产值	0.168
		B5 信息产业经济增加值占 GDP 比重	0.238
		B6 每万人口发明专利拥有量	0.136

表 5.12 需求环境指标权重

		需求环境评估指标	权重
需求环境 C	个体信息消费能力	C1 数字广播电视支付能力	0.176
		C2 智能电话支付能力	0.054
		C3 固定宽带支付能力	0.121
		C4 人均周上网时长	0.087
		C5 人均新兴信息消费支出	0.062
	信息素质	C6 信息能力	0.336
	政府在线服务	C7 政府信息产品和服务采购支出	0.164

二、基于指标体系权重比较分析的重点治理方向选择

由于信息消费正快速渗透其他各领域，新兴信息消费环境日渐复杂，明确各评估指标的权重，能够为我国新兴信息消费环境的治理建设进一步指明方向。结合表 5.9 可知，影响新兴信息消费环境发展的首要因素是需求环境，其次是供给环境，最后是社会环境（图 5.1）。

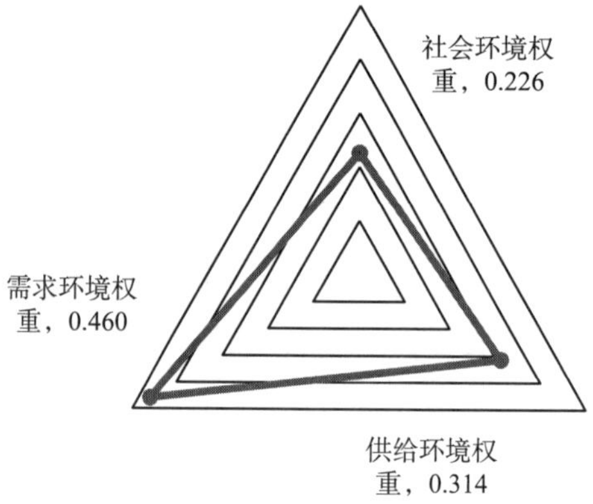

图 5.1 信息消费环境构成要素权重比较

（一）社会环境

社会环境整体发展水平反映了新兴信息消费产业相关政策与信息化建设的发展状态。结合表 5.10 可知，对社会环境治理优化影响重要的因素依次为人均 GDP、信息消费产业政策、数字电视使用率、固定宽带接入率、移动高速 4G 网络接入率、恶意程序数、骚扰电话数和垃圾短信数（图 5.2）。

基于指标权重比较，可知影响新兴信息消费社会环境的重要因素除人均 GDP 外，主要集中在产业政策制定、信息基础设施完善和健康数字媒体推广三个方面。产业政策是弥补市场失灵、促进资源有效配置的重要手段，因此加强引导性产业政策是促进新兴信息消费健康发展的重要抓手。此外，完善的信息基础设施是推动全国居民信息化水平提升的重

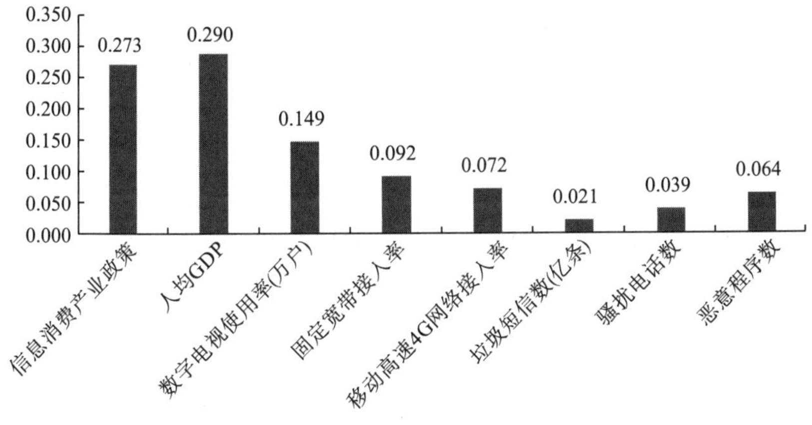

图 5.2 新兴信息消费社会环境指标权重比较

要前提，因此地方政府必须加强相关建设和加大资金投入，加强固定宽带和移动高速网络的建设，早日落实国家出台的《“宽带中国”战略》等方案，提升社会整体信息接入水平。另外，加强受消费者欢迎的数字媒体内容宣传和营造清净网络空间是促进数字电视使用率提升和降低信息污染度的必要基础，为此各地方政府既要积极支持新媒体快速发展，还要主动引导加强监管。

（二）供给环境

新兴信息消费供给环境发展水平直接影响着信息消费产品和服务的供给质量。因此加强供给环境治理优化是推动新兴信息消费快速发展的重要手段。结合表 5.11 可知，对供给环境发展影响重要的因素依次是信息产业经济增加值占 GDP 比重、信息产业固定资产投入、信息产业就业人员数、信息产业人均产值、每万人口发明专利拥有量和信息产业 R&D 经费投入(图 5.3)。

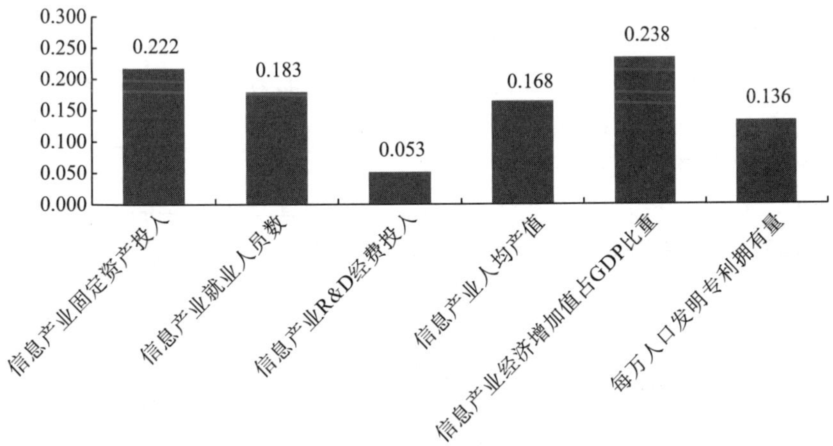

图 5.3 新兴信息消费供给环境指标权重比较

基于指标权重比较，可知目前影响新兴信息消费供给环境的主要因素为经济增加值、投资和人才。因此现阶段各地方政府和企业的首要任务是积极推动数字产业化和产业数字化，加快传统企业转型升级，不断增加信息产业人均产值和信息产业经济增长占 GDP 的比重。其次是鼓励信息产业相关企业加大固定资产投入，提升数字产品和信息服务的供给能力。再次是逐步调整人才培养结构和模式，加速数字经济领域的创新创业队伍培育建设，扩大信息产业从业人数。最后是引导企业重视 R&D 经费投入，开展技术创新和管理创新，提高每万人口发明专利拥有量，保障新兴信息消费供给的可持续发展。

（三）需求环境

根据西方经济学供需理论，供需双方均衡发展是保证产业持续健康发展的重要条件。结合表 5.12 可知，对需求环境治理建设影响最重要的因素依次是信息能力、数字广播电视支付能力、政府信息产品和服务采购支出、固定宽带支付能力、人均周上网时长、人均新兴信息消费支出和智能电话支付能力(图 5.4)。

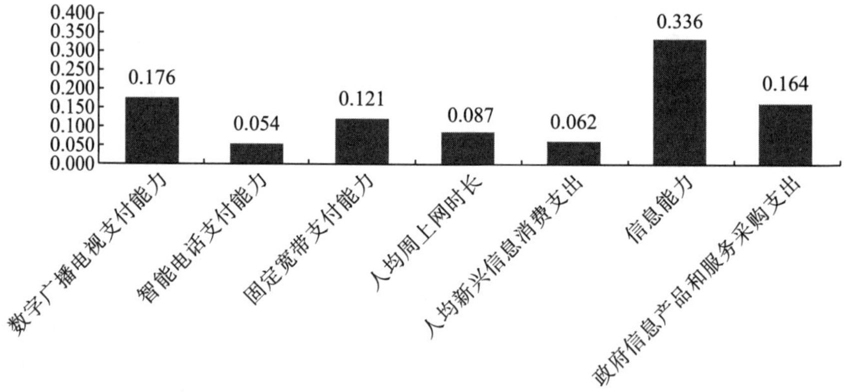

图 5.4 新兴信息消费需求环境指标权重比较

基于指标权重比较，可知影响新兴信息消费需求环境发展的主要因素是信息素质(信息能力)、居民消费能力和政府消费支出。若要改善影响需求环境发展的信息能力、数字广播电视支付能力、智能电话支付能力、固定宽带支付能力和人均新兴信息消费支出等重要影响因素，首要前提是培育信息消费习惯和提高国民数字文化知识。其次要调整和优化经济结构，拓宽经济领域，加大对第三产业的发展扶持和资金投入，推动各类产业转型升级、发展壮大，不断提升居民整体收入。另外，政府信息产品和服务的采购作为引导经济发展方向、支持高新技术企业发展的重要手段，是促进新兴信息消费市场需求快速发展的有力支撑。

三、典型区域新兴信息消费的环境评估分析

本书按照分区域、分产业特征的原则，选取上海、广东、重庆、山西和湖北五个地区的新兴信息消费的环境进行了数据采集(考虑了统计数据集的完整性后，主要以 2017 年统

计年鉴为基准)[①]，然后进行模型计算，得到区域新兴信息消费的环境评估结果，并提出了相关建议。

课题组基于国家和地方统计局网站、统计年鉴、工信部网站、CNNIC 互联网发展报告等国内权威信息行业统计数据，同时结合赛迪、199IT、罗兰贝格等国内外大型咨询机构的数据，整合梳理出全国和案例地区新兴信息消费的环境中社会环境和产业环境指标数据。对于部分统计机构没有包括的数据，课题组通过向地方发改委、经信委调研和咨询的方式得到相关数据(问卷见附录 C)。另外，需要说明的是 R&D 经费投入主要涵盖全社会实际用于基础研究、应用研究和试验发展的经费支出，从国家统计局获得的对 R&D 经费支出数据难以根据行业进行剥离，鉴于本书采用 R&D 经费的投入这一指标反映地区的创新支持力度，课题组特向国家信息产业相关专家咨询，专家指出在 ICT(information communications technology，信息通信技术)行业的发展与各经济部门的融合不断加深的背景下，R&D 经费支出有很大一部分将用于支持地方 ICT 产业发展，因此可以使用 R&D 经费投入强度来侧面反映地区 R&D 经费对创新的扶持力度(数据来源见附录 D)。

由于新兴信息消费的环境中产业支撑政策、居民信息消费支付能力(数字广播电视、智能电话等)、政府信息产品采购支出等数据无法获取，课题组通过选取相关地区政府信息化主管部门(如重庆发改委、广东经信委、上海张江高科管委会等)、相关领域学者(陈禹、杨培芳、史炜、陈金桥等)、代表性大型企业(如山西等地通信运营商、上海贝尔、华为等)等作为调查对象，每个地区选择 11 位专家对相关无法量化的指标予以打分(满分 100 分)。按照统计数据、政府部门数据、咨询机构(研究所)数据、主观打分数据的优先顺序搜集数据(原始数据集见附录 E)。并对原始数据进行归一化处理，结果见表 5.13。

表 5.13　归一化后的数据集

指标	上海	广东	重庆	山西	湖北
信息消费产业政策	17.407	17.812	15.687	14.960	15.969
人均 GDP	29.190	19.094	14.714	9.870	14.132
数字电视使用率	18.577	10.051	4.565	4.292	7.076
固定宽带接入率	6.005	6.693	5.457	4.917	4.604
移动高速 4G 网络接入率	5.977	5.476	3.792	3.274	3.163
垃圾短信数	1.592	0.443	2.802	3.336	2.335
骚扰电话数	2.401	2.873	2.619	1.764	2.362
恶意程序数	10.291	1.403	8.125	5.937	4.980
信息产业固定资产投入	8.872	33.935	7.021	7.269	9.545
信息产业就业人员数	16.944	23.517	3.110	3.690	7.639
信息产业 R&D 经费投入	5.497	3.640	2.314	1.533	2.800
信息产业人均产值	4.801	16.928	13.140	2.043	13.391

① 数据来源：(1)国家和地方统计局网站、统计年鉴、工信部网站、CNNIC 互联网发展报告等国内信息行业统计数据的权威来源；(2)赛迪、199IT、罗兰贝格等国内外大型咨询机构的数据；(3)地方发改委、经信委、通管局等行业主管部门；(4)专家打分。

续表

指标	上海	广东	重庆	山西	湖北
信息产业经济增加值占 GDP 比重	15.134	25.395	12.078	2.744	16.079
每万人口发明专利拥有量	20.130	12.810	3.202	1.544	3.082
数字广播电视支付能力	11.166	11.133	10.345	10.047	10.109
智能电话支付能力	3.506	3.545	3.147	2.845	3.152
固定宽带支付能力	8.201	7.695	7.253	6.174	7.048
人均周上网时长	5.517	5.660	5.418	4.655	4.770
人均新兴信息消费支出	4.101	4.196	3.875	2.943	3.535
信息能力	20.760	21.216	19.888	18.793	19.982
政府信息产品采购支出	10.819	11.255	10.175	7.313	9.593

根据标准化后的数据集，进一步结合指标权重计算各地区和全国平均的新兴信息消费环境评估得分（表 5.14 和图 5.5）。

表 5.14　新兴信息消费的环境评估得分

维度得分	上海	广东	重庆	山西	湖北
社会环境评估分值	91.440	63.845	57.761	48.350	54.621
供给环境评估分值	71.377	116.225	40.866	18.821	52.537
需求环境评估分值	64.070	64.701	60.102	52.771	58.189
新兴信息消费的环境评估结果	72.551	80.695	53.530	41.106	55.607

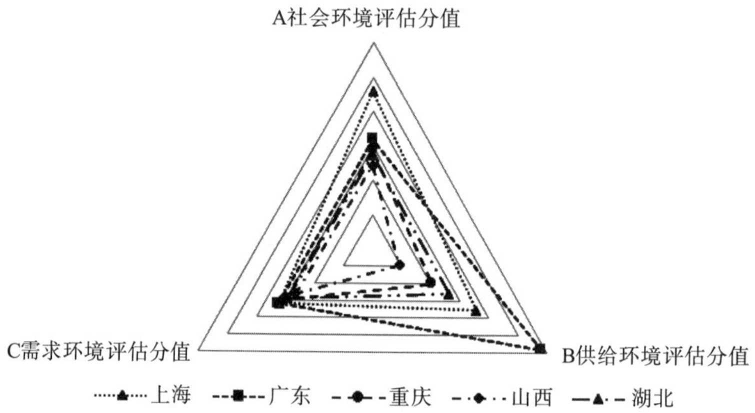

图 5.5　典型区域的新兴信息消费的环境评估得分雷达图

(1)总体来看：整体的新兴信息消费环境广东最佳、上海次之、山西最差，新兴信息消费环境呈现出东部、南部好于中西部，中西部好于北部的大趋势。

(2)具体来看：①社会环境方面，上海的新兴信息消费社会环境更加完善，远高于排名第二的广东，本研究选取上海作为案例时，充分考虑了其作为高度城市化地区，在政策体系、人均 GDP、信息基础设施等方面领先全国这一现实；②供给环境方面，广东具有发达信息产业基础，新兴信息消费供给环境相对更加完备，华为、中兴、腾讯等一大批电子信息制造业、软件和信息服务业方面龙头企业集聚，在带动相关产业规模、人才队伍、研发投入等都具备显著的优势；③需求环境方面，上海和广东的新兴信息消费需求环境更好，这与这两个地区居民较强的支付能力和良好的信息消费习惯密不可分。

接下来根据新兴信息消费的环境评估得分结果按照地区进一步进行分析。

(一)新兴信息消费的社会环境具体指标

上海在新兴信息消费社会环境治理方面全面领先。具体来看，上海在人均收入水平方面和数字电视使用率方面相当领先，远高于案例中的其他省市；同时，上海的移动高速 4G 网络接入率处于领先地位，并且在信息消费产业政策、固定宽带接入率方面不落下风；其在垃圾短信数、骚扰电话数和恶意程序数三方面低于大部分省市。总体上，上海在新兴信息消费社会环境治理上措施及效果较为有效(图 5.6)。

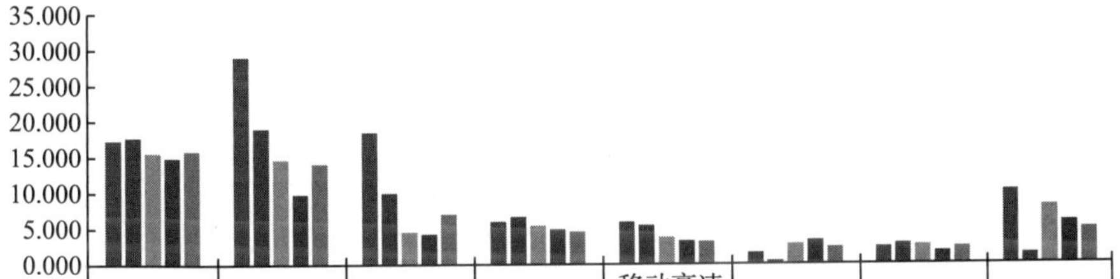

	信息消费产业政策	人均GDP	数字电视使用率	固定宽带接入率	移动高速4G网络接入率	垃圾短信数(亿条)	骚扰电话数	恶意程序数
■上海	17.407	29.190	18.577	6.005	5.977	1.592	2.401	10.291
■广东	17.812	19.094	10.051	6.693	5.476	0.443	2.873	1.403
■重庆	15.687	14.714	4.565	5.457	3.792	2.802	2.619	8.125
■山西	14.960	9.870	4.292	4.917	3.274	3.336	1.764	5.937
■湖北	15.969	14.132	7.076	4.604	3.163	2.335	2.362	4.980

■上海 ■广东 ■重庆 ■山西 ■湖北

图 5.6 新兴信息消费的社会环境具体指标分地区状况

广东在新兴信息消费社会环境治理方面优势突出。具体来看，其信息消费产业政策在选取的几个典型省市中相关政策是最为完善的；在固定宽带接入率和移动高速 4G 网络方面，其信息基础设施已经较为完善。然而，作为经济大省，广东人口众多，人均 GDP 与上海还有较大差距；在数字广播电视支付能力方面，广东的表现虽然优于中西部和北部地区，但与上海相比也存在较明显的差距(图 5.6)。

重庆在新兴信息消费社会环境治理方面较为薄弱。全市相关具体指标方面普遍低于案例省市的平均水平，但是由于地方政府对信息产业发展的重视，相关政策日趋完善，网络基础设施建设日益完备，具体表现在信息消费产业政策、固定宽带接入率、移动高速 4G 网络接入率、减少信息污染等方面领先中部和北部地区。同时，由于重庆市近几年经济发展水平日益增强，人均 GDP 已经超越湖北，与全国平均水平的差距在不断缩小(图 5.6)。

山西在新兴信息消费的社会环境治理方面全面落后。尤其表现在相关政策方面远远落后平均水平，而在信息基础设施建设方面同样还有待进一步发展，尤其是固定宽带接入率和移动高速 4G 网络接入率还需要提高。另外，由于全省经济发展相对滞后，其人均 GDP 也非常落后(图 5.6)。

湖北在新兴信息消费的社会环境治理方面较为落后。基础设施方面的两项关键指标——固定宽带接入率和移动高速 4G 网络接入率均为案例省市中的末尾，而在其他几项指标上虽然表现很均衡，但依旧处于落后的水平，治理空间潜力巨大(图 5.6)。

整体来看，我国东部和南部地区在新兴信息消费的社会环境关键指标均好于其他地区；中西部地区新兴信息消费的社会环境中需要加大对于网络基础设施的进一步投入支持，构建更加完善的信息通信网络；而北方以山西为代表的传统工业重镇、能源重镇在产业政策、基础设施建设方面依旧任重道远。

(二)新兴信息消费的供给环境具体指标

上海在新兴信息消费的供给环境方面长短板差异明显。上海在信息产业 R&D 经费投入、信息产业就业人员数、研发投入方面较为领先，充足的人才和创新氛围成为全市新兴信息消费的供给环境优化的长期动力。但存在信息产业固定资产投资不够、信息产业人均产值不足、信息产业经济增加值占 GDP 比重小等短板，已成为阻碍上海新兴信息消费供给环境进一步优化的瓶颈(图 5.7)。

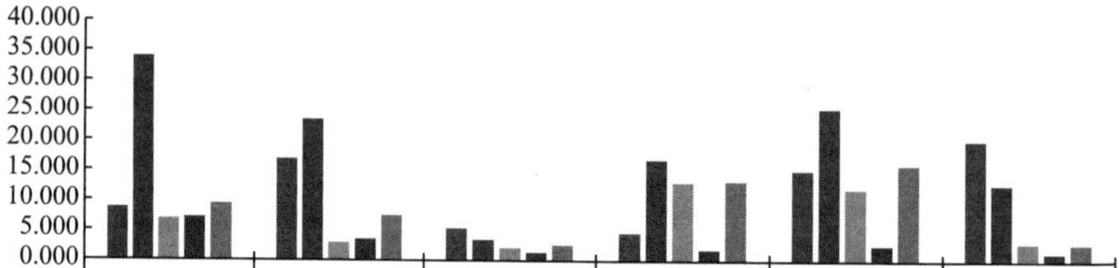

	信息产业固定资产投入	信息产业就业人员数	信息产业R&D经费投入	信息产业人均产值	信息产业经济增加值占GDP比重	每万人口发明专利拥有量
■上海	8.872	16.944	5.497	4.801	15.134	20.130
■广东	33.935	23.517	3.640	16.928	25.395	12.810
■重庆	7.021	3.110	2.314	13.140	12.078	3.202
■山西	7.269	3.690	1.533	2.043	2.744	1.544
■湖北	9.545	7.639	2.800	13.391	16.079	3.082

■上海 ■广东 ■重庆 ■山西 ■湖北

图 5.7 新兴信息消费的供给环境具体指标分地区状况

广东在新兴信息消费的供给环境方面全面领先于平均水平。作为全国范围内信息产业高度发达的地区，其非常重视信息产业发展，全省信息产业固定资产投入远远领先其他省市(正是由于广东的信息产业固定资产投入非常巨大，拉高了案例省市的平均水平，使得其他四个省市均处于平均水平以下)。在大量龙头企业带领下，信息产业已经成为广东经济发展的重要动力，并成为全国的信息产业人才集聚高地。但是，数据分析显示，广东的信息产业 R&D 经费投入尚落后于上海，需要进一步加强(图 5.7)。

重庆在新兴信息消费的供给环境方面普遍落后于平均水平。在信息产业固定资产投入、信息产业就业人员数、信息产业 R&D 经费投入方面还需进一步增强，目前来说信息产业虽然已经在全市 GDP 中占据较高比重，但仍落后于平均水平，有待进一步发展(图 5.7)。

山西在新兴信息消费的供给环境方面全面落后于平均水平。在信息产业的产出指标(人均产值、经济增加值占 GDP 比重)方面远远落后于平均水平，这与山西是传统老工业基地的现状是分不开的，全市信息产业还处于起步阶段，尚无法对经济发展做出较大的贡献。同时，山西的信息产业就业人员数和信息产业 R&D 经费投入的落后也使得山西无法获得信息产业发展所急需的高素质人才创新创业动力的支持，新兴信息消费的供给环境优化工作任重而道远(图 5.7)。

湖北在新兴信息消费的供给环境方面普遍高于平均水平。信息产业已经成为促进湖北经济发展的重要部分，其信息产业经济增加值占 GDP 比重已经超过全国平均水平。但是湖北在信息产业固定资产投入、信息产业就业人员数、信息产业 R&D 经费投入方面与东部、南部的发达地区仍有一定差距，需要进一步优化(图 5.7)。

整体来看，我国新兴信息消费的供给环境与全国信息产业发展的整体态势较为吻合，南部领先、东部先进，中西部和北部相对落后。同时各地区需要进一步完善人才培养、创新研发等方面的相关机制，挖掘更大的发展潜力。

(三)新兴信息消费的需求环境具体指标

上海在新兴信息消费需求环境方面全面领先于平均水平。上海人均新兴信息消费的支付能力非常强，尤其是在数字广播电视和固定宽带方面。居民对互联网的依赖程度(人均周上网时长)也比较高，人均新兴信息消费的支出和政府信息产品采购支出情况也比较理想，全市新兴信息消费的需求动力较为强劲(图 5.8)。

广东在新兴信息消费的需求环境方面全面领先于平均水平。广东人均新兴信息消费的支出非常高，但对固定宽带的支付能力不强，从侧面反映出广东相较于上海，其移动互联网应用更为广泛。同时，广东对互联网的依赖程度(人均周上网时长)最高，人均新兴信息消费支出和政府信息产品采购支出均领先全国平均水平。另外，广东居民的信息能力高于其他省份，较高的信息素质是广东需求环境良好的重要原因之一(图 5.8)。

重庆在新兴信息消费的需求环境方面长短板差异明显。重庆在新兴信息消费的需求环境的短板主要体现在居民对数字广播电视、智能电话、固定宽带的支付能力不强，这与重庆人均可支配收入不高是分不开的。但是重庆居民对网络的依赖程度(人均周上网时长)、人均新兴信息消费支出和政府信息采购支出均高于全国平均水平，重庆新兴信息消费的需求空间巨大(图 5.8)。

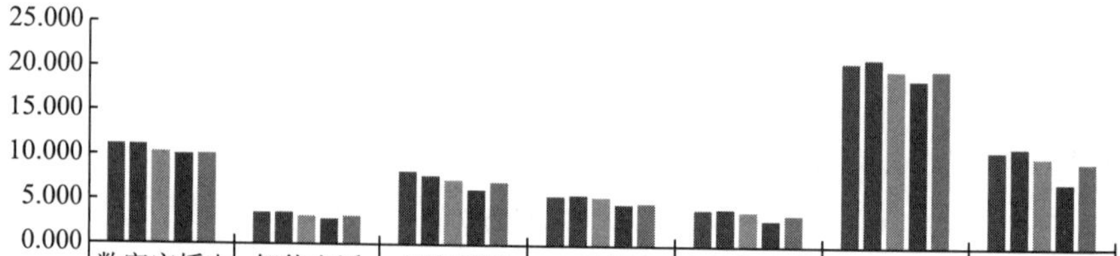

	数字广播电视支付能力	智能电话支付能力	固定宽带支付能力	人均周上网时长	人均新兴信息消费支出	信息能力	政府信息产品采购支出
■上海	11.166	3.506	8.201	5.517	4.101	20.760	10.819
■广东	11.133	3.545	7.695	5.660	4.196	21.216	11.255
■重庆	10.345	3.147	7.253	5.418	3.875	19.888	10.175
■山西	10.047	2.845	6.174	4.655	2.943	18.793	7.313
■湖北	10.109	3.152	7.048	4.770	3.535	19.982	9.593

■上海 ■广东 ■重庆 ■山西 ■湖北

图 5.8 新兴信息消费的需求环境具体指标分地区状况

山西在新兴信息消费的需求环境方面全面落后于平均水平。山西新兴信息消费的需求环境中的几项主要指标均位于案例城市中的末尾，且与平均水平差距明显，人均新兴信息消费支出不足、互联网依赖程度(人均周上网时长)不高、政府信息采购支出不足等问题全面制约了山西新兴信息消费的发展。

湖北在新兴信息消费的需求环境方面整体落后于平均水平。湖北新兴信息消费的需求环境的指标显示，居民的互联网依赖程度(人均周上网时长)不高，居民在数字广播电视支付能力方面还需要进一步加强。

整体来看，新兴信息消费的需求环境中，我国东部和南部地区在各项指标中的表现均优于其他地区，尤其在支付能力方面优势显著。目前，在以上海和广东为代表的东部地区中，居民的互联网依赖程度(人均周上网时长)较高，西部、北部和中部地区仍需进一步加强。欠发达地区的居民和政府的新兴信息消费的购买力尚存在较大的挖掘空间。

本 章 小 结

针对如何进行新兴信息消费环境评估的问题，本章运用熵权模糊语言、专家问卷、层次分析法对现有初期指标进行了优化，并量化了指标权重，分析了新兴信息消费环境的重点治理方向。研究结果如下。

(1) 从指标体系构建的科学性、可操作性和代表性原则出发，通过比较分析，本书剔除了信息消费市场政策、各级政府网站绩效等指标，最终选取政策支持、经济发展、基础设施、信息污染度、产业要素投入、产业发展效果、个体信息消费能力、信息素质以及政府在线服务 9 个维度 21 个指标对新兴信息消费的环境进行评价。

(2) 课题组基于指标优化结果，在 2017 年第一季中国“经专对话”主题研讨会上收集了 13 位信息经济领域与会专家的意见，结合层次分析法对各指标权重进行了量化，结果表明供给环境和需求环境对新兴信息消费环境的影响明显大于社会环境。

(3) 本书基于指标权重、供给管理理论和供需理论等理论基础对新兴信息消费的整体环境进行了进一步梳理，并通过比较分析将新兴信息消费的环境治理方向划分为了三个维度，分别是重点治理、强化治理和支撑治理。

(4) 基于研究提出的评价指标，按照分区域、分产业特征的原则，本书选取了分别代表东部、南部、西部、北部和中部的上海、广东、重庆、山西和湖北五个地区进行新兴信息消费的环境评估。整体来看，新兴信息消费的环境呈现出东部、南部好于中西部，中西部好于北部的态势，欠佳地区主要存在的问题包括基础设施建设落后、产业创新动力不强、信息污染问题严峻、人口信息消费意识不强等。

第六章　新兴信息消费的环境治理模型研究

本章在前文对新兴信息消费的环境评估结果分析和治理方向选取的论证基础之上，针对社会环境、供给环境、消费环境中的基础设施建设进度慢、信息污染严重、信息产品和服务供给不足、大数据发展应用不强和居民信息消费习惯差等突出问题，利用 Shapley 值法、委托代理理论、演化博弈理论和实证研究等方法构建新兴信息消费的环境治理模型，为新兴信息消费的环境治理政策建议提供理论支撑。

第一节　相关理论概述

一、治理理论

（一）治理理论的起源

治理理论是 20 世纪 90 年代西方国家兴起的新理念，随后风靡全球，成为学术界的一个重要研究领域。治理理论的主要创始人詹姆斯 • N. 罗西瑙认为治理与政府统治不同，他将治理定义为一系列活动领域里的管理机制。它们虽未得到正式授权，却能有效发挥作用，与政府统治相比，治理的内涵更加丰富，其既包括政府机制，也包括非正式、非政府的机制。而另一位代表人物格里 • 斯托克将治理理论概括为五个要点：①治理意味着一系列来自政府但又不限于政府的社会公共机构和行为者；②治理意味着在为社会和经济问题寻求解决方案的过程中存在着界限和责任方面的模糊性；③治理明确肯定了在涉及集体行动的各个社会公共机构之间存在着权力依赖；④治理意味着参与者最终将形成一个自主的网络；⑤治理意味着办好事情的能力不限于政府的权力，而且不限于政府的发号施令或运用权威。联合国全球治理委员会也为治理做出了具有权威性的解释：治理是个人和公共或私人机构管理其公共事务的诸多方式的总和。它是使相互冲突的或不同的利益得以调和并采取联合行动的持续过程。它既包括有权迫使人们服从的正式制度和规则，也包括人民和机构同意的或以为符合其利益的各种非正式的制度安排。

（二）治理理论的内涵

治理的原意是表示被调控和指导，指的是在范围规定内行使权力，暗示其具有政治性，即不同权力相互配合共同发挥作用。伴随公共治理运用范围的扩大与重要程度的提升，如何对治理的概念进行定义这一问题也产生了歧义。治理的概念逐渐多样化，如治理国家经济与促进社会发展的途径，如权力的使用方法，怎样使公民参与其中，以及如何保证公共利益的实现，这些概念虽然模糊但也有助于我们对公共治理进行一定程度的理解。在治理的概念中，以全球治理委员会发布的定义作为权威标准，即治理是个人或组织经营管理方法的总和，使得事务之间的利益冲突得以化解并得到更好的发展，有正式的机构也有非正式的安排，只有个人或者组织认为符合自己的利益，才会授予机构该种权力。

二、Shapley 值法

（一）Shapley 值法的起源

Shapley 值法于 1953 年由学者 L.S.Shapley 提出，该方法旨在解决多人合作博弈的利益分配问题(孙世民等，2008)，其基本思想是多个合作者共同参与一项经济活动时，不论参与人如何组合，各个参与人均会获得一定的效益，而 Shapley 值法的根本目的是将最终利益在各参与人之间进行最优分配，以实现个人利益和集体利益的均衡。

（二）Shapley 值法的基本原理

以电信运营商参与信息基础设施共建为例，设 $N=\{1,2,\cdots,n\}$ 是关于电信运营商数量的函数，那么对于任何电信运营企业集合 S 产生的总成本为 $C(S)$，满足条件

$$C(\varphi)=0 \tag{6.1}$$

$$C(N)\leqslant\sum_{i=1}^{n}C(i) \tag{6.2}$$

式中，$C(N)$ 为电信运营企业共建的总成本，$C(i)$ 为第 i 家企业单独建设费用，式(6.1)表示无电信运营企业参与时的成本为零，式(6.2)表示共建的成本小于各自单独建设成本之和，体现出共建的集体理性。参与共建的各电信运营企业分摊的成本用向量 $\boldsymbol{x}=(x_1,\cdots,x_n)$ 表示，x_i 为第 i 家电信运营企业分摊的成本，满足条件如下：

$$x_i\leqslant C(i)\quad i\in N \tag{6.3}$$

$$\sum_{i=1}^{n}x_i=C(N) \tag{6.4}$$

式(6.3)表示第 i 家企业分摊成本小于单独建设成本，式(6.4)表示 n 家企业分摊的成本之和为共建总成本，成本分摊则是要找出一个最优的分摊结果。根据 Shapley 值法可得第 i 家企业应分摊的成本为

$$x_i=\frac{(|s|-1)!(n-|s|)!}{n!}\sum\left[C(s)-C(s/i)\right] \tag{6.5}$$

式中，$|s|$ 为成员数量，$C(s)-C(s/i)$ 为增加单位企业引起的总成本增加即边际成本，再将该成本分配给电信运营企业 i 即第 i 家企业分摊的成本。

三、委托代理理论

（一）委托代理理论的内涵

委托代理理论是激励机制设计中的经典方法，主要用于解决非对称信息下代理人行为不能完全被委托人观察到时，委托人对激励性契约的优化决策问题[①]。非对称信息可从信息发生的时间和具体内容两方面来理解：①当委托人与代理人的非对称信息发生在契约签订之前时，该类模型被称为逆向选择模型；②当委托人与代理人的非对称信息发生在契约签订之后时，该类模型被称为道德风险模型。委托代理理论中的代理人需要满足两个最基本约束，即参与约束与激励相容约束。

（二）委托-代理理论的基本范式

委托代理理论的基本范式可以概括为道德风险、逆向选择和信号传递三个方面。

(1)道德风险。道德风险出现的根本原因在于代理人的行动是委托人无法直接观测到的。在契约签订以后，代理人的产出除了受到自身努力水平的影响之外，还受到外生不确定性因素的影响，这时代理人可能会降低自身的努力水平，引起道德风险。

(2)逆向选择。逆向选择出现的根本原因在于代理人的个人特征属于代理人的私有信息，委托人无法直接获取这部分信息。在契约签订以前，代理人可能会谎报个人的私有特征，造成委托人设计的激励契约效果不足，引起逆向选择。

(3)信号传递。类似于逆向选择这一情况，在同委托人签订契约之前，代理人会向委托人发送一个可供观测的信号，该信号将会影响委托人对代理人的契约设计。另一情况是委托人可能会有影响代理人收益的私有信息，也会影响激励契约设计。

四、演化博弈理论

（一）演化博弈理论的起源

演化博弈理论源于进化论，核心内涵在于有限理性决定博弈参与者无法在一次博弈中达到稳定均衡状态，需要一个长期动态调整过程(宋之杰等，2014)，常常用于解决多方博弈问题(许民利等，2012)。传统博弈论认为博弈参与者是完全理性的，彼此之间拥有共同知识，每个博弈主体均可根据个体已知信息做出最大化自身利益的决策。事实上，现实生活中很少存在博弈参与者完全理性的现象，演化博弈理论弥补了传统博弈论的不足，将有限理性纳入博弈框架之中，博弈参与者的最终博弈结果只能是某种稳定状态。

（二）演化博弈理论的内涵

演化博弈理论认为博弈参与者存在有限理性和学习能力。由于博弈参与者存在有限理性，因此在一定规模的群体之间无法只进行一次博弈就找到最优策略，需要进行不断学习、

---

① 卢安文，荆文君.考虑客户对服务质量评价的物流服务供应链激励机制研究[J].商业研究，2015(01)：166-174.

模仿和改进才能最终做出最有利于自身的决策。

演化博弈理论的基本前提是博弈参与者的有限理性属性，且博弈参与者具有一定的学习能力，参与者需要在多次重复博弈中来寻找符合自身利益的最优决策，演化稳定策略（evolutionary stable strategy，ESS）和复制动态方程是演化博弈理论的核心概念。

复制动态方程的定义如下：

$$F(k)=\frac{\mathrm{d}x_k}{\mathrm{d}t}=x_k\left[u(k,s)-u(s,s)\right],k=1,2,3,\cdots,K \tag{6.6}$$

式中，x_k为一个群体中采用策略k的比例；$u(k,s)$为采用策略k时的适应度；$u(s,s)$为平均适应度；k为不同的策略，K为策略总数。

演化稳定状态的定义为，设s^*是一个演化稳定策略，则其满足如下两个条件：①s^*构成一个纳什均衡时，对任意的s都有$u(s^*,s^*)>u(s^*,s)$；②如果$s^*\neq s$，满足$u(s^*,s^*)=u(s^*,s)$，则有$u(s^*,s)>u(s,s)$（高洁，2014）。

第二节　信息基础设施合作共建模型

一、信息基础设施合作共建的研究背景

电信运营企业网络基础资源的争夺日益激烈，导致信息基础设施共建共享的进展十分缓慢。现虽有相关政策文件对共建共享原则、技术方案等方面做出明确的规定，但在共建费用分摊方面仅仅指出共建费用应按成本进行分摊，造成信息基础设施共建费用难以落地，在一定程度上阻碍了共建共享工作的顺利推进。对此，本节采用引入风险因子的Shapley值法对电信运营企业基础设施合作共建中的成本分摊进行研究，旨在以推进信息基础设施合作共建为思路，提升网络基础能力。

二、信息基础设施合作共建的成本分摊模型

由理论概述可知，用Shapley值法进行动态联盟的成本分摊，避免了平均分配不公平的现象，体现了一定程度上的公平合理。信息基础设施共建中各个电信运营企业参与力度不一样，各自分担的风险也不同，风险成本越高的企业分摊成本越低，风险成本越低的企业分摊成本越高。

设风险因子为R，参与信息基础设施共建的企业分摊的风险均值为$\overline{R}=\frac{1}{n}$，其中n为企业个数。基于以上分析，共建总成本为$C(N)$，每个企业分摊的成本为x_i，考虑风险成本以后分摊的成本为x_i'，承担的风险成本为R_i，R_i与$\overline{R}$的差值为

$$\Delta R_i=R_i-\frac{1}{n} \tag{6.7}$$

式中，$\sum_{i=1}^{n} R_i = 1$，且 $\sum_{i=1}^{n} \Delta R_i = 0$。

由此，引入风险因子的成本分摊修正为 $\Delta x_i = C(N) \times \Delta R_i$，引入风险成本后各企业分摊的实际成本为

$$x_i' = \frac{(|s|-1)!(n-|s|)!}{n!} \sum \left[C(s) - C(s/i) \right] + C(N) \times \Delta R_i \tag{6.8}$$

在具体分摊成本时，分摊原则为：

(1) 当 $\Delta R_i \geqslant 0$ 时，即电信运营企业 i 参与共建承担的风险较高，分摊的成本理应较少，电信运营企业 i 分摊的实际成本为 $x_i' = x_i - |\Delta x_i|$。

(2) 当 $\Delta R_i < 0$ 时，即电信运营企业 i 参与共建承担的风险较低，分摊的成本理应较多，电信运营企业 i 分摊的实际成本为 $x_i' = x_i + |\Delta x_i|$。

对于三家参与信息基础设施共建的电信运营企业而言，现阶段影响共建的风险因素主要有政策风险、技术风险、费用风险、建设进度风险和管理风险五个方面，具体内容如图 6.1 所示。

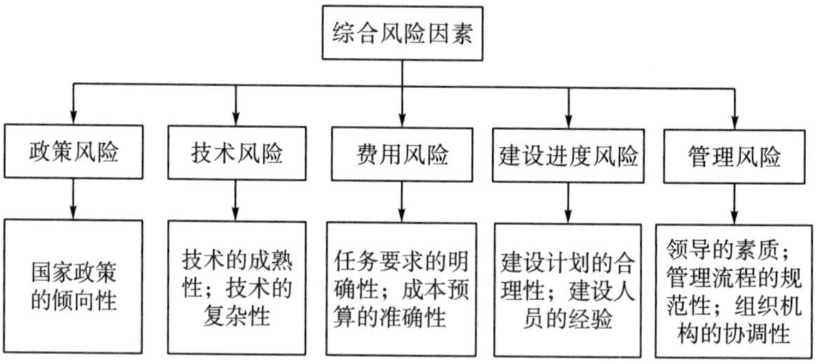

图 6.1　信息基础设施共建的风险因素结构

在明确各个风险指标内容之后，需要对参与共建的电信运营企业所承担风险因子的大小进行确定。

三、信息基础设施合作共建的应用举例

下面以铁塔共建为例，详细说明上述共建成本分摊方法。假设电信运营企业 1、企业 2、企业 3 单独建设铁塔所花费的费用分别是 10 万元、10 万元、10 万元。1 与 2 共建总成本为 10 万元，2 与 3 共建总成本为 11 万元，1 与 3 共建总成本为 12 万元，1、2、3 共建总成本为 13 万元。

根据第六章第一节介绍的 Shapley 值法，参与共建的电信运营企业 1、2、3 构成联盟 $N(1,2,3)$。根据上述假设，可以得到 $C(\{1\})=10$，$C(\{2\})=10$，$C(\{3\})=10$，$C(\{1,2\})=10$，$C(\{2,3\})=11$，$C(\{1,3\})=12$，$C(\{1,2,3\})=13$。对于电信运营企业 1，引入风险因子的

Shapley 值法得到的成本分摊见表 6.1。

表 6.1 电信运营企业 1 分摊的成本计算

	1	1，2	1，3	1，2，3
$C(s)$	10	10	12	13
$C(s/1)$	0	10	10	11
$C(s)-C(s/1)$	10	0	2	2
$\lvert s\rvert$	1	2	2	3
$\frac{(\lvert s\rvert-1)!(n-\lvert s\rvert)!}{n!}$	1/3	1/6	1/6	1/3
$\frac{(\lvert s\rvert-1)!(n-\lvert s\rvert)!}{n!}C(s)-C(s/1)$	10/3	0	1/3	2/3

表 6.1 中，S 为可能参与共建的电信运营企业联盟 N 的子集，$C(s)$ 为联盟 S 中参与共建的电信运营企业的总成本，$C(s/i)$ 表示除电信运营商 i 以外参与共建的电信运营企业联盟所承担的总成本，$|s|$ 表示参与共建的企业数量，$\frac{(|s|-1)!(n-|s|)!}{n!}$ 表示企业 i 参与共建出现的概率，即加权因子。$C(s)-C(s/i)$ 表示电信运营企业 i 对联盟 S 的边际成本，即电信运营企业 i 对联盟 S 的贡献值。

三家电信运营企业分摊的成本分别为 4.3 万元、3.8 万元和 4.8 万元。利用 AHP 层次分析法求得三家电信运营企业的风险因子分别为 $R_1=0.2$，$R_2=0.4$，$R_3=0.4$，可得 $\Delta R_1=-2/15$，$\Delta R_2=1/15$，$\Delta R_3=1/15$，因此修正后的 Shapley 值法求得成本为 $x_1'=x_1+|\Delta x_1|=4.9$ 万元，$x_2'=3.6$ 万元，$x_3'=4.5$ 万元。通过以上两种计算方法的结果对比分析可知，无论采用哪种方法，求得的共建总成本均为 13 万元，即引入风险因子后的修正 Shapley 值法求得的分摊成本 x_i' 依然满足基本条件。由于电信运营企业 1 相对于企业 2、企业 3 来说的风险因子更小，因此电信运营企业 1 分摊的成本理应更大，而电信运营企业 2、企业 3 分摊的成本理应更小，即引入风险因子后的 Shapley 值法求得的成分分摊更加公平合理，有利于提高电信运营企业参与共建的积极性。

第三节 移动应用安全治理模型

一、移动应用安全治理的研究背景

移动互联网的快速发展极大地推动了移动应用的增长。移动应用逐步涵盖了日常消费、娱乐和社交等各个方面，成为人们获取移动互联网信息服务的主要载体。各式各样的移动应用在给用户带来便捷的同时也带来了众多安全隐患，诸如恶意吸费、诱骗欺诈、消费陷阱、隐私窃取、山寨应用等。各类网络信息污染问题层出不穷，严重损害了用户的合法权益，制约了移动应用市场的发展，社会反应强烈。对此，本节采用演化博弈理论对移动应用安全治理进程中政府部门和应用平台的策略选择进行了分析，旨在以加强移动应用安全治理为抓手，降低网络信息污染。

二、移动应用安全治理的演化博弈模型构建

(一)问题描述

针对当前移动应用安全问题突显与政府部门监管不力的现实情境，将移动应用安全治理抽象简化为不完全信息下政府部门与应用平台的行为交互过程。选取的博弈参与主体为政府部门、应用平台、开发者以及公众，各主体简要界定如下：①政府部门，与移动互联网信息服务监管职责相关的行政执法部门。②应用平台，通过互联网提供应用软件浏览、搜索、下载或产品发布服务的平台，包括各类应用商店以及其他提供移动应用下载服务的互联网平台。③开发者，通过移动应用为公众提供互联网信息服务的所有者或运营者。④公众，通过移动应用获取互联网信息服务的消费者群体，是移动应用安全治理的第三方力量。各主体间的关系框架如图 6.2 所示。

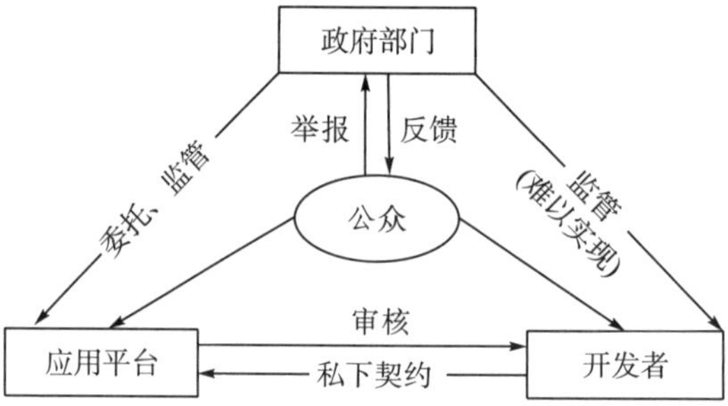

图 6.2 博弈参与主体的关系框架

应用平台具有与开发者签订私下契约的全部谈判力，契约缔结与否取决于应用平台的行为选择；引入参数公众参与度 $p=(0\leqslant p\leqslant 1)$，表示公众参与移动应用安全治理的概率，与公众偏好(对移动应用安全的关注度及敏感性)及参与成本有关。由此，将移动应用安全治理抽象简化为公众参与下政府部门与应用平台二者间的动态博弈过程。

(二)基本假设

演化博弈理论将各个博弈参与者定性为有限理性者，通常需要多次重复博弈才能确定最优策略。不完全信息下，委托人政府部门的行为集合 S1 为{积极监管，消极监管}，代理人应用平台的行为集合 S2 为{合规，违规}，双方行为集合构成 2×2 交互矩阵。构建模型之前，提出便于问题分析且符合现实的基本假设如下。

假设 1：博弈初期，政府部门群体积极监管的比例为$x(0\leqslant x\leqslant 1)$，消极监管的比例为$1-x$；应用平台群体合规的比例为$y(0\leqslant y\leqslant 1)$，违规的比例为$1-y$。

假设 2：应用平台的基本收益为 d，采取违规行为(即与开发者签订私下契约)付出的检测成本为 0，采取合规行为付出的检测成本为Δc(组建专业的检测团队、委托第三方机构完成检测工作等)，应用平台合规行为带来社会福利效益提升 m。

假设 3：应用平台选择违规行为时可从开发者处获得合谋收益Δd，包括下载收入分成、广告收入分成、付费内容分成等，同时带来社会福利损失v。若应用平台的违规行为被政府部门查处，则需支付罚金z和遭受社会责任成本、平台用户流失、声誉下降等潜在损失δ。

假设 4：政府部门积极监管的收益为s，包括发布政策法规或实行相关措施带来的社会稳定效益、上级部门奖励、公信力提升等。监管成本为c，由固定监管成本和边际监管成本两部分组成。公众监管与政府部门监管之间具有一定的替代性，公众参与度越高，政府部门边际监管成本越低，用函数表示为$c(p,k)=c_0=(1-p)/k$，c_0为固定成本，k为常数，代表政府部门自身的监管能力。当公众参与度$p=1$时，公众完全替代政府部门行使监管职能，此时政府部门只需付出一定的固定监管成本即可。

假设 5：政府部门查处应用平台违规行为的概率λ，λ反映出政府部门与应用平台间信息不对称程度的大小。公众参与下，政府部门与应用平台二者处于信息对称状态，此时$\lambda=1$。应用平台违规行为被查处的期望概率表示为$\mu=\lambda=p(1-\lambda)$。当公众参与而政府部门选择消极监管时，政府部门遭受的额外的形象、公信力损失为n，支付矩阵如表 6.2 所示。

表 6.2　政府部门与应用商店的行为交互支付矩阵

政府部门	应用平台	
	合规 y	违规$(1-y)$
积极监管 x	$[s-c(p,k)+m,d-\Delta c]$	$[(s-c(p,k)-v,d-u(z+\delta)+\Delta d]$
消极监管$(1-x)$	$(m,d-\Delta c)$	$(-v-pn,d+\Delta d)$

(三)复制动态方程

基于演化博弈理论，若参与者采取某一行为所得到的收益大于种群平均收益，则该行为在种群中占据的比例就会增加，用如下方程表示①：

$$\frac{\mathrm{d}x_k}{\mathrm{d}t}=x_k\left[\mu(k,s)-\mu(s,s)\right],k=1,2,\cdots,K \tag{6.9}$$

式中，s为种群的行为集合；k为s中的一种行为；x_k为种群选择行为k的比例；$\mu(k,s)$为种群选择行为k的支付；$\mu(s,s)$为种群的平均支付；K为不同的行为总数。

由表 6.2 可知，若政府部门采取积极监管行为，获得的期望收益E_x为

$$E_x=y[s-c(p,k)+m]+(1-y)[s-c(p,k)-v] \tag{6.10}$$

① 郝建韬.基于双层规划的移动应用商店利润分成研究[D].北京：北京邮电大学，2012.

若政府部门采取“消极监管”行为，则其获得的期望收益 E_{1-x} 为

$$E_{1\text{-}x} = ym + (1-y)(-v - pn) \tag{6.11}$$

同理，若应用平台采取“合规”行为，则其获得期望收益 E_y 为

$$E_y = x(d - \Delta c) + (1-x)(d - \Delta c) \tag{6.12}$$

若应用平台采取“违规”行为，则其获得的期望收益 E_{1-y} 为

$$E_{1-y} = x\left[d - \mu(z+\delta) + \Delta d\right] + (1-x)(d + \Delta d) \tag{6.13}$$

根据 Malthusian 方程，由政府部门“积极监管”行为与应用平台“合规”行为的复制动态方程组成的二维动力系统如下：

$$\begin{cases} \dfrac{\mathrm{d}y}{\mathrm{d}t} = x(1-x)\left[s - c(p,k) + pn - pny\right] \\ \dfrac{\mathrm{d}y}{\mathrm{d}t} = y(1-y)\left[-\Delta d - \Delta c + \mu(z+\delta)x\right] \end{cases} \tag{6.14}$$

根据微分方程的稳定性条件，可得政府部门与应用平台行为选择的 4 个均衡点：(0,0)、(1,0)、(0,1)、(1,1)，当 $0 < x_0 < 1$，$0 < y_0 < 1$ 时，(x_0, y_0) 也是均衡点。其中 $x_0 = \dfrac{\Delta c + \Delta d}{\mu(z+\delta)}, y_0 = \dfrac{s + pn - c(p,k)}{pn}$，

根据 Friedman 提出的雅可比矩阵求解法，系统 I 的雅可比矩阵(记为 $\boldsymbol{J}$)为

$$\boldsymbol{J} = \begin{vmatrix} \dfrac{\partial F(x)}{\partial x} & \dfrac{\partial F(x)}{\partial y} \\ \dfrac{\partial F(y)}{\partial x} & \dfrac{\partial F(y)}{\partial y} \end{vmatrix} = \begin{vmatrix} a_{11} & a_{12} \\ a_{21} & a_{22} \end{vmatrix} \tag{6.15}$$

式中，$a_{11} = (1-2x)\left[s - c(p,k) + pn - pny\right]$，$a_{12} = -x(1-x)pn$，$a_{21} = y(1-y)\mu(z+\delta)$，$a_{22} = (1-2y)\left[-\Delta d - \Delta c + \mu(z+\delta)x\right]$。

雅可比矩阵的迹和值需要满足一定条件，求得的均衡点才是系统的演化稳定结果，如下所示：

(1) $\mathrm{tr}\boldsymbol{J} = a_{11} + a_{22} < 0$；

(2) $\det\boldsymbol{J} = \begin{vmatrix} a_{11} & a_{12} \\ a_{21} & a_{22} \end{vmatrix} = a_{11}a_{22} - a_{12}a_{21} > 0$。

因此，当 x_0, y_0 的取值范围发生变化时，演化稳定结果也将发生改变，具体分为六种情况：

(1) 当 $0<x_0<1$，$y_0<0$ 即 $z > z_0$ 且 $0 \leqslant p < p_0$ 时，系统 I 的 ESS 为(0，0)。

(2) 当 $0 < x_0 < 1, 0 < y_0 < 1$ 即 $z > z_0$ 且 $p_0 \leqslant p < p_1$ 时，系统 I 不存在 ESS。

(3) 当 $0 < x_0 < 1, y_0 > 1$ 即 $z > z_0$ 且 $p > p_1$ 时，系统 I 的 ESS 为(1，1)。

(4) 当 $x_0 > 1, y_0 < 0$ 即 $0 \leqslant z < z_0$ 且 $0 \leqslant p < p_0$ 时，系统 I 的 ESS 为(0，0)。

(5) 当 $x_0 > 1, 0 < y_0 < 1$ 即 $0 \leqslant z < z_0$ 且 $p_0 \leqslant p < p_1$ 时，系统 I 的 ESS 为(1，0)。

(6) 当 $x_0 > 1, y_0 > 1$ 即 $0 \leqslant z < z_0$ 且 $p > p_1$ 时，系统 I 的 ESS 为(1，0)。

其中， $z_0=\dfrac{\Delta c+\Delta d}{\mu}-\delta, p_0=\dfrac{1-k\left(s-c_0\right)}{1+nk}, p_1=1-k\left(s-c_0\right)$。

证明：当变量满足情形(3)条件 $z>z_0$ 和 $p>p_1$ 时，其判别情况如表 6.3 所示。

表 6.3 情形(3)系统的局部稳定性分析结果

均衡点	tr$J$	det$J$	稳定性
(0,0)	不定	-	鞍点
(0,1)	+	+	不稳定点
(1,0)	不定	+	鞍点
(1,1)	-	+	ESS

系统最终演化结果对应的均衡点及所满足的参数条件见表 6.4，六种情形对应的演化相图见图 6.3。

表 6.4 演化稳定结果及参数条件

状态	均衡点	tr$J$	det$J$	条件 1	条件 2
状态Ⅰ	(0,0)	-	+	$0\leqslant p<p_0$	$0\leqslant z<z_0$ 或 $z>z_0$
状态Ⅱ	(0,1)	-	+	$p_0<p<p_1$ 或 $p>p_1$	$0\leqslant z<z_0$
状态Ⅲ	(1,1)	-	+	$p>p_1$	$z>z_0$
状态Ⅳ	无	-	+	$p_0<p<p_1$	$z>z_0$

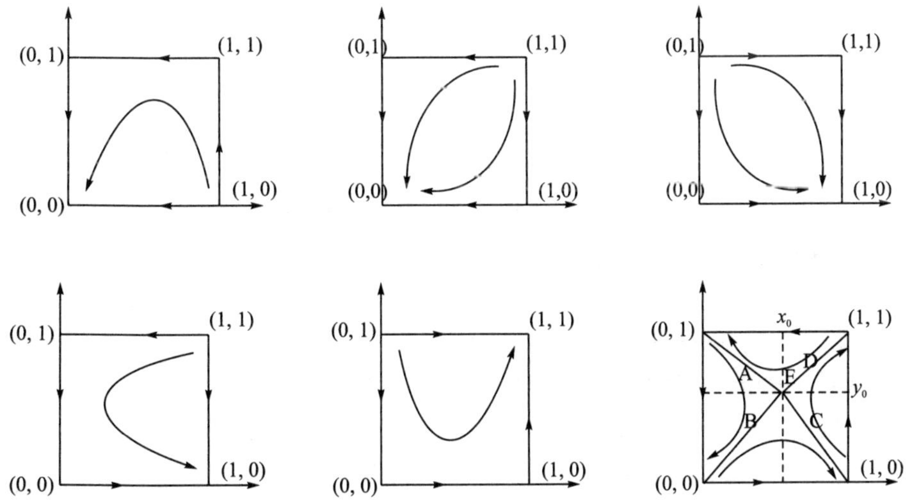

图 6.3 政府部门与应用平台行为选择的演化相图

三、移动应用安全治理的演化博弈模型分析

(一)演化路径分析

基于表 6.4 和图 6.3，公众参与度 p 和惩罚力度 z 是影响系统演化稳定结果的两个关键参数，存在两个阈值 p_0、p_1 和一个阈值 z_0 使得演化稳定结果发生改变。根据各状态所满足的关键参数取值条件，可得如下结论。

结论 1： 当 $0 \leqslant p < p_0$ 且 $0 \leqslant z < z_0$ 或 $z > z_0$ 时，状态 I 是系统的演化稳定结果。状态 I 不利于移动应用市场的健康发展，属于政府部门与应用平台互不作为的消极状态。

基于结论 1，当公众参与度较低时，不论政府部门对应用平台违规行为的惩罚力度处于何种水平，演化稳定结果均为政府部门群体选择消极监管，而应用平台群体选择违规。此种状态下，移动应用市场正处于发展初期，一方面，由于移动应用的普及率较低，公众对移动应用安全问题不敏感、关注度不高；另一方面由于举报、投诉等公众参与机制不健全，公众维权时常常陷入投诉无门的困境，公众参与成本较高，导致公众参与度较低。由于政府部门在技术手段、人力等方面的限制，单一治理模式下选择积极监管付出的监管成本较高，选择消极监管的社会福利损失较小，因此消极监管成为政府部门群体的最优策略。由于不存在政府部门的外部监管，应用平台的违规行为不仅能节约一定的检测成本，还可以从开发者处获得额外的收益分成，利益驱动下的应用平台群体将普遍选择违规，此时系统向(0，0)方向演进。

结论 2： 当 $p_0 < p < p_1$ 或 $p > p_1$ 且 $z < z_0$ 时，状态 II 是系统的演化稳定结果。状态 II 相对符合当前我国移动应用安全治理的现实情境。

基于结论 2，当公众参与度高于一定水平，政府部门对应用平台违规行为的惩罚力度较低时，演化稳定结果为政府部门群体选择积极监管，而应用平台群体选择违规。此种状态下，随着移动应用市场规模的不断扩大，移动应用逐渐普及到日常生活的各个方面，公众对随之带来的安全问题也愈加关注。由于移动应用安全举报、投诉机制不断完善，一定程度上降低了公众的参与成本。相较于状态 I 而言，公众参与度有所提高：一是帮助政府部门分担了监管成本，减小了政府部门与应用平台间的信息不对称；二是增加了政府部门选择消极监管下的社会福利损失，进而提高了政府部门监管的积极性，当公众参与度高于一定阈值水平时，政府部门群体将选择积极监管。虽然政府部门不断加强对应用平台的监管力度，但由于缺乏对应用平台违规行为行之有效的惩罚机制(以 2016 年国家互联网信息办公室出台的《移动互联网应用程序信息服务管理规定》为例，该规定对于违规的开发者只是“视情采取警示、暂停发布、下架应用程序等措施”，并没有对违规的应用平台制定明确的惩罚机制，违规成本显然太低，并不能起到遏制和威慑作用)，即使存在政府部门的外部监管，应用平台的违规行为带来的期望收益仍大于合规行为，那么应用平台群体往往会铤而走险，最终均趋于选择违规，此时系统由(0，0)向着(1，0)演进。

结论 3： 当 $p_0 < p < p_1$ 且 $z > z_0$ 时，系统不存在演化稳定结果，呈现出一种周期性的随机状态。状态 III 属于双方行为演化的过渡期。

基于结论 3，当公众参与度处于一定水平，且政府部门对应用平台违规行为的惩罚力度较大时，系统无演化稳定结果。此种状态下，虽然公众参与度有了一定提高，政府部门的监管有一定替代作用，但这种替代作用有限，并不足以使政府部门的监管成本小于监管收益，但是已小于监管收益与社会福利损失之和，此时政府部门群体两种行为并存。同时，由于政府部门对应用平台违规行为的惩罚力度较大，应用平台选择违规行为的期望收益小于合规行为的期望收益，政府部门群体积极监管与消极监管并存，导致应用平台群体合规与违规并存。此时，政府部门群体和应用平台群体间的行为选择相互依赖，表现出一种特定的周期模式，即应用平台群体合规的比例与政府部门群体积极监管的比例变化趋势一致，出现政府公共治理中的“摇摆现象”。状态Ⅲ无法有效抑制移动应用安全问题带来的风险，需引入其他约束条件或改变参数的取值才能摆脱这种循环状态，此时系统无演化稳定结果。

结论 4：当 $p > p_1$ 且 $z > z_0$ 时，状态Ⅳ是系统的演化稳定结果，状态Ⅳ属于移动应用安全治理的理想状态。

基于结论 4，当公众参与度处于较高水平，且政府部门对应用平台违规行为的惩罚力度较大时，演化稳定结果为政府部门群体选择积极监管，应用平台群体选择合规。此种状态下，移动应用安全问题已引起公众的关注和政府部门的高度重视，公众对移动应用带来的安全风险反应强烈，由于公众参与机制不断健全，公众参与成本降低，公众参与移动应用安全治理为政府部门的监管分摊了大量成本，当足以使得监管成本小于监管收益时，政府部门群体将选择积极监管。随着移动应用安全问题带来的社会福利损失越来越大，政府部门对应用平台违规行为的惩罚力度不断加强。直至应用平台违规行为的期望收益小于合规行为的期望收益时，应用平台群体将趋于选择合规行为，达到一种移动应用安全治理相对理想的状态，此时系统由(1，0)向(1，1)演化。

基于结论 1～结论 4，随着关键参数 p、z 的取值变化，系统Ⅰ的演化路径为(0,0)→(1,0)→随机状态→(1,1)。

（二）状态Ⅲ的模型参数分析

当公众参与度 p 和惩罚力度 z 两个关键参数满足条件 $p_0 < p < p_1$ 且 $z > z_0$ 时，系统的收敛情况与其他参数的取值条件有关。根据上文复制动态方程和状态Ⅲ的演化相图，可得如下结论。

结论 5：其他参数取值固定，应用平台群体合规的比例越低，政府部门群体越是倾向于选择积极监管行为。同理，政府部门群体积极监管的比例越高，应用平台群体越是倾向于选择合规行为。

证明：由式(6.14)复制动态方程可得

$$\frac{\mathrm{d}F(x)}{\mathrm{d}x} = (1-2x)\left[s - c(p,k) + pn - pny\right] \tag{6.16}$$

$$\frac{\mathrm{d}F(y)}{\mathrm{d}y} = (1-2y)\left[-\Delta d - \Delta c + \mu(z+\delta)x\right] \tag{6.17}$$

当$y<\frac{s-c(p,k)+pn}{pn}$时，$\frac{\mathrm{d}F(x)}{\mathrm{d}x}\Big|_{x=1}<0$，此时$x=1$为演化稳定结果ESS；$x>\frac{\Delta d+\Delta c}{\mu(z+\delta)}$时，$\frac{\mathrm{d}F(y)}{\mathrm{d}y}\Big|_{y=1}<0$，此时$y=1$为演化稳定结果ESS。因此，应用平台群体合规比例$y$越低，政府部门群体积极监管比例$x$越高，更容易满足$x=1$，$y=1$为ESS的条件，得证。

结论 6：其他参数取值固定，公众参与度p越高，惩罚力度z越大，合谋收益Δd越小，潜在损失δ越大，系统越容易向理想状态(1，1)收敛。

证明：由图6.3状态III的演化相位图可知，初始条件不同，系统的最终均衡结果也不同，区域C的面积为

$$S_{\mathrm{C}}=\frac{(1-x_0)y_0}{2}=\left[1-\frac{\Delta c+\Delta d}{\mu(z+\delta)}\right]\frac{s+pn-c(p,k)}{pn} \tag{6.18}$$

(1)公众参与度p。$\frac{\partial S_{\mathrm{C}}}{\partial p}>0$表明，公众参与度$p$对系统向理想状态演化具有正向促进作用。当$p$增大时，鞍点$E(x_0,y_0)$的数值变小，区域C的面积$S_{\mathrm{C}}$变大，系统越容易向(1,1)收敛。作为移动应用的消费者，公众无法直接影响应用平台的行为选择，但公众参与有利于分担政府部门的监管成本，可促使政府部门行为由消极监管向积极监管转变，进而约束应用平台的机会主义行为。

(2)惩罚力度z。$\frac{\partial S_{\mathrm{c}}}{\partial z}>0$表明，应用平台违规行为所受的惩罚力度$z$越大，鞍点$E(x_0,y_0)$越靠近点$O(0,0)$，区域C的面积$S_{\mathrm{C}}$越大，系统收敛于(1,1)的可能性增大。应用平台是移动应用的发布和下载平台，要有效治理移动应用安全问题，为公众营造安全的移动生活，从源头上把握至关重要。有限理性的应用平台以实现自身利益最大化来制定行为决策，当其违规行为所得的额外收益不足以弥补其所支付的违规成本时，合规将成为应用平台群体较为现实的选择。因此，完善对应用平台违规行为的惩罚约束机制，有利于减小移动应用安全风险，促进移动应用市场的健康良性发展。

(3)合谋收益Δd。$\frac{\partial S_{\mathrm{C}}}{\partial \Delta d}<0$表明，合谋收益$\Delta d$越大，应用平台越倾向于选择违规行为，系统收敛于(1,1)的可能性减小。利益驱动是移动应用安全事故频发的根本原因，应用平台为谋取经济利益、提高市场份额而追求大且全的收录数量，主观上放松了对移动应用上架审核的尺度，导致很多不良移动应用充斥于市场。

(4)潜在损失δ。$\frac{\partial^2 S_{\mathrm{C}}}{\partial \delta}>0$表明，潜在损失$\delta$越大，应用平台越倾向于选择合规行为，系统收敛于(1,1)的可能性增大。潜在损失是指应用平台违规行为所支付的一系列隐性成本，包括社会责任成本、用户流失成本、声誉损失等。较为符合现实情况的是，市场占有率较高的应用平台发生移动应用安全事故的概率往往更低，因为这类平台的违规行为面临的潜在损失较大，考虑到平台自身庞大的用户群、声誉以及社会责任履行等，他们更倾向于选择合规行为。因此，政府部门的监管政策可适当向市场占有率较低的小型应用平台倾斜。

第四节　信息服务外包激励模型

一、政府信息服务外包的研究背景

有效提升政府信息服务水平，满足社会的信息服务需求已成为服务型政府建设的重点内容[①]。构建以公众需求为导向的政府信息服务供给体制是加快转变政府职能、不断提高政府效能的有效途径。合同外包模式在各个领域的应用最为广泛，这为构建一套长效的政府信息服务供给机制、培育一批新兴信息消费服务提供了新思路。在外包过程中，由信息不对称引发的服务商道德风险是制约服务商自身努力水平的主要因素，作为委托方的政府如何设计一套合理的激励机制以实现对服务商的有效激励是推行政府信息服务外包急需解决的问题。对此，本节将公众评价引入政府对服务商的信息服务外包激励契约中，旨在降低服务商道德风险，扩大政府信息服务外包，带动培育一批新兴信息消费服务。

二、政府信息服务外包的激励模型构建

假定参与政府信息服务外包的主体包括政府和一个服务商，政府需要拟定外包合同并对外招标，中标的服务商根据事先同政府签订的合同向社会提供信息服务，整个外包流程如图 6.4 所示。

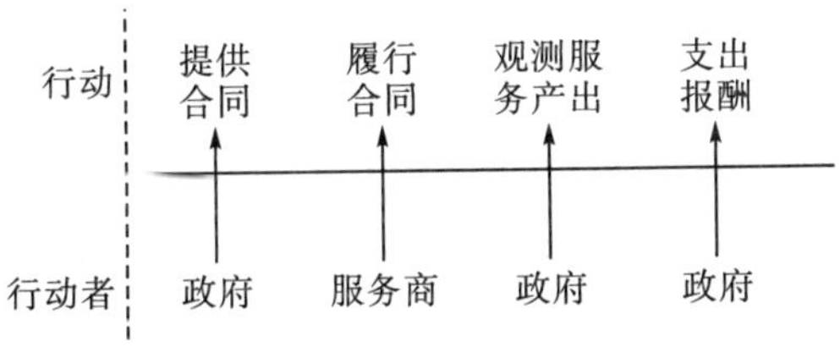

图 6.4　政府信息服务外包流程图

假设 1：信息服务外包项目产出用 π 表示，取决于服务商的能力水平、努力水平，同时还受到外界不确定性因素的共同影响。函数形式表示为

$$\pi\left(x,\theta\right)=kx+\theta \tag{6.19}$$

式中，$k>0$ 表示服务商的能力水平；x 是代表服务商努力水平的一维变量，表示在信息服务外包项目上投入的技术、时间、精力等；θ 是均值为 0、方差为 σ^2 的正态分布随机变量，即 $\theta\sim N\left(0,\sigma^2\right)$，代表外界不确定性因素。

① 熊大红，刘振国，方逵，等.政府信息服务模型和关键技术研究[J].情报杂志，2012(11)．166-169

假设 2：在信息不对称条件下，政府无法观测到服务商的真实努力水平，只能根据服务产出 π 进行激励，激励合同取线性形式：

$$S(\pi)=\alpha+\beta(kx+\theta) \tag{6.20}$$

式中，$S(\pi)$ 为政府对服务商的激励性支付；α 为固定支付部分，与服务产出无关；$\beta(0\leqslant\beta\leqslant1)$ 为收益共享系数，表示对服务商的激励强度。

假设 3：政府为风险中性者，期望收益为 U_g。服务商为风险规避者，期望收益 $U_s=-e^{-\rho w}$，其中 w 表示服务商的实际收入，$\rho>0$ 表示服务商的风险规避程度。

假设 4：服务商成本包括两部分内容：①努力成本，记为 $C(x)=C_0+cx^2/2$，其中 C_0 为固定成本，$c>0$ 表示服务商的边际努力成本；②风险成本，根据 Arrow-pratt 的结论，服务商的风险成本 ΔR_c 可表示为 $\Delta R_c=\rho\beta^2\sigma^2/2$。

假设 5：政府事先在合同中设定服务产出标准 π_0 来对服务商进行约束，根据观测到的服务产出 π 与 π_0 的差值来决定是否对服务商进行惩罚，若服务产出达到或者超过 π_0 将不会受到惩罚；反之，若未达到 π_0，政府则会采取一定的惩罚措施，惩罚值为 $f(\pi_0-\pi)$，惩罚函数表示如下：

$$F(\pi)=\begin{cases}pf(\pi_0-\pi) & \pi<\pi_0\\ 0 & \pi\geqslant\pi_0\end{cases} \tag{6.21}$$

式中，$f\geqslant0$ 为惩罚因子，表示政府对服务商的惩罚力度。由于信息服务具有无形性、难以测度的特点，导致服务商机会主义行为不一定被政府发现，因此引入变量 $p(0\leqslant p\leqslant1)$ 表示政府对服务商的监督水平(即服务商“机会主义行为”被发现的概率)，政府采取监督措施必然要付出一定的成本，设政府监督成本函数为 $C(p)=mp^2/2$，其中 $m>0$ 为边际监督成本。

至此，可以得到未引入公众评价的激励监督模型，作为委托方的政府是风险中性者，期望收益为

$$U_g=kx-(\alpha+\beta kx)+pf(\pi_0-kx)-mp^2/2 \tag{6.22}$$

由于服务商风险规避的特性，在追求自身收益最大化时须将风险成本考虑在内，其期望收益为

$$U_g=a+\beta kx-C_0-cx^2/2-\rho\beta^2\sigma^2/2-pf(\pi_0-kx) \tag{6.23}$$

假设服务商的保留收入为 U_0，则构建的委托代理模型 P_1 如下：

$$P_1:\max_{(\beta,p)}\ U_g \tag{6.24}$$

$$\text{st.IR}:U_s\geqslant U_0 \tag{6.25}$$

$$\text{IC}:x=\arg\max_x\ U_s \tag{6.26}$$

在 P_1 中，式(6.24)为政府期望收益的目标函数，式(6.25)为服务商的参与约束，式(6.26)为服务商的激励相容约束。对服务商激励相容约束求 x 的一阶条件可得服务商最优努力水平：$x=\dfrac{k(\beta+pf)}{c}$。最优情况下，政府支付给服务商的报酬恰好等于保留收益 U_0，

即(IR)取等式，此时可求出固定支付α的表达式，将α代入政府期望收益U_g并作一阶优化可得收益共享系数β和政府监督水平p，最优结果如下：

$$x=\frac{k(\beta+pf)}{c} \tag{6.27}$$

$$\beta=\frac{mk^2}{mk^2+(mc+k^2f^2)\rho\sigma^2} \tag{6.28}$$

$$p=\frac{k^2f\rho\sigma^2}{mk^2+(mc+k^2f^2)\rho\sigma^2} \tag{6.29}$$

接下来，引入公众评价的激励监督模型，假设6作为信息服务的消费主体，公众对信息服务水平的评价会通过影响服务商收益的方式进而影响激励契约。公众评价同服务商的服务产出间具有一定相关关系，公众对服务商的信息服务水平评价取决于服务商提供的信息服务真实水平，较高的信息服务水平可以获得公众认可，提高企业竞争力和社会声誉，与政府缔约长期合作关系，增加自身潜在效益。用函数$S_1(\pi)=\varphi(\pi-S_0)$表示这部分收益，其中$S_0$为公众对信息服务水平的预期，$\varphi$为公众评价系数，表示公众评价对服务商收益的作用效度，当信息服务产出未达公众期望S_0a时，服务商获得的收益为负。

根据假设6，政府期望收益不变，服务商期望收益U_S'变为

$$U_S'=\alpha+\beta kx+\varphi(kx-S_0)-pf(\pi_0-kx)-C_0-cx^2/2-\rho(\beta+\varphi)^2\sigma^2/2 \tag{6.30}$$

运用前文求解方法，求服务商收益函数关于x的一阶条件得服务商努力水平$x=\dfrac{k(\beta+pf+\varphi)}{c}$，收益共享系数$\beta$及政府监督水平$p$最优解如下：

$$\beta=\frac{k^2(1-pf)-\rho c\varphi\sigma^2}{k^2+\rho c\sigma^2} \tag{6.31}$$

$$p=\frac{k^2f(1-\beta)}{k^2f^2+mc} \tag{6.32}$$

联立式(6.31)、式(6.32)可得引入公众评价后的最优结果如下：

$$x=\frac{k(\beta+pf+\varphi)}{c} \tag{6.33}$$

$$\beta=\frac{mk^2-(m+k^2f^2)\rho c\varphi\sigma^2}{mk^2+(mc+k^2f^2)\rho\sigma^2} \tag{6.34}$$

$$p=\frac{(1+\varphi)k^2f\rho\sigma^2}{mk^2+(mc+k^2f^2)\rho\sigma^2} \tag{6.35}$$

至此，得到了信息不对称条件下引入公众评价的激励监督模型关键参数最优解：服务商努力水平x、收益共享系数β、政府监督水平p。由上述求解结果可知，不引入公众评价和引入公众评价两种情境下关键参数对比如表6.5所示。

表 6.5 两种情境下关键参数对比表

情境参数	服务商努力水平 x	收益共享系数 β	监督水平 p
不引入公众评价	$\frac{k(\beta+pf)}{c}$	$\frac{mk^2}{mk^2+(mc+k^2f^2)\rho\sigma^2}$	$\frac{k^2f\rho\sigma^2}{mk^2+(mc+k^2f^2)\rho\sigma^2}$
引入公众评价	$\frac{k(\beta+pf+\varphi)}{c}$	$\frac{mk^2-(mc+k^2f^2)\rho\varphi\sigma^2}{mk^2+(mc+k^2f^2)\rho\sigma^2}$	$\frac{(1+\varphi)k^2f\rho\sigma^2}{mk^2+(mc+k^2f^2)\rho\sigma^2}$

由表 6.5 可以看出，关键参数主要与服务商能力水平 k、边际努力成本 c、风险规避成本 $\rho\sigma^2$ 相关，引入公众评价后，公众评价系数 φ 也会对关键参数产生影响。

三、政府信息服务外包的激励模型分析

结论 1： 服务商的努力水平 x 与边际努力成本 c 呈负相关，与能力水平 k 呈正相关。

证明：由式(6.27)、式(6.33)分别求 x 关于 k、c 的一阶偏导数可得 $\partial x/\partial c<0$，$\partial x/\partial k>0$，得证。

基于结论 1，服务商努力水平受到自身边际努力成本和能力水平的制约。服务商提高单位努力水平会付出一定的边际努力成本，这部分成本越高，服务商提高单位努力水平的动力也就越低；同理，若服务商的能力水平较低，投入单位努力水平得到的服务产出也相对较低，会降低服务商提高努力水平的积极性。因此，政府在同服务商签订契约之前，应该综合考量服务商的各个属性，包括其企业规模、以往的项目经验以及管理水平等。

结论 2： 服务商努力水平 x 与政府监督水平 p 呈正相关，引入公众评价后与公众评价系数 φ 呈正相关。

证明：由式(6.27)、式(6.33)求 x 关于 p 的一阶偏导数均有 $\partial x/\partial p=kf/c>0$，另求式(6.33) x 关于 φ 的一阶偏导数可得 $\partial x/\partial\varphi=k/c>0$，得证。

结论 2 说明，当政府加强对服务商的监督时，其机会主义行为被发现的概率增加，服务商考虑到惩罚成本而提高努力水平；公众评价系数越大，信息服务水平高低对服务商潜在收益的作用效果越明显，促使服务商投入更多的努力。因此政府监督和公众评价在引导服务商提高信息服务水平过程中具有一定的替代作用，可通过增大公众评价对服务商收益的作用效度来应对政府的“监管失灵”，对于精简政府机构、节约监督财政支出具有一定的积极意义。

结论 3： 收益共享系数 β 与服务商边际努力成本 c、风险规避成本 $\rho\sigma^2$ 呈负相关，与其能力水平 k 呈正相关。

证明：由式(6.23)、式(6.28)求 β 关于 c、$\rho\sigma^2$ 以及 k 的偏导数 $\partial\beta/\partial c<0$，$\partial\beta/\partial\rho\sigma^2<0$，$\partial\beta/\partial k>0$ 得证。

基于结论 3，$\partial\beta/\partial c<0$ 表明，服务商边际努力成本越大，激励强度越小。$\partial\beta/\partial k>0$ 表明，服务商能力水平越高，激励强度越大。ρ 反映了服务商的风险规避程度，σ^2 反映

了外生因素不确定性大小，由 ΔR_c 可知，当政府对服务商的激励强度 β 不变时，β 和 σ^2 的值越大，服务商面临的风险成本越高，此时最优契约要求 β 越小。

结论 4： 收益共享系数 β 与公众评价系数 φ 呈负相关，即引入公众评价会弱化政府对服务商的激励。

证明：由 β 关于 φ 的一阶偏导数可得 $\dfrac{\partial\beta}{\partial\varphi}=\dfrac{-\left(mc+k^2f^2\right)}{mk^2+\left(mc+k^2f^2\right)}<0$，得证。

基于结论 4，当公众评价系数增加时，努力工作将给服务商带来更多的潜在收益，同时其机会主义行为也会为之带来更多的负效用，公众评价表现为一种内在的激励约束机制，服务商努力工作的动力增强。由式(6.26)以及风险成本表达式 $\Delta R_c=\rho\left(\beta+\varphi\right)^2\sigma^2/2$ 可知，在其他参数取值一定的条件下，公众评价系数越大，服务商努力水平越高，同时承担的风险成本越大。

由上，引入公众评价小于不引入公众评价时政府对服务商的激励强度，当 $\varphi=\dfrac{mk^2}{\left(mc+k^2f^2\right)\rho\sigma^2}$ 时 $\beta=0$，则服务商从公众好评中获得的潜在收益足以激励服务商付出较高的努力水平，此时政府就不必对服务商进行激励，只需要给予一定的固定支付即可。

结论 3、结论 4 说明，政府对服务商的激励强度一方面取决于服务商的自身因素，包括能力水平、边际努力成本、风险规避程度；另一方面取决于服务产出不确定性大小以及公众评价两个外部环境因素，在外包过程中，政府应综合考虑这些客观因素选择对服务商的最优激励强度。

结论 5： 政府监督水平 p 与收益共享系数 β 呈负相关，与公众评价系数 φ 呈正相关。

证明：由式(6.26)可得 $\partial p/\partial\beta<0$，由式(6.29)可得 $\partial p/\partial\varphi>0$，得证。

基于结论 5，当公众评价系数增大时，政府会提高对服务商的监督水平；当收益共享系数增加时，政府会降低对服务商的监督水平。此外，由式(6.25)可得 $\partial\beta/\partial p<0$，表明政府对服务商的激励强度和监督水平呈现出一种此消彼长的关系，可作为引导服务商提高信息服务水平的互补手段。

结论 6： 政府监督水平 p 与服务商边际努力成本 c 呈负相关，与能力水平 k 呈正相关。

证明：由式(6.28)、式(6.34)求 p 关于 c、k 的一阶偏导数 $\partial p/\partial c<0$，$\partial p/\partial k<0$ 得证。

结论 5、结论 6 共同说明，公众评价系数越大、边际努力成本越低、能力水平越高，服务商努力水平越高，而此时政府监督水平反而变高了，这就是经济学中所说的“鞭打快牛”现象。同时需要说明的是，监督惩罚约束的有效性需要满足一个条件即 $k^2\left(\beta+\varphi\right)/c\leqslant\pi_0$，即不存在政府监督时，服务商最优努力水平下的服务产出低于绩效标准。考虑另一种情形 $k^2\left(\beta+\varphi\right)/c\geqslant\pi_0$ 时，无论政府选择何种监管方式，惩罚收入均为零，且对服务商努力水平无积极作用，反而会投入一定的监督成本。因此政府应权衡服务商预期产出和监督成本大小采取灵活的监管策略。

第五节　政府数据资源共享模型

一、政府信息资源共享的研究背景

政府信息资源是探索网络化政府管理服务新模式的基础性内容，其能够推动公共数据资源开放、打通政府部门间的数据壁垒、搭建信息共享平台进而带动城市大数据产业发展，现已引起国家战略层面的高度关注[①]。但现实情况却不容乐观，各级政府部门间信息资源共享不畅、数据垄断现象仍较为普遍，如何促进各级政府部门间的信息资源共享已成为服务型政府建设的重要方面。对此，本节采用演化博弈理论对政府信息资源共享中上级管理部门和下级政府部门间的策略选择进行了分析，旨在以促进政府信息资源共享为牵引，带动城市大数据产业发展。

二、政府信息资源共享的演化博弈模型构建

（一）演化博弈模型的基本假设

将政府信息资源共享的博弈主体抽象为政府管理部门参与人 A 和信息资源共享主体参与人 B。本演化博弈模型中的两个参与主体均为有限理性人，双方的行为选择需要在长期的过程中才能达到一个稳定状态。假设参与人 A 的行为选择为积极监管、消极监管，参与人 B 的行为选择为积极共享、消极共享，在构建演化博弈模型之前，提出的基本假设如下。

假设 1：监管必定付出一定的成本，假定参与人 A 付出的这类成本大小为$\ln I_{\rm t} = I'_{\rm t}$，为简化分析，设消极监管付出的成本为零；参与人 B 的消极共享行为可以获得的收益为π，由于政府部门的信息资源共享需要付出成本，比如系统建设等，设这部分成本为$Y'_{\rm t} = A' + \alpha K'_{\rm t} + \beta L'_{\rm t} + \gamma I'_{\rm t}$。

假设 2：若参与人 A 对参与人 B 采取积极监管，那么参与人 B 采取消极共享行为被参与人 A 监管时会面临负效用$Y = AK_{\rm t}^{\alpha} L_{\rm t}^{\beta} I_{\rm t}^{\gamma}$，比如处罚、批评等，而参与人 A 则会有收益如罚款等；若参与人 B 积极共享则可获得收益，同时参与人 A 获得社会收益Δp。

假设 3：若参与人 A 对参与人 B 采取消极监管，而参与人 B 采取消极共享，那么参与人 A 需要承担由参与人 B 消极共享带来的社会福利损失γ；同理，若参与人 B 采取积极共享，参与人 A 可获得社会收益Δp。

假设 4：参与人 A 采取积极监管的概率为x，采取消极监管的概率为$1-x$；参与人 B 采取积极共享的概率为y，采取消极共享的概率为$1-y$。

① 袁野，盛海刚.演化博弈视角下的政府信息资源共享策略研究[J].北京邮电大学学报(社会科学版)，2016(02)：65-71.

（二）演化博弈模型构建

基于以上基本假设，用博弈树来表示双方的博弈过程，如图 6.5 所示。

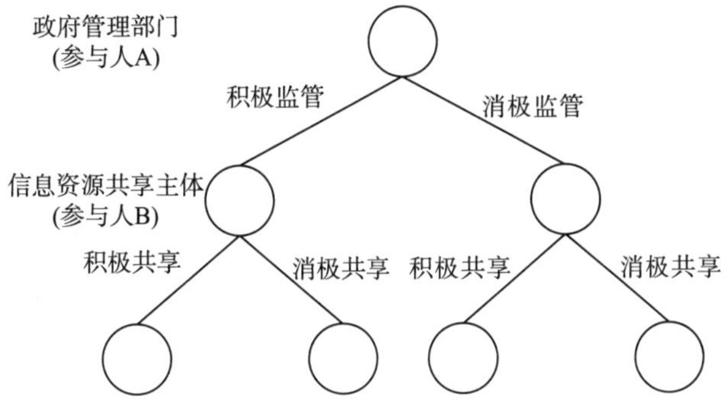

图 6.5　政府信息资源共享的演化博弈模型

双方的行为选择支付矩阵如表 6.6 所示。

表 6.6　各参与主体的收益矩阵

		参与人 B	
		积极共享	消极共享
参与人 A	积极监管	$(\Delta p-c_1,\pi-c_2+\Delta\pi)$	$(\lambda-c_1,\pi-\mu)$
	消极监管	$(\Delta p,\pi-c_2)$	$(-\gamma,\pi)$　$-\gamma,\pi$

（三）演化博弈模型求解

1. 参与人 A 进行积极监管的复制动态方程

参与人 A 对参与人 B 进行积极监管的期望收益为 E_{11}，消极监管的期望收益为 E_{12}，参与人 A 的期望收益为 E_1。

$$E_{11}=y(\Delta p-c_1)+(1-y)(\lambda-c_1) \tag{6.36}$$

$$E_{12}=y\Delta p+(1-y)(-\gamma) \tag{6.37}$$

$$E_1=xE_{11}+(1-x)E_{12} \tag{6.38}$$

则参与人 A 进行信息资源积极共享的复制动态方程为

$$F(x)=\frac{\mathrm{d}x}{\mathrm{d}t}=x(1-x)(E_{11}-E_{12})=x(1-x)(\lambda-c_1+\gamma-(\lambda+\gamma)y) \tag{6.39}$$

(1) 当 $y=\dfrac{\lambda-c_1+\gamma}{\lambda+\gamma}$ 时，$F(x)\equiv 0$，意味着此时所有 x 的水平都是 ESS。

(2) 令 $y\neq\dfrac{\lambda-c_1+\gamma}{\lambda+\gamma}$，得到 $x=0$ 或者 $x=1$ 是两个 ESS。此时对 $F(x)$ 求导得

$F'(x)=\dfrac{\mathrm{d}F(x)}{\mathrm{d}x}=(1-2x)\left[\lambda-c_1+\lambda-(\lambda+\gamma)y\right]$，此时又可分以下两种状态讨论。

①当 $y<\dfrac{\lambda-c_1+\gamma}{\lambda+\gamma}$ 时，$\dfrac{\mathrm{d}F(x)}{\mathrm{d}x}\Big|_{x=0}>0$，$\dfrac{\mathrm{d}F(x)}{\mathrm{d}x}\Big|_{x=1}<0$，故此时 $x=1$ 是 ESS；当参与人 B 共享概率低于一定程度并继续减小时，参与人 A 选择监管的概率不断增大，最终积极监管成为其最优策略。

②当 $y>\dfrac{\lambda-c_1+\gamma}{\lambda+\gamma}$ 时，$\dfrac{\mathrm{d}F(x)}{\mathrm{d}x}\Big|_{x=0}<0$，$\dfrac{\mathrm{d}F(x)}{\mathrm{d}x}\Big|_{x=1}<0$，故此时 $x=0$ 是 ESS；当参与人 B 共享概率高于一定程度并继续加大时，参与人 A 的概率不断减小，最终消极监管成为其最优策略。

参与人 A 进行监管的动态趋势如图 6.6 所示。

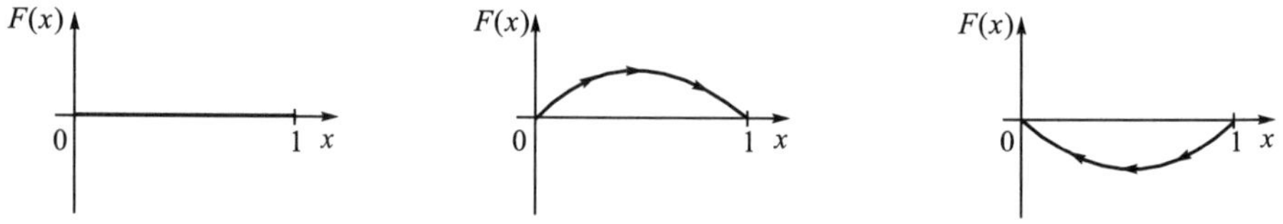

(a) $y=\dfrac{\lambda-c_1+\gamma}{\lambda+\gamma}$　　(b) $y<\dfrac{\lambda-c_1+\gamma}{\lambda+\gamma}$　　(c) $y>\dfrac{\lambda-c_1+\gamma}{\lambda+\gamma}$

图 6.6　政府管理部门进行监管的动态复制相位图

2. 参与人 B 进行积极共享的复制动态方程

参与人 B 共享信息资源的期望收益 E_{21}，不进行共享的期望收益为 E_{22}，参与人 B 的期望收益为 E_2。

则参与人 B 进行共享的复制动态方程为

$$F(y)=\frac{\mathrm{d}y}{\mathrm{d}t}=y(1-y)(E_{21}-E_{22})=y(1-y)[x(\pi-\mu)-c_2] \tag{6.40}$$

(1) 当 $x=\dfrac{c_2}{\pi-\mu}$ 时，$F(y)=0$，意味着此时所有的 y 水平都是 ESS。

(2) 当 $x\neq\dfrac{c_2}{\pi-\mu}$ 时，令 $F(y)=0$，得到 $y=0$ 或者 $y=1$ 是两个 ESS。此时对 $F(y)$ 求导得 $F'(y)=\dfrac{\mathrm{d}F(y)}{\mathrm{d}y}=(1-2y)\left[x(\pi-\mu)-c_2\right]$，此时又可以分为以下两种状态进行讨论。

①当 $x<\dfrac{c_2}{\pi-\mu}$ 时，$\dfrac{\mathrm{d}F(y)}{\mathrm{d}y}\Big|_{y=0}<0$，$\dfrac{\mathrm{d}F(x)}{\mathrm{d}x}\Big|_{y=1}>0$，故此时 $y=0$ 是 ESS；当参与人 A 选择监管概率低于一定程度并继续减小时，参与人 B 共享的概率不断减小，最终消极共享成为其最优策略。

②当 $x>\dfrac{c_2}{\pi-\mu}$ 时，$\dfrac{\mathrm{d}F(y)}{\mathrm{d}y}\Big|_{y=0}>0$，$\dfrac{\mathrm{d}F(x)}{\mathrm{d}x}\Big|_{y=1}<0$，故此时 $y=1$ 是 ESS；当参与人 A

选择监管的概率达到一定程度并继续加大时，参与人 B 共享的概率不断加大，最终积极共享成为其最优策略。

信息资源共享主体进行共享的动态趋势如图 6.7 所示。

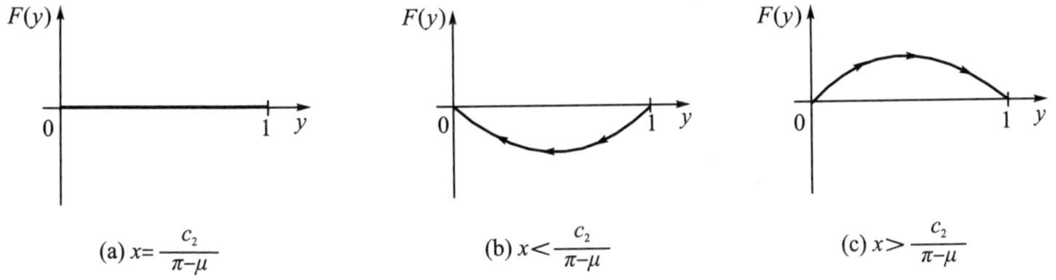

图 6.7　信息资源共享主体进行共享的动态复制相位图

3. 参与人 A 与参与人 B 的复制动态及其稳定性

基于上述分析，政府信息资源共享演化博弈系统的鞍点有四个，分别为 $A(0,0)$、$B(1,0)$、$C(1,1)$、$D(0,1)$，但此时演化博弈系统并不存在演化稳定结果，接下来对博弈系统的均衡状态进行分析。

由图 6.8 可知，1 初始点落入区域Ⅰ $(x,y)\in\left[(0,0),\left(\frac{c_2}{\pi-\mu},\frac{\lambda-c_1+\gamma}{\lambda+\gamma}\right)\right]$，演化博弈系统收敛于 $B(1,0)$ 点；2 初始点落入区域Ⅱ $(x,y)\in\left[\left(\frac{c_2}{\pi-\mu},0\right),\left(1,\frac{\lambda-c_1+\gamma}{\lambda+\gamma}\right)\right]$，演化博弈系统收敛于 $C(1,1)$ 点；3 初始点落入区域Ⅲ $(x,y)\in\left[\left(\frac{c_2}{\pi-\mu},\frac{\lambda-c_1+\gamma}{\lambda+\gamma}\right),(1,1)\right]$，演化博弈系统收敛于 $D(0,1)$ 点；4 初始点落入区域Ⅳ $(x,y)\in\left[\left(0,\frac{\lambda-c_1+\gamma}{\lambda+\gamma}\right),\left(\frac{c_2}{\pi-\mu},1\right)\right]$，演化博弈系统收敛于 $A(0,0)$ 点。

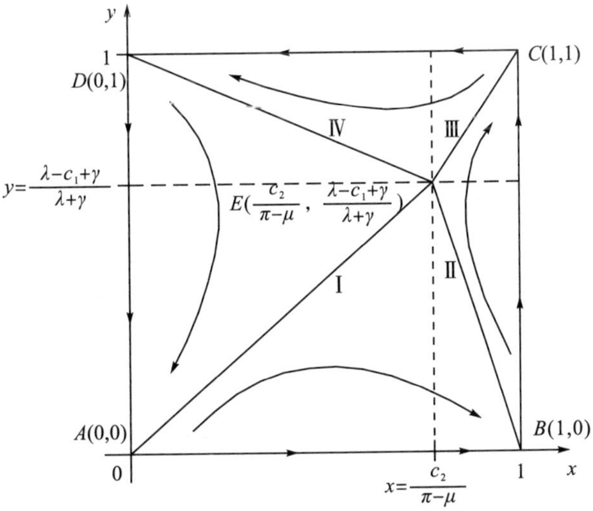

图 6.8　政府信息资源共享动态演化图

三、政府信息资源共享的演化博弈模型分析

基于上述分析发现，演化博弈系统的均衡状态随初始状态的改变而改变，改变博弈系统的关键参数会影响博弈的最终演化稳定结果。下面分析如何改变关键参数取值才能使博弈系统向理想状态收敛，即政府管理部门采取积极监管策略，信息资源共享主体采取积极共享策略。由图 6.8 可知，通过增加区域 II 的面积来实现，由此得到如下结论。

结论 1： 给定其他参数不变，降低监管成本能够促使政府管理部门的策略由消极监管向积极监管转变，增大 $\frac{\lambda-c_1+\gamma}{\lambda+\gamma}$ 的值，进而增加博弈初始点落入区域 II 的概率，此时政府管理部门选择积极监管的概率增加。

结论 2： 给定其他参数不变，加大对信息资源共享主体的惩罚力度可以增加政府管理部门的收益，增大 $\frac{\lambda-c_1+\gamma}{\lambda+\gamma}$ 的值，进而增加博弈初始点落入区域 II 的概率，此时政府管理部门选择积极监管的概率增加。

结论 3： 给定其他参数不变，增加政府管理部门消极监管的负效用 γ，增大的 $\frac{\lambda-c_1+\gamma}{\lambda+\gamma}$ 值，进而增加博弈初始点落入区域 II 的概率，此时政府管理部门选择积极监管的概率增加。

结论 4： 给定其他参数不变，降低信息资源共享主体的成本 c_2，减小 $\frac{c_2}{\pi-\mu}$ 的值，进而增加博弈初始点落入区域 II 的概率，此时信息资源共享主体选择积极共享的概率增加。

结论 5： 给定其他参数不变，增加信息资源共享主体积极共享的收益 π，减小 $\frac{c_2}{\pi-\mu}$ 的值，进而增加博弈初始点落入区域 II 的概率，此时信息资源共享主体选择积极共享的概率增加。

结论 6： 给定其他参数不变，增加信息资源共享主体消极共享的损失 μ，增加 $\frac{c_2}{\pi-\mu}$ 的值，进而增加博弈初始点落入区域 II 的概率，此时信息资源共享主体选择积极共享的概率增加。

第六节　信息消费习惯影响因素

一、居民信息消费习惯培育的研究背景

随着我国信息化建设进程的不断推进以及互联网产业的不断发展，信息服务产业相较于其他传统产业更是处于飞速发展的状态之中，我国居民的消费方式也发生了翻天覆地的变化。信息消费在我国总消费中的占比越来越大，成为拉动我国内需以及促进信息化产业发展的重要部分。基于以上背景，筛选影响我国居民信息消费的主要因素，明确各个因素对信息消费的影响大小，对于促进我国国民经济的快速增长至关重要。对此，本节采用实证研究的方法对全国典型地区（以重庆为例）的样本数据进行分析，得出影响居民信息消费的主要因素，旨在以培育居民信息消费习惯为重点，助推信息消费发展。

二、居民信息消费习惯培育的模型构建

(一)影响因素

本书将居民信息消费的影响因素划分为四类，即个人属性因素、消费能力因素、(产品或服务)供给条件因素和消费环境因素。这四类因素均对居民的信息消费有一定的影响作用，如图 6.9 所示。

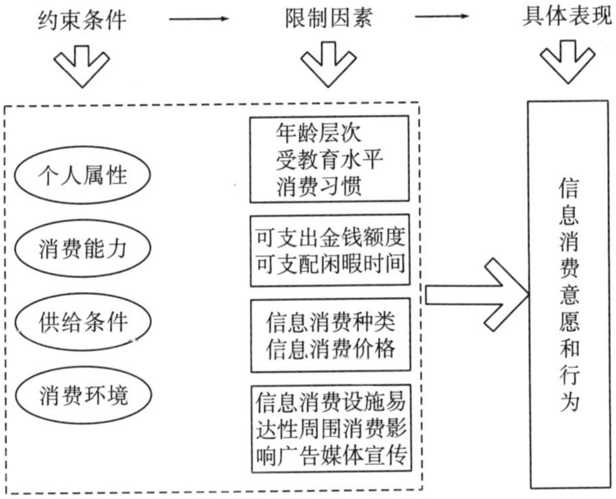

图 6.9 居民信息消费影响因素

虽然影响居民的信息消费行为的因素众多，但年龄层次、受教育水平和消费习惯是最基本的因素。居民的信息消费受到居民消费能力的影响，尤其是居民的收入水平和支出能力，基于劳动经济学视角，可支配时间也被纳入居民信息消费影响因素之中。从信息消费品本身来分析，消费消费品的种类和价格属于供给层面的指标，信息消费设施易达性、周围消费观念与行为和广告媒体宣传则属于衡量信息消费环境好坏的重要因素。

(二)变量描述

基于以上分析，本书选取的用于衡量信息消费影响因素的指标体系一共包含 4 类共 10 个指标，作为因变量影响居民的信息消费行为。定义如下：1=非常强烈，2=强烈，3=一般，4=较弱，5=非常弱，解释变量设定及基本统计描述见表 6.7。

表 6.7 居民信息消费的影响因素及描述

变量名称	定义	均值	标准差
年龄层次	1=15 岁以下，2=15～25 岁，3=26～35 岁，4=36～50 岁，5=51～65 岁，6=65 岁以上	3.7	1.570
受教育水平	1=小学，2=初中，3=中专或高中，4=大专，5=本科，6=硕士，7=博士及以上，8=无受教育经历	4.56	1.561

续表

变量名称	定义	均值	标准差
个人消费习惯	1=非常强烈，2=强烈，3=一般，4=较弱，5=无影响	3.38	2.390
可支出金钱额度	1=50 元以下，2=50～100 元，3=100～300 元，4=300～500 元，5=500～800 元，6=800～1000 元，7=1000 元以上	2.32	1.070
可支配闲暇时间	1=3 小时以下，2=3～5 小时，3=5～8 小时，4=8 小时以上	3.06	2.487
信息消费种类	1=非常丰富，2=丰富，3=一般，4=较少，5=特别少	2.51	1.271
信息消费价格	1=非常昂贵，2=较贵，3=一般，4=便宜，5=无影响	2.86	1.583
信息消费设施易达性	1=非常便捷，2=便捷，3=一般，4=较差，5=不易达	3.49	1.343
周围消费影响	1=非常强烈，2=强烈，3=一般，4=较弱，5=无影响	2.57	1.743
广告媒体宣传	1=非常强烈，2=强烈，3=一般，4=较弱，5=无影响	2.87	1.968

（三）数据来源

本书采取电话调查的方式来对重庆市居民进行问卷调查，剔除无效问卷以后得有效问卷 1500 份。本次调查涉及重庆市全部 38 个区县，各个区县的研究对象数量选取以各区县的人口总量占比为准，样本特征见表 6.8。

表 6.8　样本特征统计（*N*=1500）

变量名称	详细内容	样本数	比例/%
年龄层次	15 岁以下	28	1.9
	15～25 岁	254	16.9
	26～35 岁	421	28.1
	36～50 岁	356	23.7
	51～65 岁	321	21.4
	65 岁以上	120	8.0
个人消费习惯	非常强烈	408	27.2
	强烈	192	12.8
	一般	218	14.5
	较弱	273	18.2
	无影响	409	27.3
可支出金钱额度	50 元以下	110	7.3
	50～100 元	381	25.4
	100～300 元	409	27.3
	300～500 元	271	18.0
	500～800 元	165	11.0
	800～1000 元	82	5.5
	1000 元以上	82	5.5
信息消费价格	非常昂贵	246	16.4
	较贵	408	27.2

续表

变量名称	详细内容	样本数	比例/%
信息消费价格	一般	328	21.9
	便宜	353	23.5
	无影响	165	11.0
周围消费影响	非常强烈	354	23.6
	强烈	544	36.3
	一般	164	10.9
	较弱	273	18.2
	无影响	165	11.0
受教育水平	小学	14	0.9
	初中	55	3.7
	中专或高中	187	12.5
	大专	478	31.9
	本科	468	31.2
	硕士	204	13.6
	博士及以上	73	4.9
	无受教育经历	21	1.3
可支配闲暇时间	3 小时以下	306	20.4
	3～5 小时	744	49.6
	5～8 小时	117	7.8
	8 小时以上	333	22.2
信息消费种类	非常丰富	220	14.7
	丰富	707	47.1
	一般	300	20.0
	较少	137	9.1
	特别少	136	9.1
信息消费设施易达性	非常便捷	164	10.9
	便捷	83	5.5
	一般	354	23.6
	较差	655	43.7
	不易达	244	16.3
广告媒体宣传	非常强烈	300	20.0
	强烈	410	27.3
	一般	245	16.3
	较弱	272	18.1
	无影响	273	18.3

（四）实证研究

基于采集的数据样本，本书以筛选居民信息消费影响因素为原则，以 SPSS19.0 为主要研究工具进行数据分析，主要包括 Pearson 卡方检验、变量相关性检验、多重共线性分析和 logistic 回归分析，选取的显著性水平为 0.05。

（1）Pearson 卡方检验。结果显示，除年龄层次这个指标以外，其他指标对应的 sig 值均小于 0.05，说明这些指标对信息消费的影响作用较为显著。由此，将年龄层次指标剔除影响因素以外，对其他指标进行相关性检验。

（2）变量相关性检验。采取的样本为分类数据，因此利用 Spearman 相关系数进行检验。在给定的 0.05 显著性水平下，结果显示：①可支配闲暇时间与居民信息消费间存在正相关关系，即居民可支配闲暇时间越多，越能促进居民的信息消费行为。②信息消费价格与居民信息消费间存在负相关关系，即信息消费价格越高，居民的信息消费意愿越低，信息消费价格对居民的信息消费行为具有一定的抑制作用。③周围消费与居民信息消费间存在负相关关系，即周围消费越高，居民的信息消费越低。④广告媒体宣传与居民信息消费间存在正相关关系，即广告媒体宣传的投入能正向促进居民的信息消费行为。

（3）多重共线性分析。运用 SPSS19.0 对各因素间进行共线性分析，结果显示容差最小值为 0.762，方差膨胀因子最大值为 1.312，即信息消费影响因素之间不存在多重共线性。容差越大说明两个因素之间的共线性越弱，通常以 0.2 作为存在共线性与不存在共线性的临界点，方差膨胀因子为容差的倒数，其值越小说明两个因素之间的共线性越强。

（4）Logistic 回归分析。运用 SPSS19.0 对收集到的数据样本进行 Logistic 回归分析，模型拟合结果显示显著性水平小于 0.05，则认为模型的拟合性较好，构建的回归模型是可行的。通过模型分析可知，受教育水平的显著水平大于 0.05，该指标对居民信息消费的解释力不强；其他指标如可支出金钱额度、个人消费习惯、信息消费种类、信息消费价格、广告媒体宣传的显著水平小于 0.05，这些指标对居民信息消费的解释力较强（表 6.9）。

表 6.9　参数估计表

信息消费意愿和行为	B	标准误差	Wald	显著水平
非常强烈截距	327.438	8913.976	0.001	0.971
[可支出金钱额度=1]	251.251	5201.741	0.002	0.961
[可支出金钱额度=2]	289.777	7036.393	0.002	0.967
[可支出金钱额度=3]	33.620	3281.940	0.000	0.992
[可支出金钱额度=4]	−0.718	2635.378	0.000	1.000
[可支出金钱额度=5]	−110.878	5212.685	0.000	0.983
[可支出金钱额度=6]	23.411	7499.545	0.000	1.000
[个人消费习惯=1]	247.741	7341.953	0.001	0.973
[个人消费习惯=2]	−121.650	7339.880	0.000	0.987
[个人消费习惯=3]	71.446	8444.848	0.000	0.993
[个人消费习惯=4]	136.896	6175.426	0.000	0.982

续表

信息消费意愿和行为	B	标准误差	Wald	显著水平
[信息消费种类=1]	-69.996	699.852	0.010	0.920
[信息消费种类=2]	0.464	787.316	0.000	1.000
[信息消费种类=3]	3.765	617.503	0.000	0.995
[信息消费种类=4]	-78.209	4670.003	0.000	0.987
[信息消费价格=1]	-622.574	12449.173	0.003	0.960
[信息消费价格=2]	-121.65	7339.88	0.000	0.987
[信息消费价格=3]	71.446	8444.848	0.000	0.982
[信息消费价格=4]	-78.209	4670.003	0.000	0.995
[广告媒体宣传=1]	-216.852	4316.520	0.003	0.960
[广告媒体宣传=2]	-454.934	10223.798	0.002	0.965
[广告媒体宣传=3]	-294.752	5551.020	0.003	0.958
[广告媒体宣传=4]	-250.590	5389.856	0.002	0.963

三、居民信息消费习惯培育的模型分析

回归系数可以分为四类，分别为居民信息消费意愿非常强烈、强烈、一般和比较弱四种程度下的各因素回归情况，其中非常弱为分析的参考类别，对应的各个系数均为0。由模型分析结果可知，各个因素对居民信息消费的影响各不相同，较为分散。

(1)个人属性。年龄层次这一因素在进行第一步检验的时候已被剔除，因此该因素未被纳入Logistic回归模型之中。受教育水平这一因素与重庆市居民信息消费间不存在显著性的回归关系，这说明重庆市居民各自的受教育水平相差较小。消费习惯对重庆市居民的信息消费影响作用较为显著，这说明居民信息消费对居民信息消费习惯较为敏感，培育居民良好的信息消费习惯对促进重庆市信息消费发展至关重要。

(2)能力条件。由于可支出金钱的额度分类较多，可支出金钱额度的各分类水平对重庆市居民信息消费的影响作用并不明显，但总体上可支出金钱额度对重庆市居民的信息消费具有显著的正向促进作用。可支配闲暇时间对重庆市居民信息消费的影响作用比较分散，大部分居民可支配闲暇时间为3小时以下或8小时以上，以老年人和儿童居多。因此，居民的可支出闲暇时间、年龄层次和消费水平之间存在着不可调和的矛盾。

(3)供给条件。信息消费种类一般和较少类别对居民信息消费的影响差距较大，说明现阶段重庆市信息消费水平属于相对较高的层次，信息消费种类的多少对居民的信息消费的影响作用也在下降。理论上信息消费价格的增加会抑制居民的信息消费意愿，但从分类结构上来看，信息消费分类情况对重庆市居民的信息消费影响作用十分有限，这与重庆市较高的经济社会发展水平有关。

(4)环境条件。广告媒体宣传对重庆市居民信息消费的影响作用较为显著，但是这种作用较为分散，若将显著性水平定为0.05，这种影响作用的大小并没有显著性差别，这就说明重庆市居民对广告媒体宣传的态度不一，这与居民的个人偏好有关。信息消费设施易

达性和周围消费影响这两个因素与重庆市居民信息消费间具有相关性关系，但是分类情况对居民信息消费的影响没有明显差别。

本 章 小 结

针对如何进行新兴信息消费环境治理这一问题，本书从信息基础设施建设、移动应用安全、政府公共信息服务供给、大数据产业发展和消费者信息消费习惯培育五个角度出发，分别运用 Shapley 值法、演化博弈理论、委托代理理论和实证研究的方法构建了相应的新兴信息消费环境治理模型，研究结果如下。

(1)通过对各类成本分摊方法的对比可知，Shapley 值法模型是根据电信运营企业在共建过程中的贡献程度来进行成本分摊，具有一定的公平合理性。将参与人风险因子引入的 Shapley 值法模型相对于传统模型更优，这对于各电信运营商积极进行信息基础设施共建共享具有积极促进作用。

(2)政府部门在移动应用安全治理工作中扮演着重要角色，其外部监管是移动应用安全有效治理的根本前提；利用公众参与同政府部门监管的互补关系，保持公众参与度处于一定阈值之上，同时加大对应用平台违规行为的惩罚力度，能有效促进政府部门与应用平台采取积极策略，进而加强移动应用安全治理。

(3)政府在科学评估服务商自身的能力水平、努力成本、风险偏好等因素的基础上，设计合理有效的激励约束机制能有效降低由信息不对称而导致的服务商道德风险问题，促使服务商为公众提供高质高效的信息服务；对于服务商而言，公众对信息服务水平的评价表现为一种内在的激励约束机制，可作为引导服务商提高信息服务水平的重要手段。

(4)政府部门的信息资源共享现状是政府管理部门同信息资源共享主体多次重复博弈的结果。降低政府管理部门的监管成本和信息资源共享主体的共享成本，加大对信息资源共享主体采取消极共享行为的惩罚和政府管理部门消极监管的负效用，有利于促进政府管理部门采取积极监管行为且信息资源共享主体采取积极共享行为。

(5)可支出金钱额度、个人消费习惯、信息消费种类、信息消费价格、广告媒体宣传5 个分类指标对居民信息消费意愿和行为具有较高的解释作用；随着我国经济社会的发展和居民人均收入的提高，年龄层次和受教育水平对居民信息消费的影响作用逐渐减弱，个人消费观念和消费意识在对居民信息消费意愿和行为影响方面的作用也较为显著。

本章研究结论为新兴信息消费的环境治理的政策制定及实施提供理论参考。

第七章　新兴信息消费的环境治理应用案例

为拓展前期研究对地方经济发展的支撑作用，围绕新兴信息消费的社会环境、供给环境和需求环境，深度结合重庆地方实际，从产业结构调整、农村信息化、信息污染治理三个方面进行研究分析，为地方新兴信息消费的环境治理提供决策支持。

第一节　新兴信息消费产业结构调整——以重庆市为例

一、课题研究的背景

随着全球范围内信息技术的加速创新以及信息技术与产业的深度融合，涌现了大量的新产品、新服务和新业态，居民信息消费需求被不断激发，与汽车消费、住房消费并列成为当今社会三大经济消费热点[①]。基于此，信息消费成为国家重点发展对象。政府于2013年8月先后发布了《"宽带中国"战略及实施方案的通知》与《关于促进信息消费扩大内需的若干意见》，从基础设施到各方应用有力地促进了信息消费发展。

重庆市作为西部开发的排头兵，积极抓住信息消费发展机遇，早在2014年就实现了610亿元的信息消费规模。同时，重庆市是国家首批跨界电子商务试点城市和信息消费试点城市，居民信息消费发展受到有效推动。信息消费作为新兴消费的重要组成部分，在重庆市居民消费生活中的地位越来越重要，其对重庆市产业结构调整具有何种影响，是否有助于推动产业结构转型升级，成为亟待研究的问题。

二、新兴信息消费加速城市产业结构调整

（一）重庆市城镇居民信息消费与产业结构发展趋势分析

1. 重庆市城镇居民信息消费现状

由于国家国民经济统计体系设计和长期应用惯性等原因，目前国家统计体系现有统计数据中并没有关于信息消费的统计。根据信息消费和产业结构的相关概念，借鉴已有的研

① 崔建华.信息消费力几个理论问题研究[J].消费经济，2006(04)：67-70.

究成果①，处理分类统计的思路，在考察重庆市整体信息消费规模的基础上，通过从重庆市统计局和国家统计局网站上获取相关公开统计数据并进行分类。重点对重庆市城镇居民信息消费水平、倾向、系数、结构以及城乡居民信息消费差距进行具体分析。

1)信息消费整体规模

从新八项②入手，对重庆市城镇居民信息消费进行测度(将通信支出和娱乐文化教育支出作为信息消费的主要支出)比较分析。研究选取了1999～2015年共17年的数据，发现2015年居民信息消费的数额是1999年的6.14倍，年均增长速率为30.22%，城镇居民信息消费在居民消费中有重要作用。重庆市城镇居民各年消费细项占比见图7.1。

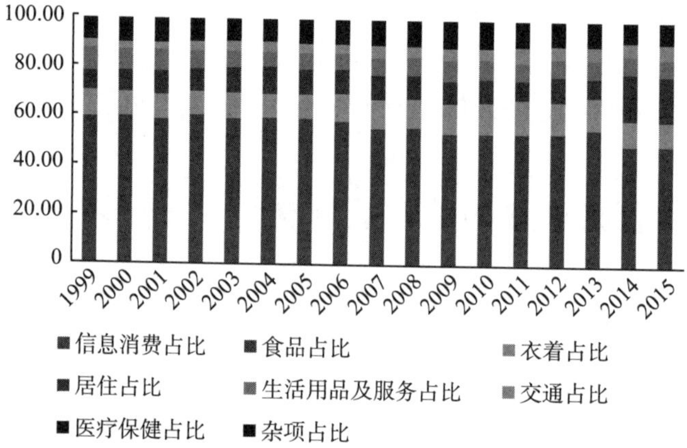

图7.1 重庆市城镇居民信息消费占比与其他大类支出对比(%)

从重庆市城镇居民信息消费各项来看，其整体的发展呈现出不稳定态势，可以总结为有增有减。从整体来看，重庆市城镇居民信息消费整体规模呈上升趋势，具体见图7.2。

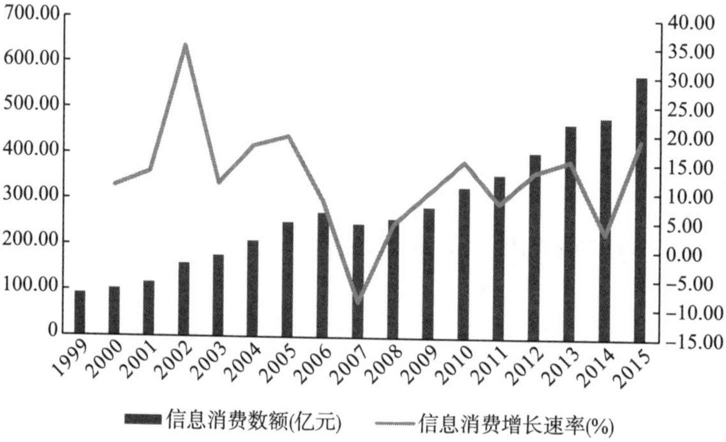

图7.2 重庆市城镇居民信息消费支出及增长率

① 吴晓晓，苏朝晖.城镇居民服务性消费与第三产业发展——基于1993-2012年省际面板数据的实证研究[J].消费经济，2014，30(06)：14-20，42.

② 新八项为信息、交通、居住、食品、衣着、医疗保健、生活用品及服务、杂项商品和服务(简称“杂项”)。

2）信息消费水平

使用人均信息消费支出作为分析城镇居民信息消费水平的依据。从整体来看，重庆市城镇居民信息消费意愿较为明显。重庆市城镇居民人均信息消费支出从 1999 年的 963.22 元增加到 2015 年的 3154.94 元（图 7.3），年均增长速率达到 13.38%，位居第四，低于居民居住支出（43.49%）、交通支出（35.32%）和医疗保健支出（25.22%）（图 7.4）。

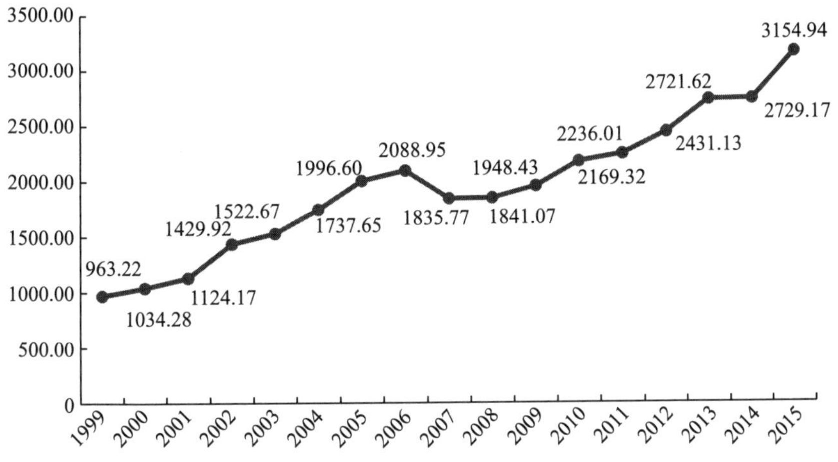

图 7.3 重庆市城镇居民人均信息消费支出（元）

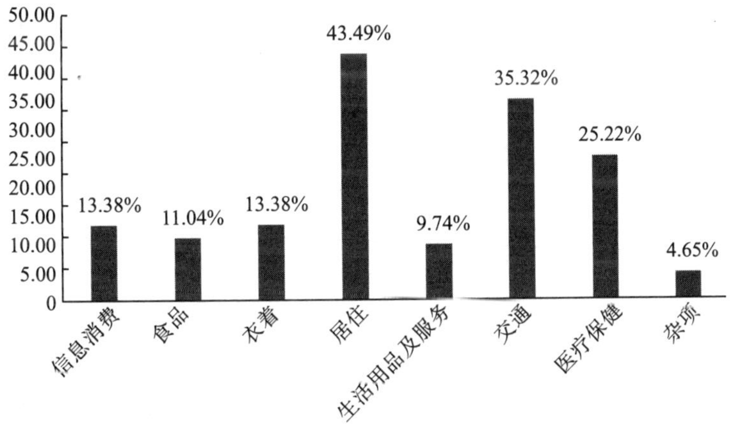

图 7.4 重庆市城镇居民人均消费支出年均增长率（%）

3）信息消费倾向与系数

用信息消费系数 ICC 和信息消费倾向 ICP 来衡量重庆市城镇居民信息消费水平。信息消费系数是人均信息消费支出 IC 与人均消费支出的比值 CE，其数值的大小可以直观地反映居民信息消费的水平及其社会信息化发展程度①。信息消费倾向是人均信息消费支出 IC 与人均可支配收入 CD 的比例，反映居民信息消费水平的测度、居民信息消费的需求水平②。信息消费系数与倾向的计算公式为式（7.1）和式（7.2），计算结果见图 7.5。

① 杨倩，工诚.我国城乡信息消费对比分析[J].现代商贸工业，2010（17）：328.
② 杨建华，卢波.区域电子信息产业发展的评价指标体系研究[J].哈尔滨工业大学学报（社会科学版），2005（04）：56-60.

$$ICC = IC/CE \tag{7.1}$$

$$ICP = IC/CD \tag{7.2}$$

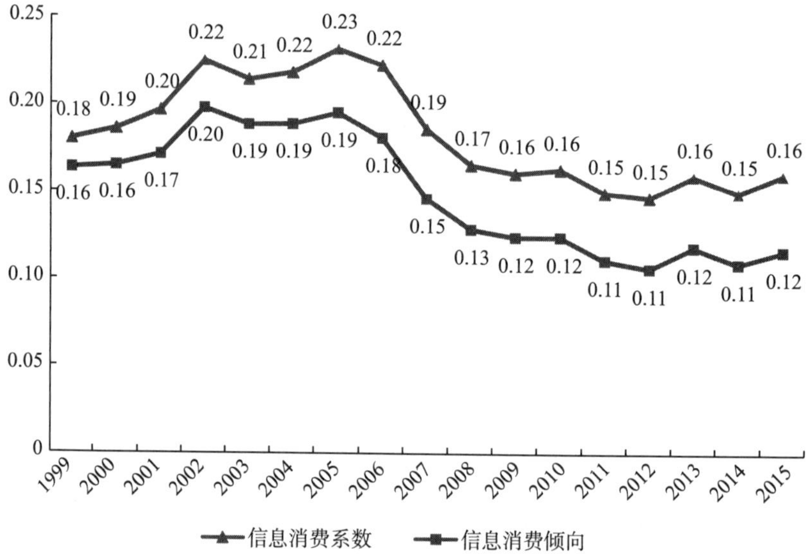

图 7.5 重庆市城镇居民信息消费系数及倾向

图 7.5 中显示的重庆市城镇居民信息消费系数与信息消费倾向整体趋势保持一致。结合信息消费系数、信息消费倾向和人均信息消费支出三者之间的趋势，对 1999～2015 年重庆市城镇居民信息消费发展进行阶段划分，大致可分为三个阶段：第一阶段，1999～2005 年，重庆市城镇居民在该时期热衷于进行信息消费；第二阶段，2005～2012 年，重庆市城镇居民信息消费的意识和热度在不断降低；第三阶段，2013～2015 年，重庆市城镇居民信息消费热度再次高涨，居民信息消费需求变大。

4) 信息消费结构

总体来看，居民信息消费主要由两个消费项构成，分别是通信支出和文化教育娱乐支出①。由附录 F 可知，重庆市城镇居民信息消费的两个消费项都保持了稳定的增长势态。城镇居民在信息消费中文化教育娱乐支出占比减少，基于网络的通信支出占比不断上升，说明重庆市城镇居民信息消费结构不断趋于合理。

具体来看，居民信息消费可分为六细项②。通过《中国价格及城镇居民家庭收支调查统计年鉴》，获取了 1999～2015 年重庆市城镇居民信息消费数据各细项部分数据，见图 7.6。从图中可以清楚地看出重庆市城镇居民信息消费各细项的变化趋势。通信工具、通信服务和文化娱乐用品支出占比在居民信息消费支出中保持增长态势，可见重庆市城镇居民网络需求、网购需求和信息咨询需求上升，通信服务消费需求加大。整体而言，重庆市城镇居民不断地加大精神类消费支出，为服务经济的市场前景做出了积极预示。

① 刘雪艳，齐捷，王在宇.新兴信息消费内涵界定及特征分析[J].情报理论与实践，2016，39(11)：61-67.
② 六细项为通信工具、通信服务、文化娱乐用品、教材、教育费用和文化娱乐服务。

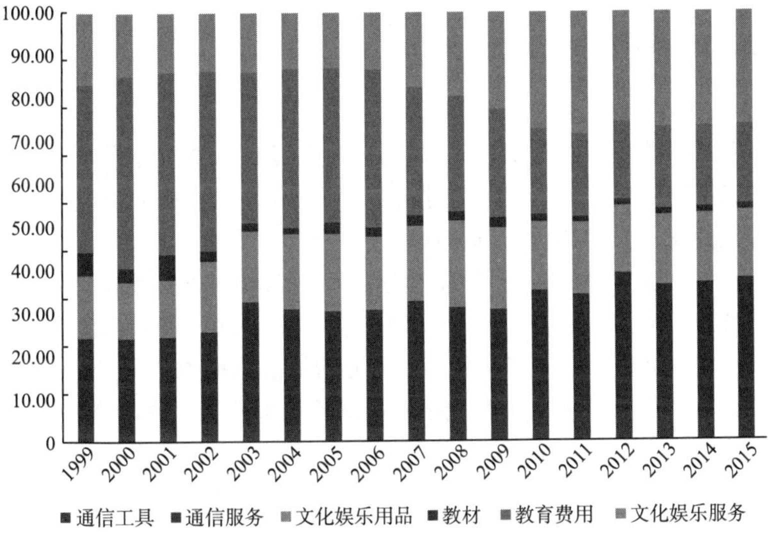

图 7.6　重庆市城镇居民信息消费结构示意图(%)

5)城乡信息消费差异

主要从城乡信息消费差距、城乡信息系数差距和城乡信息消费倾向差距三个方面对重庆市城乡信息消费差异进行分析。以前文分析思路为指导，以相关历史数据为参考，得出重庆市城乡居民信息消费差异示意图，见图 7.7。

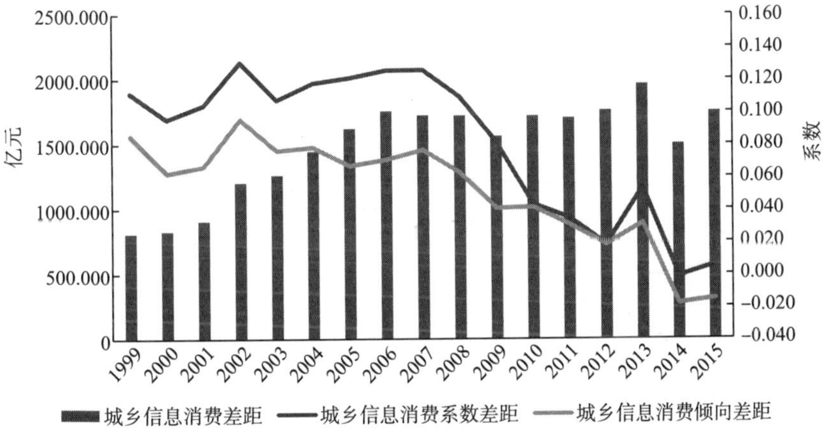

图 7.7　重庆市城乡居民信息消费差距研究

从整体来看，城乡居民人均信息消费支出同步增加，且城乡信息消费差额不断扩大，说明重庆市在信息消费发展过程中，城乡数字鸿沟问题并未得到解决。从城乡居民信息消费系数和倾向的差距来看，整体呈现差距缩小趋势。农村居民信息消费需求不断增长，特别是近年来，甚至出现了农村居民信息消费意愿高于城镇的情况。由此，重庆市政府应该深入挖掘农村居民信息消费潜力，提高农村居民收入水平，完善信息消费基础设施，促进农村和城镇居民统筹协调发展。

2. 重庆市产业结构变动趋势分析

1) 基于产业增加值变动分析

国家发展和改革委员会产业经济与技术经济研究所在 2016 年发布了我国《产业发展报告》，而重庆市也早在“十二五”期间就制定发布了《重庆市人民政府关于加快发展战略性新兴产业的意见》，致力于推动重庆市产业结构转型。

根据配第-克拉克定理，经济社会的产业结构形态越高，发展越合理[①]。附录 G 给出了重庆市 1987～2015 年的三次产业增加值比重。在 1987～2015 年，重庆市三次产业都保持了稳定增长的态势。重庆市第二产业和第三产业增加值总和的占比在逐年增加，成为重庆市经济发展的核心。总之，重庆市产业结构在不断转型升级，愈发趋于合理化。

2) 产业结构优化率和升级率分析

一般对产业结构升级转型的指标有很多，例如产业结构变动度、产业结构变化值、产业结构优化率和升级率、产业结构系数、产业结构熵等[②]。其中，产业结构优化率 ISOR 和升级率 ISUR 是最常使用的指标。

$$\mathrm{ISOR}=\frac{I_3+I_2}{\mathrm{GDP}}\times 100\% \tag{7.3}$$

$$\mathrm{ISUR}=\frac{I_3}{I_2}\times 100\% \tag{7.4}$$

式中，I_2 和 I_3 分别表示第二产业和第三产业增加值。

图 7.8 显示了重庆市 1978～2014 年产业结构优化率和升级率变化趋势。

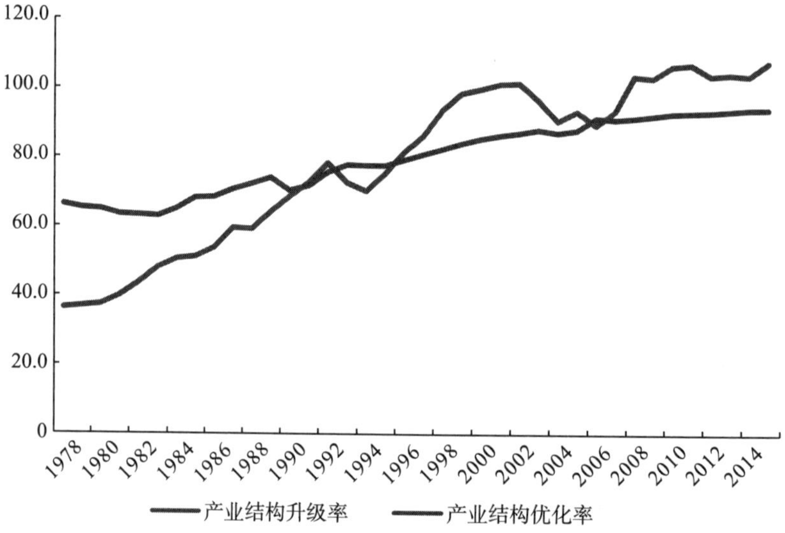

图 7.8 重庆市产业结构优化率和升级率变化趋势图(%)

① Clark C.The Conditions of Economic Progress[M]. London: Macmillan, 1951.

② 郑丽.我国居民信息消费及对经济增长和产业结构影响研究[D].北京：北京邮电大学，2014.

从图 7.8 可以看出，重庆市产业结构升级率呈现波浪式的上升趋势，2014 年较 1978 年增加了 70%，产业结构的升级速率较快。产业结构升级率的结果表明，重庆市在 2008 年(产业结构升级率达到 100%)首次出现了第三产业总产值高于第二产业，即真正实现了产业重心的过渡。从这两个指标可以看出，重庆市产业结构转型升级势头较好，整体结构趋于合理化。

3)产业结构高级化率

进一步借助其他衡量方法对重庆市近年产业结构变化进行衡量。国家统计局高级统计师付凌晖在研究产业结构变动对经济增长的关系研究中就提出了产业结构高级化率的指标，该指标可以更好反映产业结构升级状况①。具体步骤如下。

第一，计算出三次产业增加值占 GDP 的比重，从而构建出一个 3 维向量 $\boldsymbol{X}_0=(x_{1.0},x_{2.0},x_{3.0})$；

第二，分别计算 $\boldsymbol{X}_0$ 与产业由低层次到高层次排列的向量 $\boldsymbol{X}_1=(1,0,0)$，$\boldsymbol{X}_2=(0,1,0)$，$\boldsymbol{X}_3=(0,0,1)$ 夹角 $\theta_1,\theta_2,\theta_3$ 为

$$\theta_j=\arccos\left[\frac{\sum_{i=1}^{3}\left(x_{i,j}\cdot x_{i,0}\right)}{\sum_{i=1}^{3}(x_{i,j}^2)^{1/2}\cdot\sum_{i=1}^{3}(x_{i,0}^2)^{1/2}}\right],j=1,2,3 \tag{7.5}$$

第三，计算产业高级化率 W，计算公式为

$$W=\sum_{k=1}^{3}\sum_{j=1}^{k}\theta_j \tag{7.6}$$

若 W 越大，说明产业结构高级化水平越高。本章根据重庆市统计局相关数据，根据式(7.5)和式(7.6)计算了重庆市 1999～2015 年的产业高级化率，结果如图 7.9 所示。

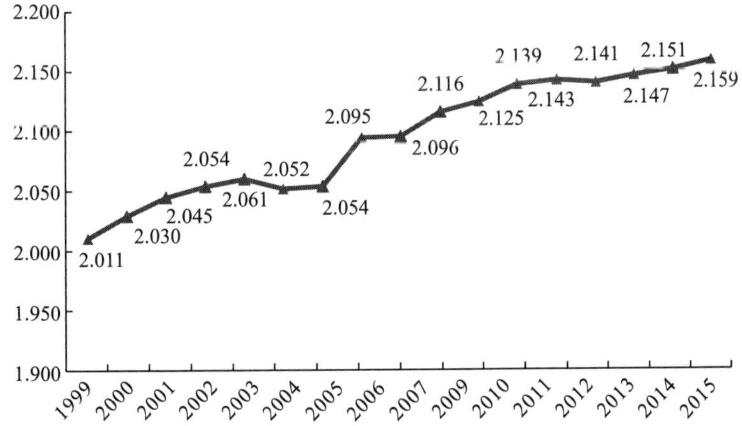

图 7.9　重庆市产业结构高级化率(%)

① 付凌晖.我国产业结构高级化与经济增长关系的实证研究[J].统计研究，2010，27(8)：79-81.

从图 7.9 可以看出，重庆市产业结构高级化水平基本呈现上升趋势，从 1999 年的 2.011%增长到 2015 年的 2.159%，增加了 0.148 百分点，增长速率较为缓慢。其间，只有在 2003～2005 年出现了微量下滑。总体而言，重庆市产业结构水平在不断增长，市场资源配置效率在不断提升，产业结构趋于合理，但是低于全国平均水平，增长略显乏力。

(二)城镇居民信息消费对产业结构升级影响的协整分析

1. 变量选取与数据来源

协整分析选取了 1999～2015 年重庆市城镇居民人均信息消费支出(IC)和产业结构高级化率(*W*)两个指标，数据来源于《重庆市统计年鉴》。根据上文分析可知，两个变量为非平稳的时间序列，需进一步对两个变量进行对数处理，得到人均信息消费支出对数(LIC)和产业结构高级化率对数(LW)。

2. 单位根检验

在对变量做协整检验前，需要对变量的单位根做检验，判断其是否存在同阶单位根。对单位根的检验有 LLC、ISP、ADF 和 PP 检验等方法①。本书采用最常用的 ADF 方法对 LIC 和 LW 的单位根进行检验，结果如表 7.1 所示。

表 7.1 ADF 单位根检验

变量	LIC	LW	ΔLIC	ΔLW
检验类型	C, *t*, 3	C, *t*, 3	C, *t*, 0	C, *t*, 0
ADF 检验值	−1.6937	−2.121	−2.0036	−3.9842
5%临界值	−3.7598	−3.7597	−1.9684	−3.7912
平稳性	不平稳	不平稳	平稳	平稳

由表 7.1 可知，重庆市城镇居民人均信息消费支出对数 LIC 和重庆市产业高级化率对数 LW 原始序列的 ADF 单位根检验在 5%的显著性水平下均为非平稳序列，即接受原假设，存在单位根，该序列为非平稳序列；对两个序列取一阶差分，新序列ΔLIC 和ΔLW 在 5%的显著性水平下均通过了 ADF 单位根检验，拒绝原假设，该序列为平稳序列，说明两个变量之间存在同阶单位根，可以进行协整检验，即 LIC～LIC1，LW～LW1。

3. 变量的协整检验

由于需要验证的是两个变量之间的协整关系，可以使用恩格尔和格兰杰提出的方法对重庆市城镇居民信息消费支出对数(LW)和重庆市产业结构高级化率对数(LIC)之间的协整关系进行检验。由于 LW 和 LIC 均为 I1 序列，所以先使用 OLS 最小二乘法进行协整回归，得到协整方程：

① 卢学法，杜传忠.新常态下产业结构变动与经济增长——基于省级动态面板数据的 GMM 方法[J].商业经济与管理，2016 (02)：58-67.

$$\mathrm{LW}_t = 0.267351279973 + 0.0628161446208\times \mathrm{LIC}_t + \varepsilon_t \tag{7.7}$$

$R^2=0.801923$，$\mathrm{DW}=0.566899$，结果显示，模型存在序列相关性，且模型拟合结果较好。但对残差进行 LM 检验时，发现残差存在较强的一阶自相关性，通过引入适当的滞后项，得到短期的非均衡模型，估计结果如下：

$$\mathrm{LW}_t = 0.08726 - 0.00750\times \mathrm{LIC}_t + 0.01480\times \mathrm{LIC}_{t-1} + 0.81424\times \mathrm{LW}_{t-1} + \varepsilon_t \tag{7.8}$$

$R^2=0.940149$，$\mathrm{DW}=2.334082$，模型拟合度提高，解释变量 T 通过检验。再进行 LM 检验，得到 LM 的概率 P 值为 0.3615，小于 F 的 P 值 0.5189，接受原假设。模型消除自相关性，说明变量 LIC 与 LW 之间存在长期稳定关系。

要确定两者之间的协整关系，还需要对残差序列做单位根检验，采用 ADF 单位根检验方法，检验结果如表 7.2 所示。

表 7.2　残差的单位根检验

变量	检验类型	ADF 检验值	5%临界值	平稳性
ε_t	C,t,3	−4.060543	−3.791172	平稳

从表 7.2 可知，两个变量之间存在协整关系，即两个变量之间存在正向长期稳定的均衡关系，即

$$\mathrm{LW}_t = 0.08726 - 0.00750\times \mathrm{LIC}_t + 0.01480\times \mathrm{LIC}_{t-1} + 0.81424\times \mathrm{LW}_{t-1} \tag{7.9}$$

从长期来看，重庆市城镇居民人均信息消费支出对重庆产业结构高级化率的影响效度为(0.0148−0.0075)/(1−0.81424)=0.0393，即城镇居民人均信息消费支出每增加 1%，重庆市产业高级化率将提升 0.0393%。

(三)城镇居民信息消费对产业结构影响的投入产出分析

1. 投入产出理论

投入产出理论又称投入产出分析，由著名美国经济学家 Leontief 于 1936 年提出。这种分析方法是将社会经济发展中各部门之间复杂的经济关系进行系统量化，而进行量化的基础是投入产出表。投入产出表也被称为部门联系平衡表，它是用矩阵的形式对社会经济部门在某一段时期内的产品及服务的流出流入和交换关系进行统计，并最终以矩阵表的形式，将各部门之间的投入和产出关系表达出来。投入产出分析理论的主要思路是通过一定的数量关系理论计算相关系数，对各部门之间的经济关系进行解释和分析，并且对投入产出表的各种平衡关系进行预测。其中，最重要的三个系数为消耗系数、完全消耗系数和完全需求系数，由其构成的矩阵被称为直接消耗矩阵、完全消耗矩阵和列昂惕夫矩阵①。

下文提及的生产诱发增加值和生产诱发系数，均基于以上三个系数进行计算。其中，生产诱发系数指某一单位最终需求项目所诱发的各个产业的生产额，它揭示了最终需求项目对各个产业的诱发程度，也可以揭示消费、投资或者出口对产业结构产生的影响。所以，

① 牟锐，闵连星.信息产业投入产出经济效应分析——两部门视角[J].软科学，2015(04)：38-42.

通过计算重庆市城镇居民信息消费的诱发系数，可以揭示其对重庆市产业结构升级转型的内在机理。诱发系数的计算过程如下。

（1）计算第 i 部门的生产诱发增加值：

$$Z_{iL} = (I - A)^{-1} \cdot Y_{iL} (i, L = 1, 2, \cdots, n) \tag{7.10}$$

（2）计算第 i 部门的生产诱发系数：

$$W_{iL} = \frac{Z_{iL}}{Y_L} (i, L = 1, 2, \cdots, n) \tag{7.11}$$

式中，Y_{iL} 为最终需求项 L 对产业部门 i 的需求；Z_{iL} 为最终需求项对第 i 部门的生产诱发额；W_{iL} 为生产诱发系数；Y_L 为最终需求项目对各个产业部门的总需求的合计数。

2. 数据选取及研究思路

1）数据选取

从重庆市统计信息网上下载得到 1987 年、1992 年、1997 年、2002 年、2007 年、2012 年的投入产出表，考虑分析的时效性，最终选择 2007 年和 2012 年的投入产出表进行分析。以前文研究结论和国家统计局分类规则为指导，确定了相关的细分项目，并通过查阅《中国价格及城镇居民家庭收支调查统计年鉴》，得到 2007 年和 2012 年重庆市城镇居民信息消费各细项数据如表 7.3 所示。

表 7.3 2007 年和 2012 年重庆市城镇居民信息消费细项数据

	2007 年		2012 年		2012 年比 2007 年		
	支出/元	占比/%	支出/元	占比/%	支出/元	增长率/%	占比/%
通信工具	99.06	5	158.79	7	59.73	12.06	2
通信服务	499.36	27	789.33	32	289.97	11.61	5
文化娱乐用品	321.04	17	379.45	16	58.41	3.64	−1
教材	46.49	3	34.78	1	−11.71	−5.04	−2
教育费用	549.64	30	441.32	18	−108.32	−3.94	−12
文化娱乐服务	320.18	17	627.47	26	307.29	19.19	9
人均信息消费	1835.77	100	2431.13	100	595.36	6.49	—

从表 7.3 可以看出，重庆市城镇居民人均信息消费 2012 年较 2007 年年均增长了 6.49%，其中通信支出占比总体在增加，各细项占比也在增加，说明信息建设促进了重庆市城镇居民的通信消费。文化娱乐消费支出占比增长较快，说明城镇居民越来越重视文化娱乐支出，这也与信息消费内涵相吻合。

2）研究思路

采用中国投入产出学会课题组 2007 的处理方式[①]，将各年投入产出表中各部门的流入产品占该部门总使用的比例作为剔除系数，以得到新的流量表（后文分析都基于新的流量

① 中国投入产出学会课题组，许宪春，齐舒畅，等.最终需求对国民经济及其各部门的诱发分析——2002 年投入产出表系列分析报告之四[J].统计研究，2007(02)：9-15.

表进行处理)。具体步骤为：首先使用剔除系数，得到新投入产出表；其次归并投入产出表只含三次产业，重新计算各类系数；再次使用对号入座法，将城镇居民信息消费各细项分配到两个只含三次产业和 42 部门的投入产出表中，作为最终消费；最后计算各部门的生产诱发增加值、生产诱发系数并分析比较。

3. 基于三次产业的影响分析

依据国家的产业门类划分，将重庆市城镇居民信息消费细项依次归并入三次产业中。根据上文的投入产出理论和公式，分别计算出 2007 年和 2012 年重庆市城镇居民信息消费对三次产业的诱发增加值与诱发系数，见表 7.4 和表 7.5。

表 7.4　2007 年重庆城镇居民信息消费对三次产业的诱发分析

部门	信息消费细项	城镇居民信息消费支出/亿元	信息消费诱发增加值/亿元	信息消费诱发系数	消费诱发系数
第一产业	—	0	1.88	0.01	0.20
第二产业	通信工具 文教娱乐用品 教材	63.46	117.47	0.47	0.66
第三产业	通信服务 教育费用 文化娱乐服务	186.21	235.16	0.94	0.54
合计		249.67	354.51	1.42	1.40
占 GDP 比重		6.06%	8.60%	—	—

表 7.5　2012 年重庆城镇居民信息消费对三次产业的诱发分析

部门	信息消费细项	城镇居民信息消费支出/亿元	信息消费诱发增加值/亿元	信息消费诱发系数	消费诱发系数
第一产业	—	0	4.10	0.01	0.22
第二产业	通信工具 文教娱乐用品 教材	96.15	126.56	—	—
第三产业	通信服务 教育费用 文化娱乐服务	311.79	359.70	0.88	0.55
合计		407.94	490.36	1.20	1.18
占 GDP 比重		3.58%	4.30%	—	—

整体来看，城镇居民信息消费对三次产业的诱发增加值在上升，说明信息消费对产业结构的诱发增加值在不断增大。横向来看，城镇居民信息消费对第三产业的诱发增加值大于第二产业，第二产业的诱发增加值大于第一产业，说明发展居民信息消费对实现产业优化升级具有积极作用。此外，对比这两年信息消费对产业结构的诱发系数不难发现，2012 年重庆市城镇居民信息消费对三次产业的诱发系数和总诱发系数低于 2007 年，说明信息消费对产业结构的拉动效率在逐步下降，信息消费的产业拉动作用存在瓶颈效应。

4. 基于 42 部门的整体影响分析

根据投入产出理论和公式，本书计算并比较了 2007 年和 2012 年重庆市城镇居民信息消费对 42 生产部门的生产诱发增加值和生产诱发系数，结果见附录 H 和附录 I。由于所涉部门较多，故按照诱发系数大小排序，将影响较大的前 15 个产业部门结果进行展示。2007 年和 2012 年重庆市城镇居民信息消费的总量为 249.66 亿元和 407.94 亿元，其中城镇居民信息消费影响最大的 5 个产业部门为与城镇居民信息消费最直接相关的产业部门。根据重庆市战略性新兴产业的发展目标和敖永春 2016 年关于重庆市战略性新兴产业与传统产业部门对应的对照关系(附录 J)，其中 4 个产业部门为重庆市致力发展的战略性新兴产业。

总体来说，2007 年和 2012 年受信息消费影响效果最高的产业中，无第一产业；第二产业中有 6 个产业部门，且 5 个部门与现代高新技术产业相关；诱发效果最明显的为第三产业，有 9 个产业部门。可见，信息消费对第三产业和第二产业中的战略性新兴产业具有推动作用，促进信息消费有利于提升产业结构转型升级。

5. 基于战略性新兴产业的影响分析

1)信息消费对战略新兴产业和第三产业的整体影响

为更好地探究发展城镇居民信息消费对产业结构优化升级的作用，本章根据附录 K 和附录 L 的结果，结合敖永春和金霞的前期研究[①]，对信息消费产生影响的重庆市所有战略性新兴产业与第三产业的诱发系数和诱发增加值进行了统计，并与居民消费进行比较。结果见表 7.6。

表 7.6 2007 年和 2012 年重庆城镇居民信息消费对战略性新兴产业的诱发影响

项目	2007 年		2012 年	
	居民信息消费	居民消费	居民信息消费	居民消费
消费额/亿元	249.6648	14085816.49	407.9444	32632800.00
各部门诱发增加值合计 *W*/亿元	354.6120	19736546.85	490.3642	38608452.00
战略性新兴产业诱发增加值合计 WE/亿元	109.7647	5540291.976	160.8844	8707278.100
第三产业诱发增加值 WS/亿元	235.2560	7553330.76	359.6964	17966270.00
WE/W	30.95%	28.07%	32.81%	22.55%
WS/W	66.34%	38.27%	73.35%	46.53%
战略性新兴产业诱发系数合计 CE	0.4396	0.3933	0.3944	0.2668
第三产业诱发增加系数合计 CS	0.9423	0.5362	0.8817	0.5506

① 敖永春，金霞.区域战略性新兴产业选择基准和方法研究——以重庆市工业行业为例[J].科技管理研究，2012，32(17)：121-124.

从表 7.6 可以看出，2012 年重庆市城镇居民信息消费对战略性新兴产业的诱发增加值要高于 2007 年$\left(WE_{IC}^{2012}=160.8844>WE_{IC}^{2007}=109.7647\right)$，且 2012 年城镇居民信息消费对第三产业的拉动作用高于 2007 年$\left(WS_{IC}^{2012}=359.6964>WS_{IC}^{2007}=235.2560\right)$，说明增加城镇居民信息消费支出，对重庆市战略性新兴产业和第三产业的发展有重要的推动作用；随着信息消费支出的扩大，信息消费对重庆市战略性新兴产业的拉动作用将增加，但也存在瓶颈效应。

2）信息消费各细项对战略新兴产业的诱发系数影响

根据投入产出理论和公式计算出2007年和2012年重庆市城镇居民信息消费各细项诱发系数，由于涉及部门较多，本章仅对各细项对战略性新兴产业的计算结果进行分析，结果见表 7.7。

表 7.7　重庆市城镇居民信息消费结构变动对战略性新兴产业的影响

年份	项目	通信工具	通信服务	文化用品和教材	教育	文化娱乐服务
2007 年	诱发增加值/亿元	1.4184	78.4892	8.4264	10.9507	10.4800
	诱发系数	0.1053	1.1557	0.1686	0.1465	0.2407
2012 年	诱发增加值/亿元	9.1285	137.4033	7.9700	0.9333	5.4493
	诱发系数	0.6776	2.0232	0.1595	0.0125	0.1251
2012 年较 2007 年诱发系数比		0.57	0.87	−0.01	−0.13	−0.12

由表 7.7 可知，2007 年重庆市城镇居民信息消费的各细项对战略性新兴产业的诱发增加值最大的为通信服务，达到了 78.4892 亿元，诱发系数为 1.1557；2012 年重庆市城镇居民信息消费对战略性新兴产业的诱发增加值和系数最大的也为通信服务，达到了 137.4033 亿元，诱发系数为 2.0232，较 2007 年有显著提升。

为更深入地研究重庆市城镇居民信息消费各细项对战略性新兴产业的影响，研究还引用了郑丽此前关于信息消费的研究①，并使用诱发效率进行分析，结果见表 7.8。

表 7.8　城镇居民信息消费各细项对战略性新兴产业的诱发效率对比

	通信工具	通信服务	文化用品和教材	教育	文化娱乐服务
2007 年	0.0854	1.1469	0.1468	0.1400	0.2213
2012 年	0.3426	1.3740	0.1147	0.0126	0.5176
2012 年比 2007 年提高比例/%	301.2	19.8	−21.9	−91.0	133.8

由表 7.8 可知，2007 年和 2012 年重庆市城镇居民信息消费细项对战略性新兴产业诱发效率最高的为通信服务，其次为文化娱乐服务，与前文研究结果相同。可见，信息消费

① 郑丽.我国居民信息消费及对经济增长和产业结构影响研究[D].北京：北京邮电大学，2014.

对重庆市产业结构转型升级的积极推动作用显著，特别是信息消费结构中的通信服务、文化娱乐服务。

三、新兴信息消费推进重庆市产业结构转型升级应用

（一）加快完善网络基础，蓄积互联网通道经济势能

构建立足内陆、辐射全国、面向国际的基础网络和信息数据通道，以信息流带动人才流、资金流、技术流和物流等互联网经济关键资源的优化配置和整合，为国内外经贸往来、产业对接、技术交流、创新合作等做好支撑服务，带动区域网络基础设施建设协调发展、优势互补，蓄积互联网通道经济势能。

1. 建设国际信息出口通道

提升重庆到上海、广州等国际专用数据通道能力，依托“渝新欧”铁路、“一带一路”、“中新（重庆）战略性互联互通示范项目”等对外合作平台，打通重庆直达欧洲、新加坡、东亚等国际数据通道。调整优化国际通信传输架构，建设快捷、安全、低成本的国际、信息数据出口。

2. 建设国家通信信息枢纽

扩容升级重庆全市通信骨干网，构建高速、移动、安全、融合的新一代通信信息基础设施。巩固重庆与国内主要城市之间的电路建设，提高数据集散能力。加快建设政府、大型企业数据中心，争取国家级数据容灾备份中心落户重庆；支持多模式建设离岸数据中心，提升数据处理能力（图 7.10）。

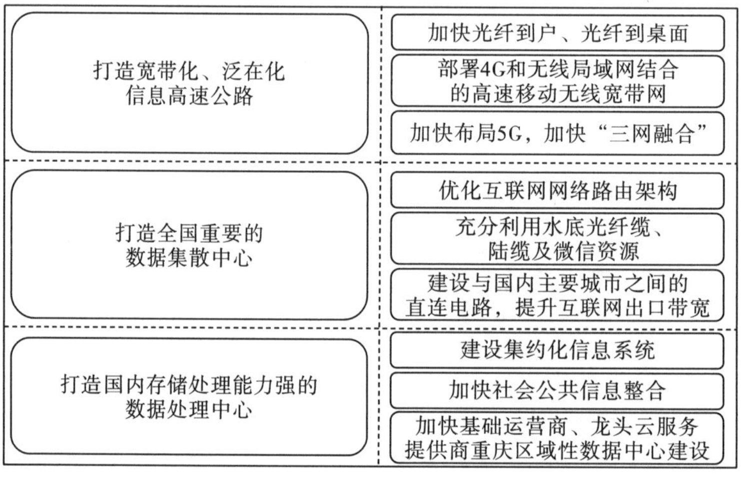

图 7.10　建设国家通信信息枢纽实施框架

(二)持续发展创新创业，培育互联网新生经济动能

在新一轮科技革命和产业变革中，充分发挥互联网的平台性、共享性，打破传统行业分类，培育融合、跨界的新经济形态具有广阔前景和无限潜力，已成为不可阻挡的时代潮流。重庆加快互联网在各领域的融合，叠加形成经济新业态、新模式、新产业，培育互联网新生经济动能。

1. 催生互联网经济新业态

依托重庆区位和资源优势，加快扶持 GIS、虚拟现实、人工智能等新技术推广，以创新思维改造传统互联网业务形态，着力催生数字传媒、互动娱乐、体验式消费等互联网新业态，带动一批特色鲜明、市场潜力大、创新能力强的龙头企业及相关企业集聚，孕育互联网经济新动力(图 7.11)。

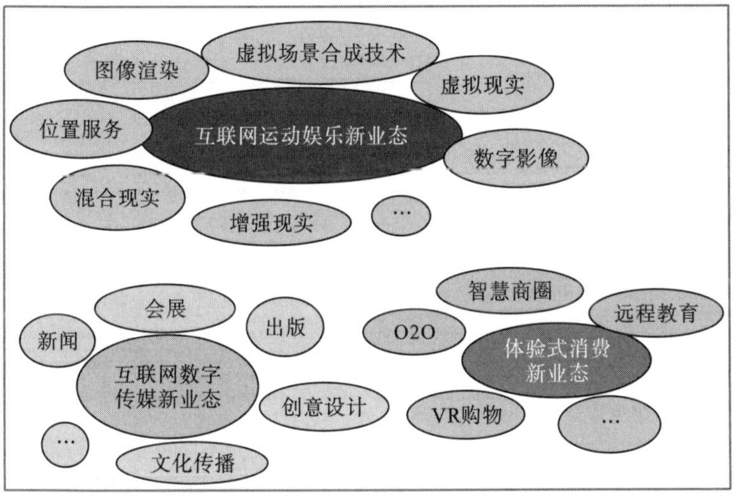

图 7.11　互联网经济新业态

2. 发展互联网经济新模式

聚焦创新要素，重点打造和发展在线交易、创新创业、位置应用三大新模式，优化公共资源配置，激发创新创业活力，构建互联网经济新体系，创造新的经济增长点(图 7.12)。

3. 壮大互联网经济新产业

发挥信息技术在供给侧变革和资源优化配置的渗透效用，积极发展互联网金融、特色电子商务、云计算大数据三大产业，将其做大做强，引领互联网经济飞跃式发展(图 7.13)。

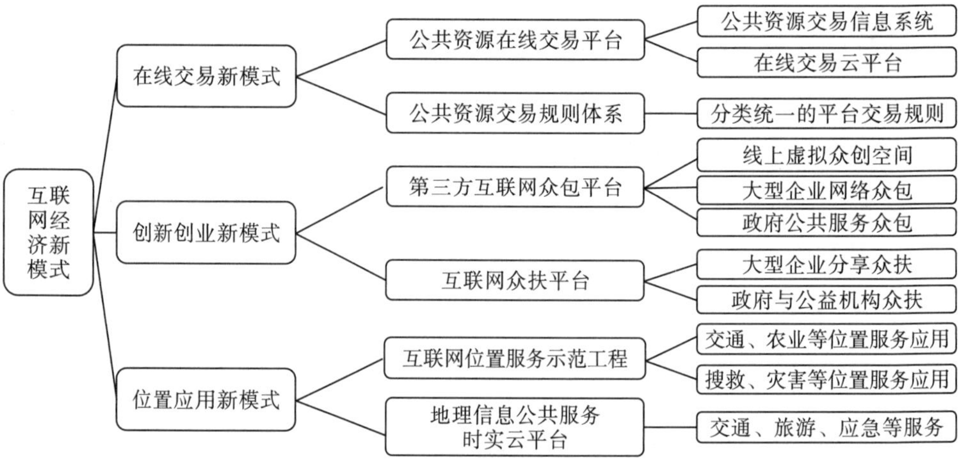

图 7.12 互联网经济新模式

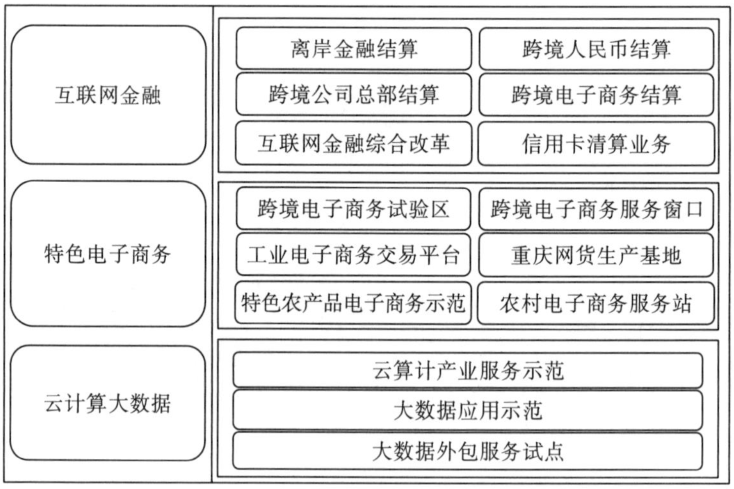

图 7.13 互联网经济新产业

(三)科学推进产业融合，提升互联网服务经济效能

1. 加速传统工业提档升级

紧跟世界科技和产业革命的新方向，贯彻落实《中国制造 2025》，以集群化、网络化、数字化、智能化、定制化、平台化、绿色化为发展方向，依托重庆两江新区、特色工业园区、国家级开发区，加快实施智能化绿色化制造，扶持新技术产业，转型工业生产模式，加速传统工业生产提档升级(图 7.14)。

2. 促进传统农业提效升级

利用互联网技术加快重庆农业发展方式转型的步伐，促进农业现代化和信息技术融合发展。重点围绕农业生产智能化标准化改造、农产品质量安全溯源体系建设、农业综合信息服务平台搭建三个方面，提高农业精准化生产水平，增强农产品质量安全保障，服务重庆现代特色农业发展(图 7.15)。

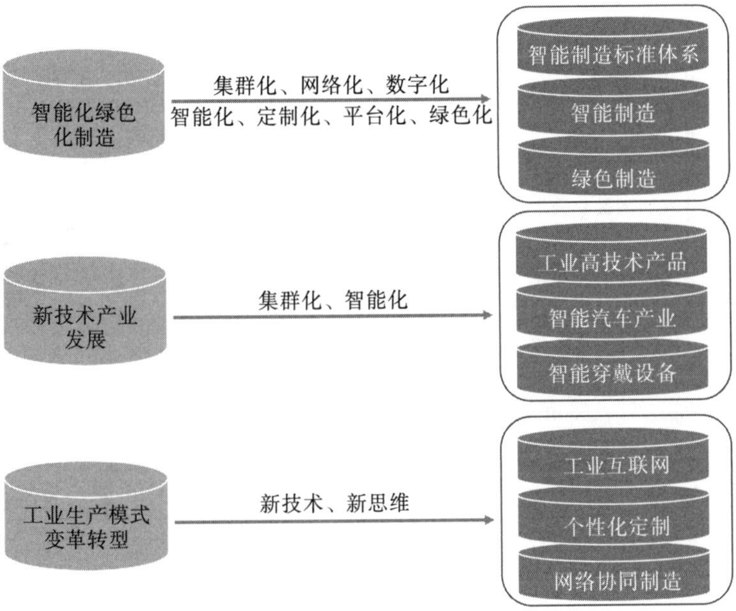

图 7.14　互联网服务传统工业发展

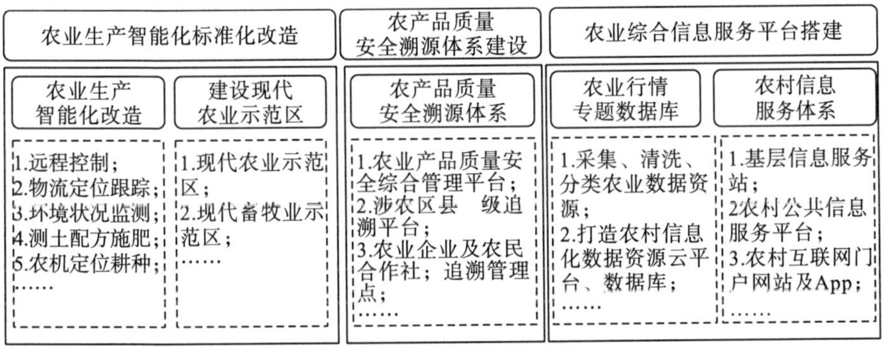

图 7.15　互联网服务传统农业发展

3. 加快传统服务业提质升级

遵循消费结构升级特点，加快服务业与互联网融合，推动传统服务业向精细化、高品质的现代服务业转变。围绕互联网与健康服务、特色旅游、智慧物流、教育等方面，推动传统服务业提质升级，助推实体经济快速、持续发展，形成卓越领先的现代服务业发展格局。

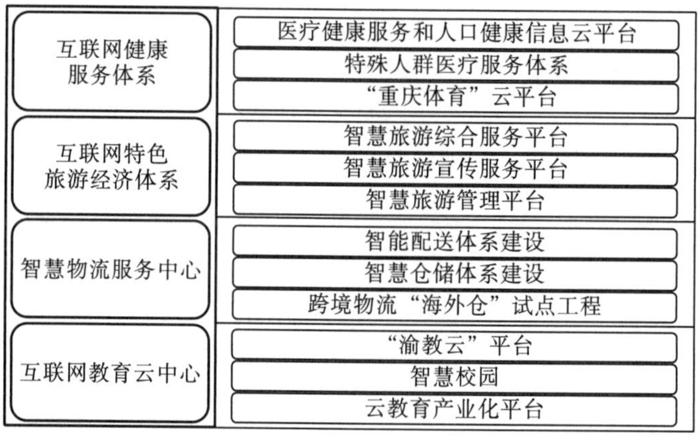

图 7.16 互联网服务传统服务业发展

伴随着一系列关于“发展互联网+政府政策”的颁发，重庆市急需发挥互联网的渗透性，推进信息消费产业与互联网深度融合，重构传统产业组织、生产、经营模式，提高资源配置效率，降低生产经营成本，助推供给侧与需求侧精准对接，促进工业提档升级、农业提效升级、服务业提质升级。

为了加速实现产业结构转型升级，重庆市应大力发展通信产业、文化娱乐服务业等信息消费产业，在这个过程中，互联网“扮演”了十分重要的角色。也就是说，互联网有助于推进重庆市产业结构转型升级。

第二节 新兴信息消费农村信息环境优化——以垫江县为例

一、课题研究的背景

2015 年，国家部署了“互联网+”战略，重新定义了我国信息化建设和发展思路，未来信息化对经济发展的驱动将成为我国经济发展和转型的新常态。深入推进农村信息化，有助于妥善解决我国农村目前广泛存在的“三农问题”。相较其他省市而言，重庆市的区域构成更加独特，包括主城区、农村以及各个民族区，城乡不平衡问题严重制约了重庆市的全面发展。

2015 年 6 月 12 日，重庆市人民政府结合重庆市实际情况，制定发布《重庆市探索信息化助推农业农村发展机制改革实施方案》（渝府发〔2015〕39 号）文件，该文件指出将信息化建设作为重庆市新农村发展和城镇化的核心保障，旨在通过加强重庆市农村地区的信息化建设力度来创新新农村发展模式，完善新农村政策体制，进而提高新农村的整体信息化水平。

垫江县作为重庆市农业农村占比较大的县域，急需运用农村信息化建设的牵引作用，促进其经济结构调整和发展方式转变，推进全县经济与社会的全面建设。垫江县委县政府一直积极探索如何通过信息化建设缩小城乡差距，促进农业农村经济社会全面发展。为此，垫江县经济和信息化委员会委托重庆邮电大学对该县农业农村信息化建设开展了深入的研究。

二、农村信息环境的资源配置与区域治理

（一）信息技术对宏观经济增长的作用机制

1. 经济增长理论

根据经济形态梯级划分如下：①农业经济时代，农民的农耕劳作是增加社会生产的主要内容，存在生产效率较低、产品质量不高以及劳动力投入较大等缺点[①]。②工业经济时代，促进经济社会发展的动力不再是传统的人力，机械、能源和电力等逐渐取代了人力的主要地位，人类改造自然的能力大大提高[②]。③信息经济时代，社会经济主要依赖于新兴技术的发展以及生产关系的改变，各类信息对经济增长具有较大的促进作用[③]。

1983 年，罗默提出了新经济增长理论，率先将技术进步视为衡量一个国家或地区经济增长能力的重要因素[④]，提出了生产函数 $Y = K^{\alpha}(AL)^{1-\alpha}$（图 7.17），其中 K 为资本，L 为劳动力，A 为创新存量，且 $A \in (0,1)$，Y 为产出。

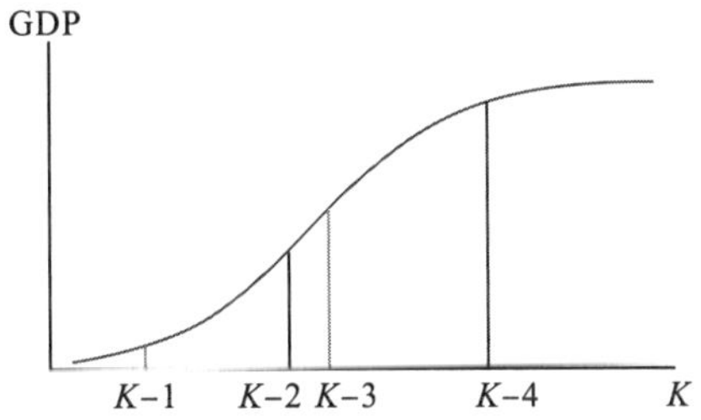

图 7.17　资本投入与经济增长

2. 信息资源的供给与经济增长

索洛同样将技术进步因子引入经济增长模型，并认为若将市场资本总量和劳动力的占比调节至一个合理水平即能促进社会就业均衡[⑤]，如图 7.18 所示。若资本比劳动力增长更快，资本价格就高于劳动价格，反之亦然。由于企业家十分重视价格，因此可从领

① 张连城，郎丽华.中国经济走势与宏观经济政策取向[J].经济理论与经济管理，2012(05)：5-11.
② 金格马.信息经济学[M].太原：山西经济出版社，1999.
③ 西蒙·库兹涅茨.各国的经济增长[M].北京：商务印书馆，1999.
④ 阿罗肯尼思·J. 阿罗，何宝玉.信息经济学[M].北京：北京经济学院出版社，1989.
⑤ 罗伯特·M. 索洛.经济增长因素分析[M].北京：商务印书馆，1991.

先的技术角度去改变要素投入的结构。由此，索洛认为技术进步是经济系统增长的重要内生变量①。进而推断，强化信息化建设是促进一个国家或地区信息产业发展的基本条件之一②。

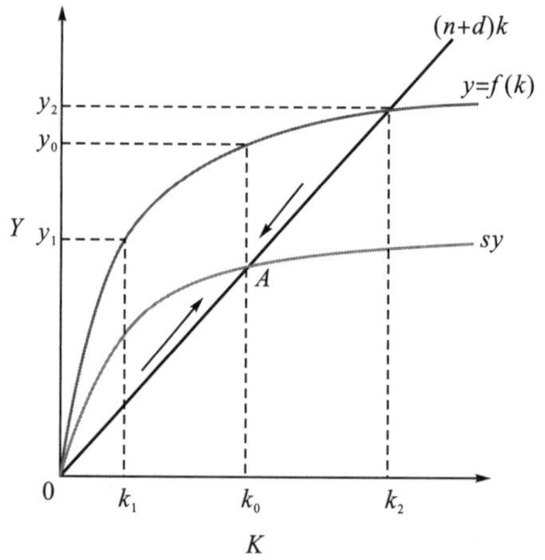

图 7.18 索洛经济增长模型

为厘清要素投入与产出的关系，研究引入了柯布-道格拉斯函数，该函数的要素投入包括资本、劳动力和技术三方面，且认为一个国家或地区的工业水平取决于以上三要素的投入大小。在信息经济时代，信息化水平也逐步发展成为反映一个国家或地区经济增长和社会发展的核心指标③。在工业化水平较低的农村，信息化带动工业化相关政策的制定和实施对农村经济发展的推动作用尤为突出④。为测度农村信息化水平对经济增长的贡献大小，本研究通过对信息化和经济增长水平评价指标的筛选，以某省为案例研究对象，采用计量经济学中的回归分析深度剖析了农村信息化与经济增长之间的关系。

（二）模型构建与变量选取

1. 模型构建

柯布-道格拉斯生产函数形式为$Y = AK_t^{\alpha}L_t^{\beta}$，其中 Y、A、L_t、K_t 四个变量分别表示总产出、技术、劳动和资本。本章将柯布-道格拉斯函数应用于信息化水平与经济增长内在影响关系的研究之中，生产函数为

$$Y = AK_t^{\alpha}L_t^{\beta}I_t^{\gamma} \tag{7.12}$$

式中，Y 表示某省每年的农村农林牧渔总值替代产出；A 表示某省除去农村信息技术以外

① 乌家培.信息与经济[M].北京：清华大学出版社，1993.
② 张有国，高洪深.区域开放度与经济增长的实证分析[J].北方工业大学学报，2001(01)：75-79.
③ 薛玮炜.基于标签本体的虚拟社区信息交互活动研究——以人际关系网络为视角[J].情报杂志，2015(10)：170-174
④ 郑晔，钟昌标.信息网络对区域经济发展影响的机制分析[J].数字经济技术经济研究，2002(12)：85-88.

的其他技术进步因素；K_t表示某省每年农村全社会固定资产投资代替资本；L_t表示某省每年农林牧渔从业人数代替劳动力；I_t表示某省每年的农村信息化的六个供给要素代替信息技术发展因素；α 表示资本的产出弹性系数；β 表示劳动的产出弹性系数；γ 表示农村信息化供给要素的产出弹性系数。

为消除时间序列和异方差的影响，研究对模型 $Y = AK_t^{\alpha} L_t^{\beta} I_t^{\gamma}$ 两边取对数，得到

$$\ln Y_t = \ln A + \alpha \ln K_t + \beta \ln L_t + \gamma \ln I_t \tag{7.13}$$

令 $\ln Y_t = Y_t'$ ，$\ln A = A'$，$\ln K_t = K_t'$ ，$\ln I_t = I_t'$ ，得到农村信息化供给对经济增长作用机理的回归模型：

$$Y_t' = A' + \alpha K_t' + \beta L_t' + \gamma I_t' \tag{7.14}$$

2. 变量选取

模型变量主要包括经济增长变量和农村信息化变量，其中经济增长因素主要包括技术进步 A、劳动力 L 和资本 K，农村信息化变量主要包括信息资源与技术应用、信息网络、基础设施建设指标和农村信息资源等。具体来看，各变量情况如下。

1) 总产出 Y

本书选用该省农林牧渔总产值作为总产出 Y，反映一定时期内的农业生产总规模和总成果，按农林牧渔的产品及其副产品分别乘以对应价格求和可得。对于其中部分生产周期较长或不易统计的产品产量，研究采用间接法匡算其产值。通过对某省 2003～2012 年统计年鉴的数据整理，得到该省农林牧渔总产值变化情况(图 7.19)和地区经济发展情况(图 7.20)[①]。

由图 7.20 可知，2003～2012 年，该省农林牧渔总产值一直保持上升态势，且 2010～2012 年上升尤为迅猛，整体与该省 GDP 的增长趋势一致。

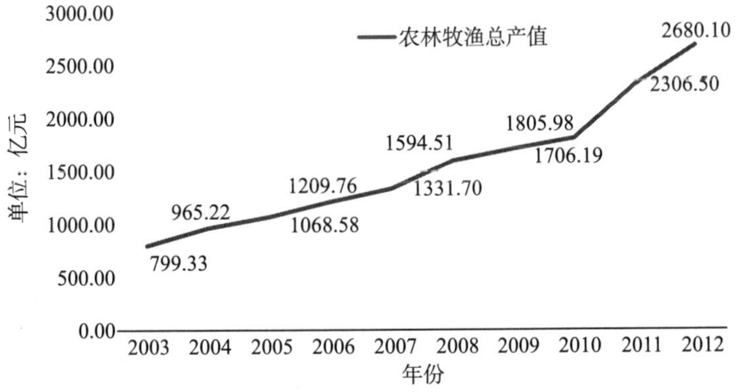

图 7.19　某省 2003～2012 年农林牧渔总产值

① 云南省统计局.云南统计年鉴：2003～2012.

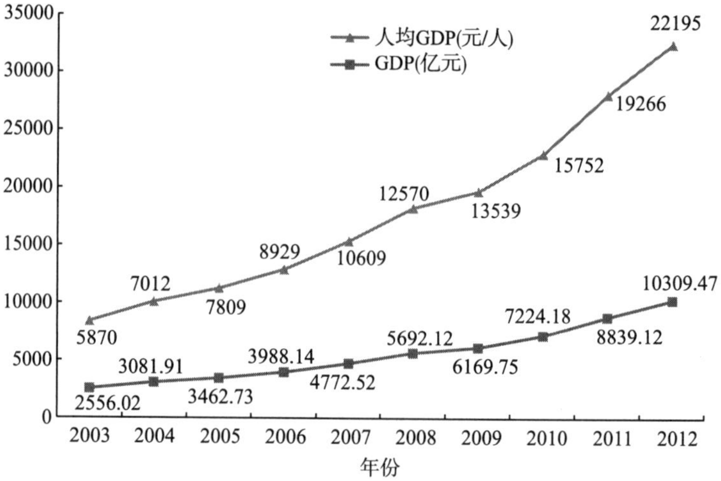

图 7.20　某省 2003～2012 年 GDP 和人均 GDP

2) 技术进步因素 A

本书中的技术进步因素指除去信息化因素以外的技术进步。根据柯布-道格拉斯函数的基本内涵，技术进步是一个常量，旨在衡量给定的技术水平下生产总值随其他变量的变化程度。同时，由于本书主要考虑信息化供给对经济增长的作用，故将其他技术进步因素视为常量。

3) 劳动力 L

由于本书选用农林牧渔总产值替代产出，因此对应地选用农林牧渔从业人数来替代劳动力。通过对某省 2000～2013 年统计年鉴中相关数据的整理，得出该省农林牧渔从业人数变动情况如图 7.21 所示。

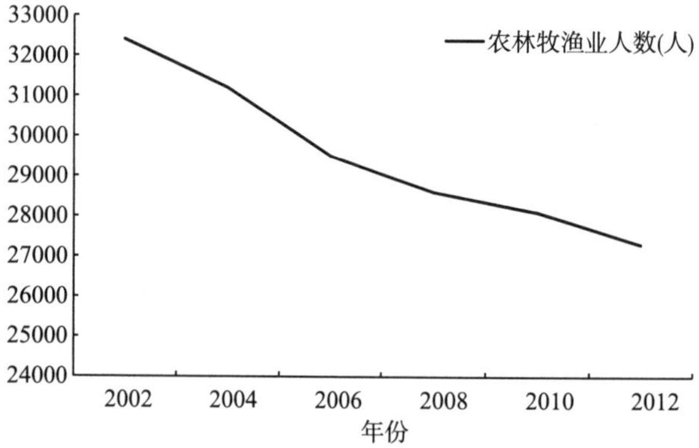

图 7.21　某省 2003～2012 年农林牧渔从业人数

结合图 7.19 和图 7.21，发现 2003～2012 年该省农林牧渔从业人数呈下降趋势，但该时期农村经济却增长明显。根据古典经济增长理论，说明该时间段内该省技术进步和资本给经济发展带来了显著正向影响。

4)资本 K

按照研究主题，本书选取每年的农村全社会固定资产投资代替资本。通过对统计年鉴中相关数据的整理，得出 2003～2012 年该省农村社会固定资产投入变动情况如图 7.22 所示。

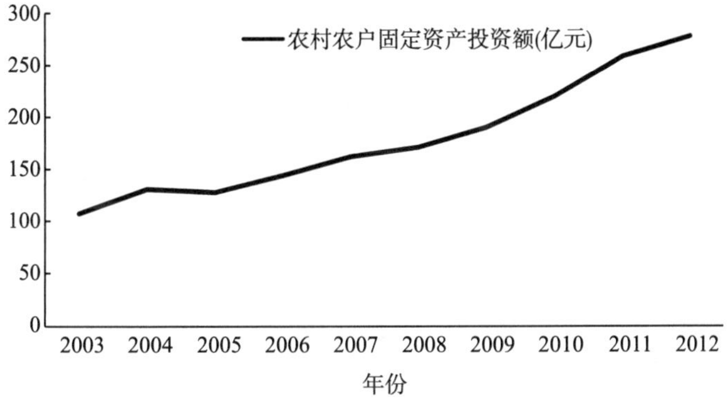

图 7.22　某省 2003～2012 年农村全社会固定资产投资

由图 7.22 可知，2003～2012 年该省农村全社会固定资产投资总额呈现逐年上升的趋势，与 GDP 增长同步，说明该省农村全社会固定资产投资对经济增长促进作用显著。

5)农村信息化供给 I 的指标选取

本书参考前人研究成果[①]，及该省发展情况，选定 22 个二级指标分别对应农村信息资源、农村信息化基础设施、农村信息技术应用、农村信息产业、农村信息化人才和农村信息化政策共 6 个一级指标，具体指标见表 7.9。

表 7.9　农村信息化供给指标

一级指标	二级指标
农村信息资源	农村广播节目覆盖率/%
	农村电视节目覆盖率/%
	公共图书馆总藏量/万册
	有线广播传输干线网络总长/万千里
农村信息化基础设施	移动电话交换机容量/万户
	固定长途电话交换机容量
	长途光缆线路长度/万公里
	农村宽带接入用户/万户
农村信息技术应用	互联网上网人数/万人
	移动电话普及率/(部/百人)

① 马崇明.我国现代化进程测度指标体系的构建[J].统计与决策，2002(04)：13-14.

续表

一级指标	二级指标
农村信息技术应用	农村电话年末用户数/万户
	用于农业信息技术研发的科研经费比重
	邮政业务总量/亿元
农村信息产业	电信业务总量/亿元
	信息产业基础设施建设投资占全部基础设施建设投资比重/%
	邮政业就业人员数/人
农村信息化人才	电信和其他信息传输服务业就业人员数/人
	公有经济企事业单位农业技术人员/人
	农村信息员(专兼职)数量/人
农村信息化政策	电信业完成固定资产投资/亿元
	开通互联网宽带业务的行政村比重/%
	已通邮的行政村比重/%

3. 农村信息化供给对经济增长的作用机制分析

为厘清农村信息化供给对区域经济发展的推动作用机制，本书认为有必要剖析二者在统计学上的相互关系，故对农村信息化供给与GDP的关系进行了统计分析，结果如图7.23所示。

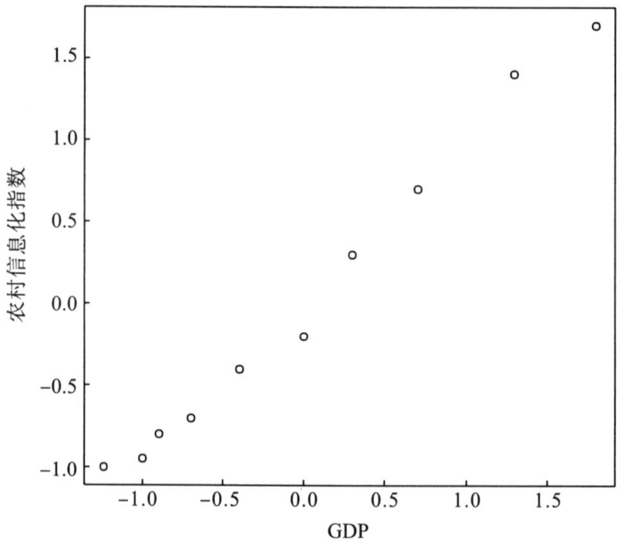

图7.23　标准化后农村信息化供给与GDP两者关系的散点图

由图7.23可知，该省的GDP增长同信息化发展水平具有一定相关性，可以做下一步线性回归分析。结合前文提出的农村信息化供给经济效应模型[式(7.14)]，下面对农村信息化对经济增长的作用机制做进一步分析。

1)描述性统计分析

为消除非平稳时间序列的影响①，研究先对数据进行了偏相关分析②。2003～2012 年，总产值 *Y*、农村全社会固定资产投资 *K* 和农村信息化指数 *I* 均保持上升趋势，农林牧渔从业人数 *L* 却呈逐年缓慢下降趋势。为保证回归结果的可靠性，研究先用 SPSS17.0 对数据进行了标准化，见附录 M，然后再对数据进行偏相关分析，结果如表 7.10 所示。

表 7.10　模型自变量指标的偏相关分析

控制变量			Y	A	B	C	D	E	F
L & K	Y	相关系数	1.00	0.32	−0.22	0.18	0.83	−0.05	0.04
		双尾显著性	—	0.44	0.60	0.67	0.01	0.91	0.92
		自由度	0.00	6.00	6.00	6.00	6.00	6.00	6.00
	A	相关系数	0.32	1.00	−0.22	−0.10	0.59	−0.37	−0.06
		双尾显著性	0.44	—	0.61	0.81	0.13	0.38	0.90
		自由度	6.00	0.00	6.00	6.00	6.00	6.00	6.00
	B	相关系数	−0.22	−0.22	1.00	0.88	−0.63	0.90	0.77
		双尾显著性	0.60	0.61	—	0.00	0.09	0.00	0.02
		自由度	6.00	6.00	0.00	6.00	6.00	6.00	6.00
	C	相关系数	0.18	−0.10	0.88	1.00	−0.28	0.93	0.85
		双尾显著性	0.67	0.81	0.00	—	0.50	0.00	0.01
		自由度	6.00	6.00	6.00	0.00	6.00	6.00	6.00
	D	相关系数	0.83	0.59	−0.63	−0.28	1.00	−0.54	−0.36
		双尾显著性	0.01	0.13	0.09	0.50	—	0.17	0.38
		自由度	6.00	6.00	6.00	6.00	0.00	6.00	6.00
	E	相关系数	−0.05	−0.37	0.90	0.93	−0.54	1.00	0.89
		双尾显著性	0.91	0.38	0.00	0.00	0.17	—	0.00
		自由度	6.00	6.00	6.00	6.00	6.00	0.00	6.00
	F	相关系数	0.04	−0.06	0.77	0.85	−0.36	0.89	1.00
		双尾显著性	0.92	0.90	0.02	0.01	0.38	0.00	—
		自由度	6.00	6.00	6.00	6.00	6.00	6.00	0.00

注：Y 为农林牧渔总产出；L 为农林牧渔从业人数；K 为农村社会固定投资；A 为农村信息化资源；B 为农村信息化基础设施；C 为农村信息化技术应用；D 为农村信息产业；E 为农村信息化人才；F 为农村信息化政策。

由表 7.10 可知，农林牧渔总产出 Y 和农村信息产业 D 发展紧密相关，且农村信息化基础设施 B 和农村信息化技术应用 C、农村信息产业 D、农村信息化人才 E 及农村信息

① Kan I，Kimhi A，Lerman Z.Farm outputnon-farm income and commercialization in rural Georgia[J].Discussion Papers，2006，3：276-286.

② 简单相关分析计算两个变量间的相关系数，分析两个变量间线性关系的程度。但常由于第三个变量的作用，使相关系数不能真正反映两个变量真实线性程度。

化政策 F 也密切相关，均通过了 10%以下的显著性水平。可见，农村信息化供给要素自相关性较高。为消除各自变量和因变量之间的自相关影响，研究采用逐步回归进行分析，以测得更精确的农村信息化供给对经济增长的贡献系数。

2）逐步回归

多元逐步回归（multiple stepwise regression）分析[①]，集聚了顺向（forward selection）和反向（backward selection）剔除法的优点。在建立多元回归方程的过程中，按照偏相关系数的大小依次将自变量逐个引入方程，并对引入方程中的每个自变量偏相关系数进行统计检验，效应显著的自变量留在回归方程中，不断循环。若效应不显著，则停止引入新变量。由于新变量的引入，原已引入方程中的自变量因变量之间的相互作用效应变得不再显著者，将经统计检验确认后从方程中剔除，只保留显著的自变量，以得到最优回归方程[②]。

表 7.11 逐步回归变量的指标解释

模型	输入的变量	删除的变量	方法
1	FDAKCLBEa	.	进入
2	.	A	向后标准：F-to-remove 的概率>=.100.

a.要求输入所有变量
b.因变量 e：Y

由 7.11 可知，运用逐步回归对六个自变量指标进行分析后，可将自变量农村信息化资源 A 剔除[③]。

表 7.12 逐步回归变量指标的方差分析

模型		平方和	自由度	均方	*F*	Sig
1	回归	9.00	8.00	1.13	42047.70	0.004a
	残差	0.00	1.00	0.00		
	总和	9.00	9.00			
2	回归	9.00	7.00	1.29	7507.87	0.000b
	残差	0.00	2.00	0.00		
	总和	9.00	9.00			

a.预测变量：常量 FDAKCLBE
b.预测变量：常量 FDKCLBE
c.因变量：Y

① 何晓群.回归分析与经济数据建模[M].北京：中国人民大学出版社，1997.
② Deininger K，Squire L.New ways of looking at old issues:inequality and growth[J].Journal of Development Economics，1998，57(2)：259-287.
③ 通过逐步回归法可以看出，影响农村信息化对经济增长的相关分析的因素在于自变量 A 与农村信息化其他的供给要素变量 B、C、D、E、F 存在一定的偏相关。因此剔除了指标 A，即农村信息化资源。

由表 7.12 可知：①回归方程通过显著性检验；②没有剔除自变量 A 的模型 1，相伴概率 Sig=0.004<0.05，剔除自变量农村信息资源 A 的模型 2，相伴概率 Sig=0.000<0.05，说明剔除自变量 A 后，自变量与因变量之间线性关系更显著；③剔除自变量 A 后回归方程 2 的方差 F=7507.87，小于没有剔除自变量 A 的模型 1，可见模型 2 的拟合度更好。

表 7.13 剔除指标 A 后的 t 检验和 Sig 值

模型		Beta In	t	Sig	偏相关系数	多重共线性
2	A	−0.139a	−3.44	0.18	−0.96	0.00

a.预测变量：常量 FDKCLBE
b.因变量：Y

表 7.14 逐步归回分析的估计结果

模型		非标准化系数		标准化系数	t	Sig
		B	标准误差	Beta		
1	常量	0.00	0.00		0.00	1.00
	L	0.26	0.06	0.26	4.50	0.14
	K	0.19	0.04	0.19	4.18	0.15
	A	−0.14	0.04	−0.14	−3.44	0.18
	B	1.11	0.07	1.11	16.64	0.04
	C	−1.51	0.10	−1.51	−15.84	0.04
	D	0.86	0.02	0.86	42.86	0.02
	E	1.44	0.09	1.44	15.32	0.04
	F	−0.53	0.07	−0.53	−7.27	0.09
2	常量	0.00	0.00		0.00	1.00
	L	0.41	0.10	0.41	4.00	0.06
	K	0.31	0.06	0.31	5.20	0.04
	B	1.09	0.17	1.09	6.48	0.02
	C	−1.67	0.21	−1.67	−7.86	0.02
	D	0.87	0.05	0.87	17.21	0.00
	E	1.69	0.15	1.69	11.18	0.01
	F	−0.72	0.11	−0.72	−6.38	0.02

a.因变量：Y
Y 为农林牧渔总产出；L 为农林牧渔从业人数；K 为农村社会固定投资；A 为农村信息化资源；B 为农村信息化基础设施；C 为农村信息化技术应用；D 为农村信息产业；E 为农村信息化人才；F 为农村信息化政策。

由表 7.14 可知，剔除自变量 A 后，其他自变量均通过 10%的显著性水平检验。且各自变量指标对因变量农林牧渔产值的影响分别为 E(1.688)、B(1.091)和 D(0.870)、L(0.409)、K(0.314)，其他两个自变量指标 C 和 F 对经济增长无明显作用。

3)分析结果的经济效应解释

通过对文本构建的农村信息化供给效应模型的实证分析，得出

$$\begin{aligned}\ln Y &= 5.042E-6+0.314\ln K+0.409\ln L+1.091\ln B \\ &\quad -1.688\ln C+0.87\ln D+1.688\ln E-0.724\ln F\end{aligned} \tag{7.15}$$

通过对数变换得出

$$\ln Y = 5.042E-6+0.314\ln K+0.409\ln L+1.257\ln I \tag{7.16}$$

即 α=0.314，β=0.409，γ=1.257。从经济增长理论和柯布-道格拉斯函数的角度来看，可得到如下经济效应分析。

(1)从资本投入对经济增长的作用机制来看，其回归系数为 0.314，即固定资本投入对农林牧渔的贡献率为 0.314，该省农村社会固定资本投入每增长 1%，将推动经济增长 0.314%。可见，目前该省资本投入贡献率相对较低，管理者应进行充分调研，调整资本投入模式和领域。

(2)从劳动力投入对经济增长的作用机制来看，该省 2003～2012 年农林牧渔就业人数呈缓慢下降趋势，但其对经济增长的系数却为 0.409，可见劳动力投入对该省有积极促进作用，管理者应注意加强人才培育，避免区域内因人才流失而抑制经济发展。

(3)从农村信息化投入对经济增长的作用机制来看，各要素供给的总系数为 1.257，即农村信息化的投入每增长 1%，将推动经济增长 1.257%，促进作用明显。可见，管理者应加强农村信息需求分析，联合企业、高校加强农村信息资源投入和信息应用教育。

(4)在比较劳动力、资本和农村信息化三个弹性系数后发现 $\alpha+\beta<\gamma$，说明农村信息化要素供给对经济增长的弹性远远超过劳动力和资本的供给弹性，说明该省信息化建设和经济发展还有巨大空间，管理者应加大农村信息化供给力度。

(5)在比较信息化供给各因素对经济增长的弹性系数后发现，弹性系数大小排序为农村信息化人才>农村信息化基础设施建设>农村信息产业。可见，管理者在未来农村信息化资源配置过程中，应尤其注重农村信息化人才的培养和信息化基础设施的建设投入力度。

基于上述分析，为有快速促进该省经济发展，本书提出以下建议。

第一，注重农村信息化硬实力提升。ICT(information and communication technology，信息和通信技术)技术的应用已经融入居民生活的各方面，通信消费成了农村居民的必要支出之一。由上文分析可知，信息基础设施建设对信息化水平加强具有显著促进作用，且鉴于该地区信息基础设施建设尚未完善，由此地方政府及企业应加强宽带建设，推动互联网普及率提升，促进地区信息化水平提高。

第二，注重农村信息化软实力提升。目前我国农村信息化建设工作中仍然存在不少困难，农村信息资源共享不畅、信息资源利用率较低、专业信息化人才缺乏等问题层出不穷，严重制约了农村地区信息化的发展。由此，电信运营商和相关部门应加强信息技术应用和产品服务开发，强化农村信息化技术应用。

第三，注重农村居民信息化需求提升。农村信息化建设的根本目的是满足农村居民日益增长的信息需求，而增加农村居民收入和提高农村居民生活水平是强化农村居民信息消费意识的基本条件，因此，必须同步推进农村居民信息技术应用和经济发展，以提升居民信息消费能力和意愿，进而缩小城乡间广泛存在的数字鸿沟问题。

三、垫江县农业农村信息化建设规划

基于农村信息化人才培育、信息基础设施建设和信息产业发展能够有效促进农村经济增长这一基本观点，针对当前垫江县农村经济提升缓慢这一现状，研究从垫江县信息化建设的重点工程出发，为垫江县信息化建设“十三五”期间的发展提供纲领性指导和参考。

（一）重点工程

1. 电子商务进村工程

以电子商务技术为驱动，创新农村信息化机制，挖掘和打造垫江县地标农产品品牌，引导垫江县农业发展由生产导向向市场导向转变；引导垫江县工商资本下乡，探索引进第三方农商平台及扶持本土农商平台并举的垫江县互联网+农业模式。积极引入淘宝、一亩田等国内知名电（农）商平台，充分挖掘农商交易平台的服务功能，逐步开发出适合垫江县农产品触网营销的模式，借力大型农村电商平台，提高农村基层干部及农民的电商意识，加强网上开店技巧、网购操作和特色产品信息采集发布等技能培训。积极出台有关企业贷款、土地租金、培训补贴等方面的优惠政策，鼓励本土农村电商平台发展壮大，重点扶持五彩田园、沃土街以及四季鲜等本土电商平台，引导其发展壮大自身网络营销团队、研发团队、产品设计团队等，打造垫江县特色本土电商支柱企业，实现垫江县农特产品上网。以政府财政补贴方式鼓励本土农商企业长期入驻农村，以“1+n”帮扶的形式实现农特产品的网络营销及电商意识和技能培训；鼓励政府与物流企业之间的合作，保证仓储、运输工作的有效协调，解决运输中“最后一公里”的问题。

2. 商贸物流信息化提升工程

充分利用垫江县渝川东部的陆上交通枢纽、商贸物流集散地的区位优势，紧抓渝万铁路通行契机，每年选择 2～3 个具有良好经营业绩和行业示范作用的物流企业，设立专项资金，实施信息化促进商贸物流应用示范工程。充分发挥垫江县地理区位优势，推进电子商务示范园区、垫江县特色农产品冷链物流及粮油物流配送中心建设；加快面向行业的第三方物流应用和现代物流服务业发展，推动交通、邮政、快递设施一体化建设，打造渝东北地区陆上物流信息平台；加快信息化标准化建设，对接市级电子商务认证中心，实现统一监管，保障物流体系正常运营。加强农产品物流配送、市场、管理、交易等方面的信息化建设，加大网络大宗交易的频度，逐步形成较稳定的网络销售渠道，实现降本增效。

3. 生态旅游工程

积极开发垫江县特色旅游资源，充分利用信息技术，推动旅游产业转型升级，提升旅游服务水平，打造具有垫江特色的赏花休闲和特色农业旅游工程。加强垫江县五花五园旅游信息网络及基础设施建设，拓宽旅游信息宣传渠道，充分利用微信、微博、社区、团购网站等新型社会化媒体，提高垫江县旅游知名度；注重用户旅游体验，实现互联网、智能手机、电话等多方式的一站式服务。依托垫江县现代农业园区和食品加工园区两个市级农业园区，引进智能灌溉技术、智能病虫害防控技术、食品溯源技术等先进信息化技术，打造两大园区示范特色。选择特色生态农作物和绿色食品，从种植、生长到收割，从原材料选择、加工到成品过程对消费者开放，形成生态农业及无害食品的科普教育示范基地及特色农业旅游基地。

(二)保障措施

1. 加强领导，统筹协调

加强各部门之间的领导与管理，充分发挥基层干部的领导作用。突出重点，展示优势，吸引各方资源，引进相关的先进技术。同时，保证农村信息化建设人力、物力以及资金的有效供给，从县级部门逐级向乡级部门落实农村信息化建设工作。

2. 完善政策，突出重点

积极探索垫江县农村信息化建设相关农村电子商务发展政策、农业科技政策、农业补贴政策、土地流转政策和农民培训政策等的开发。深入企业及农户调研，及时发现新问题，对各方面举措进行改进并落实。完善农业农村信息化建设中的相关政策，制定工作规划和计划，下级部门及时反馈实施过程中的信息，多渠道多方式地解决当前问题。

3. 健全队伍，形成体系

依托高等院校的资源和支撑，加强对农业信息员和农户的培养，打造一支具有当地特色，业务能力强、服务水平高的农村信息员队伍。在现有技术和设施的基础上，提高信息服务水平，形成完善的信息传播、收集等服务体系。从县级向村级逐步深入对信息化基础设施的覆盖，加强宽带网络建设，打造优质的通信网络服务体系。

4. 拓展渠道，注重质量

充分发挥微信、微博等新媒体的传播能力，提高信息服务覆盖面和服务质量；充分利用移动通信设备及时为农户、企业提供有效的农业信息服务；基于已有设备和具有当地特色的信息化建设队伍，以高等院校和企业的先进理念和技术为指导，做好地方信息的采集、分析、传播及宣传等服务工作。

第三节　新兴信息消费社会环境治理——以网络信息污染为例

一、课题研究的背景

随着互联网的发展，人们的生活逐渐从实体三维空间拓展至网络空间，居民生活面临的污染也不再局限于生态污染，不良骚扰电话、垃圾信息等网络污染也日益加剧。鉴于此，国家工业和信息化部委托中国互联网协会成立了12321网络不良与垃圾信息举报受理中心(以下简称“12321举报中心”)，并以此中心为主要平台展开信息污染治理攻坚战，受理公众信息污染举报，对各类污染发展现状进行分析，并通过溯源对相关责任人进行惩处。

据12321举报中心数据显示，2015年7月～2016年6月，我国网民因为网络信息污染所遭受的经济损失高达915亿元人民币，几乎接近2015年西藏地区全年的GDP总和；所遭遇的时间损失相当于3822人的生命(按2015年世界卫生组织报告中国人均寿命75岁计算)。可见，我国新兴信息消费社会环境治理建设形势相当严峻。

基于此，重庆市通信管理局网络安全处委托重庆邮电大学向其提供互联网事件关键词分析方法研究咨询服务并对网络信息污染问题进行深入研究。

二、基于内容分析法的信息污染演变分析

(一)研究方法及样本选择

参考已有文献和事件记录的社会科学研究成果，采用科学可靠的内容分析法进行问题探究[①]。

目前，12321举报平台主要针对以下几个方面的情况进行播报：《反垃圾邮件报告》《手机短信状况报告》《网络不良与垃圾信息举报受理情况播报》《网民权益报告》。本书根据网上现有资料，对播报信息进行了整理，见表7.15。

表7.15　12321举报中心四类可获取资料的统计情况

报告类型	《反垃圾邮件报告》	《手机短信状况报告》	《网络不良与垃圾信息举报受理情况播报》	《网民权益报告》
开始时间	2005年	2009年	2008年	2014年
结束时间	2014年	2014年	2016年	2015年
更新频率/(次/年)	4	2	12	1
资料完整情况	2005～2008年无法获取	相对完整	2013年报告缺失	目前仅有两份报告

① 方付建.网络舆情研究中量化方法应用态势分析[J].情报杂志，2014，33(10)：47-51.

基于内容匹配性和丰富性，本书选择以《网络不良与垃圾信息举报受理情况播报》(以下简称《月报》)为研究的样本，并通过整理和筛选最终得到70份研究样本。然后以此为基础，对我国近年网络空间污染现状和发展进行了梳理与分析。为提高样本信息的完备性和一致性，本书对部分样本进行了合并处理，分别是2012年1月和2月、2015年3月和4月、2015年6月和7月。此外，除2013年报告缺失外，还出现了部分样本缺失，分别是2012年7月～2015年1月、2014年5月、2015年12月。

以《月报》为基础，所采集到的早期样本主要由四大部分组成，本别是受理方式、本月举报受理情况总结、本月处理情况、网络不良与垃圾信息举报受理中心举报，此类样本主要集中在2008年5月～2012年6月，样本容量为49份。2014年2月至2016年，网站调整了项目分类，基础类别包括垃圾邮件、不良网站、垃圾类短信、涉嫌违法类短信垃圾彩信、骚扰电话和手机应用安全问题App等。此外，统计数据还进行了以下改动：①合并了来自移动电话网和固定电话网的骚扰电话举报情况；②细分了不良与垃圾短信，分为垃圾类短信和涉嫌违法类短信；③新增了举报类目，如手机App安全问题举报；④取消了针对互联网恶意软件的统计。

由此，鉴于样本的差异性和相似性，研究将采集到的70份样本分为两类，其中第一类共计49份，时间跨度为2008年5月～2012年6月；第二类共计21份，时间跨度为2014年2月～2016年2月。

(二)选择分析单元和类目

为了进一步了解各类不良与垃圾信息的分布详情，研究选择以本月举报受理情况作为分析单位，并在该分析单元栏目下，选择各类污染信息来源为下一步分析类目。第一组样本分析类目情况如表7.16所示。

表7.16　第一组样本分析类目

分析单元	一级类目	二级类目
A本月举报受理情况总结	A1互联网	A11垃圾邮件举报
		A12 IP地址举报
		A13恶意软件
		A14其他：博客、论坛、即时消息等
A本月举报受理情况总结	A2移动电话网	A21不良与垃圾短信举报
		A22移动电话网骚扰电话举报
		A23其他：WAP、彩信、IVR、彩铃等
	A3固定电话网	A31固定电话网骚扰电话举报
		A32不良与垃圾传真
		A33不良声讯台

第二组样本分析类目情况如表 7.17 所示。

表 7.17　第二组样本分析类目

分析单元	分析类目
B 本月举报受理情况总结	B1 垃圾邮件举报情况
	B2 不良网站举报情况
	B3 垃圾类短信举报情况
	B4 涉嫌违法类短信举报情况
	B5 垃圾彩信举报情况
	B6 骚扰电话举报情况
	B7 手机应用安全问题 App 举报情况

为保证研究过程的可重复性，并避免给不同研究者造成歧义，研究以上述分析单元和分析类目规则为指导，对研究样本进行了梳理，并统计了各类受举报的信息污染来源数量。

(三) 结果信度分析

由于在不同时期，12321 举报中心对信息污染的划分存在差异，所以本章在进行系统研究之前，先请研究者对同一维度下的样本内容进行了梳理，并对梳理结果进行了信度分析，以确保研究的科学性和可靠性。计算公式为

$$R=\frac{nK}{1+(n-1)K} \tag{7.17}$$

式中，R 为信度；K 为参与内容整理研究人员之间的平均认同度；n 为参与内容整理的研究者人数，研究者间的平均认同度 K 由如下公式计算得出：

$$K=\frac{2M}{N_1+N_2} \tag{7.18}$$

式中，N_1、N_2 分别为参与内容整理的两个研究人员分别梳理分析的类目数；M 为两位研究人员观点一致的类目数。

当参与信息整理的人数超过两人时，整体信度可为参与者两两之间的信度均值。信度检验作为科学研究中的重要环节，一般认为信度值在 0.7 以上才可被接受[①]。在本书中，内容梳理分析人数为一人，通过前期研究分类得到两个样本集合，研究者分两次对样本集合进行梳理，时间间隔为一周，两个样本集合的分析类目分别为 18 和 17，经计算得到 $R=K=0.9444>0.7$，符合要求。

① 刘伟.内容分析法在公共管理学研究中的应用[J].中国行政管理，2014(06)：93-98.

（四）数据分析

1. 第一组样本数据分析

第一组样本根据信息污染来源进行统计，样本编号用横轴的 num 表示，举报数量用纵轴的 value 表示，最后整理结果如图 7.24。由图 7.24 可知，在第一组样本中，有关移动电话网的污染信息存在一个异常值，即达到了 40 万起不良信息举报，远远高于其他时间段内的污染信息举报数。查阅 2008 年 5 月的《月报资料》显示，2008 年“5·12”汶川大地震后，出现了许多不法分子趁机散布虚假消费，骗取钱财，导致这一异常值的出现。后经公众举报，12321 举报中心和公安机关携手打击处罚了有关不法分子，一定程度上控制了移动互联网和互联网上的污染信息情况。但在春节之前的一个月，信息污染再一次出现了峰值，又在正月出现下降。深究其原因，主要有两点：①春节期间相关的监督部门加大了监管力度；②人民大众聚焦在过节这件事情上，很大程度上降低了举报频率。此外，统计结果还显示，固定电话网上的污染信息相对较少。

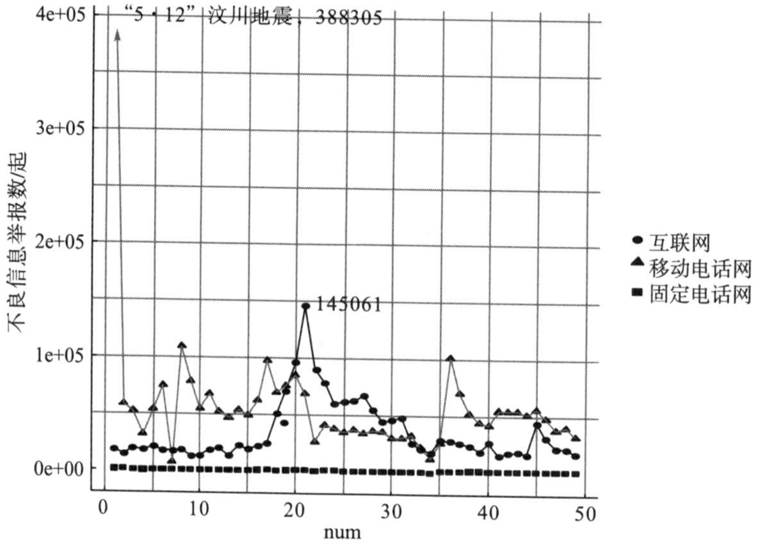

图 7.24　2008 年 5 月～2012 年 6 月不同信息污染来源统计

为判断这三种信息污染差异是否显著，研究进行了方差检验，步骤如下。

第一步：bartlett 检验。考察方差齐次性 p-value<2.2e-16，满足方差齐次性条件。

第二步：方差检验。方差检验结果为 p-value=9.43e-13，接近 0，表明这三种信息污染来源数量存在显著差异。

第三步：多重比较。多重比较结果显示 P 值均小于 0.01，说明这三种信息污染来源间均存在非常显著的差异。

第四步：计算均值。计算结果显示，这三种信息污染来源中，来自移动电话网的信息污染最多（mean=57348.2653），其次是互联网（mean=34751.8980），再次是固定电话网

(mean=967.2449)。

2. 第二组样本数据分析

从图 7.25 可知，恶意手机 App 举报数量在统计期间迅速下降。原因是在未将恶意手机 App 纳入监测范围之前，它就已经肆意横行了；将其纳入监测范围后，监管部门通过监管举措使其得到了控制。此外，还因为针对日渐严重的信息污染问题，国家相关部门和国内重要信息平台和安全引擎公司达成了监管合作，推动我国信息污染治理能力和治理水平大幅提升。另外，由于 12321 举报中心的明令要求，也促使各类应用商店对恶意 App 进行了强制下架等处理，从很大程度上有效地控制了这一类信息污染的增长。

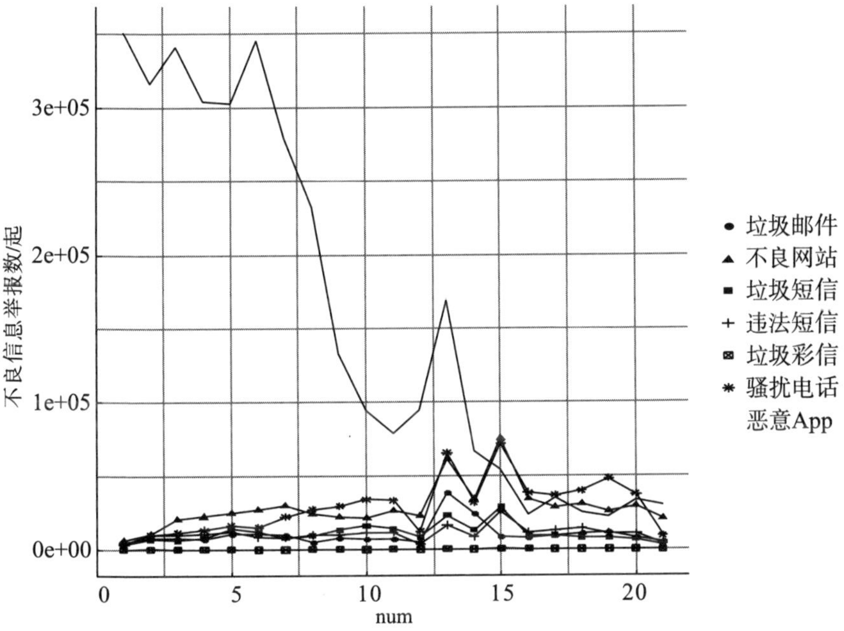

图 7.25 2014 年 2 月～2016 年 2 月不同信息污染分类统计

由图 7.25 可知，恶意 App 与其他六种污染类型的数量存在显著差异，其均值为 mean=158686.7143，远远高于其他六种污染类型。

3. 两组样本合并分析

由于两组样本在统计上存在一定差异，为加强样本之间的可比性，将第一组中来自移动电话网 A22 和固定电话网 A31 的骚扰电话进行了合并，对第二组中的垃圾短信 B3 和违法短信 B4 合并，保留两组样本中原有的相同变量恶意网站和垃圾邮件，经合并梳理后的数据如图 7.26 所示。

通过样本合并梳理研究发现，2008 年“5·12”汶川地震发生后不久，移动通信网络中以不良与垃圾信息为主的信息污染大量增加。通过方差分析发现，不良与垃圾短信的数量(mean=45901.49)显著多于其他三类信息污染。

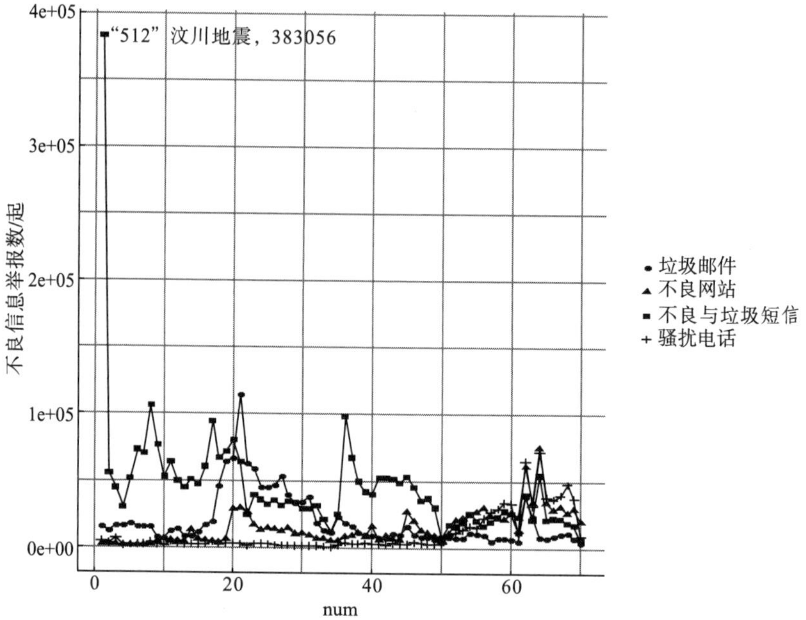

图 7.26 2008 年 5 月～2016 年 2 月信息污染源分类统计

4. 网络污染变化趋势分析

研究将两组样本进行合并后，以样本内容共有性为指导，进行比较分析。为判断在 2014 年 2 月～2016 年 2 月恶意手机 App 和不良与垃圾短信数量之间是否存在显著差异，研究做了进一步的合并：首先，将第二组的"垃圾短信 B3"与"违法短信 B4"合并，然后使之与恶意手机 AppB7 做比较。经统计检验，恶意手机 App 举报数量(mean=158686.71)明显高于不良与垃圾短信数量(mean=21733.57)，且 p-value=1.74e-05***(图 7.27)。

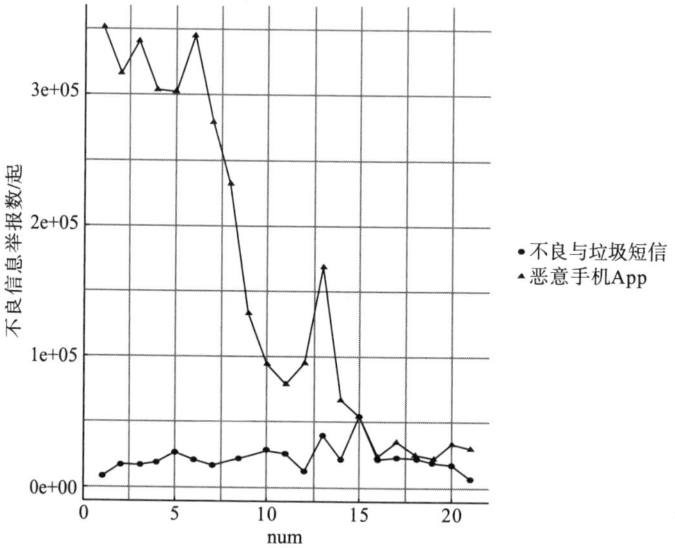

图 7.27 2014 年 2 月～2016 年 2 月恶意手机 App 和不良与垃圾短信统计

通过上述研究发现:①第一组样本统计样本中,来自移动电话网的污染信息数量最多,来自固定电话网的污染信息最少,来自互联网的居于二者之间;②第二组样本统计了七种不同类型污染信息之间的差异情况,比较分析发现,自 2014 年 2 月以来,恶意 App 造成的信息污染最为严重,且来自移动端的信息污染高于其他途径;③合并样本分析发现,研究期间恶意 App 造成的污染更甚于垃圾短信,成了新兴信息消费社会环境中最突出的网络信息污染源。

(五)网络信息污染状况评价指标选取

基于统计数据,研究构建了初始网络信息污染评价指标体系,并对其进行了补充和完善,在满足科学性和代表性的原则下,获取更为详细的网络信息统计数据,见表 7.18。

表 7.18 完善后的网络信息状况评价指标体系

目标层	控制层	指标层	指标变化说明
网络信息状况评价指标体系	互联网信息污染 B1	C1 垃圾邮件举报情况封/月	初选保留
		C2 不良网站举报情况个/月	初选保留
	电话网信息污染 B2	C3 垃圾类短信举报情况条/月	初选细分
		C4 涉嫌违法类短信举报情况条/月	初选细分
		C5 垃圾彩信举报情况条/月	新增
		C6 骚扰电话举报情况通/月	初选保留
	新媒体信息污染 B3	C7 手机应用安全问题 App 举报情况款/月	初选保留

三、网络信息污染状况的评价模型及应用

研究以网络信息状况评价指标体系为基础,进行了数据采集,包括 12321 举报中心数据和公众调查反应的主观评价信息。为避免因数据采集的片面性导致分析结果的科学性受影响,特以故障检测领域涉及的失效模型及分析方法为参考①,对研究过程中可能涉及的失效风险进行分析。

此外,由于在现实社会活动中,相比对事物进行量化评价,居民更喜欢用语言进行评判,如"好、一般、不好"等。针对人类语言的模糊性特征,学界以模糊数学研究为基础提出了相应的权重分析方法,其中徐泽水和达庆利提出了模糊语言标度的区间可能度方法②,运用该方法可以从原始数据中获取权重。由此,本书采用了这种方法并将其应用于评估矩阵是模糊语言的情形。

① 张悦,石超,方来华.基于 FMEA 和 HAZOP 的综合分析方法及应用研究[J].中国安全生产科学技术,2011(07):146-150.
② 徐泽水,达庆利.基于模糊语言评估的多属性决策方法[J].东南大学学报(自然科学版),2002(04):656-658.

（一）网络信息污染评价模型与方法

1. 基于模糊区间可能度的互补矩阵权重计算方法

定义 1： 设矩阵 $\boldsymbol{A}=(a_{ij})_{n\times n}$，若 $0\leqslant a_{ij}\leqslant 1$，称矩阵 $\boldsymbol{A}$ 是模糊矩阵。

定义 2： 设模糊矩阵 $\boldsymbol{A}=(a_{ij})_{n\times n}$，若 $a_{ij}+a_{ji}=1$，称矩阵 $\boldsymbol{A}$ 是模糊互补矩阵。

定义 3①**：** 设区间数 $a=[a^-,a^+]$，$b=[b^-,b^+]$，定义区间数的运算法则为：

(1) 区间数的加法：$a+b=[a^-+b^-,a^++b^+]$；

(2) 数与区间数的乘法：$\lambda a=[\lambda a^-,\lambda a^+]$，其中 $\lambda\geqslant 0$；

(3) 若 $a^-<b^-,a^+<b^+$，则称 $a<b$。

定义 4： 设区间数 $a=[a^-,a^+]$，$b=[b^-,b^+]$，且记 $l_a=a^+-a^-$，$l_b=b^+-b^-$，记 $a\geqslant b$ 的可能度公式为

$$p(a\geqslant b)=\max\left\{1-\max\left\{\frac{b^+-a^-}{l_a+l_b},0\right\},0\right\} \tag{7.19}$$

若 $p(a\geqslant b)$，则具有互补性，即 $0\leqslant p(a\geqslant b)\leqslant 1$，$p(a\geqslant b)+p(b\geqslant a)=1$。

2. 基于模糊区间标度可能度的互补判断矩阵权重获取方法

设被调研对象 $d_k\in D$，其中 $D=\{d_1,d_2,\cdots,d_t\}$。d_k 对污染信息类型 x_i 在属性 $G_j\in G$ ={遭遇信息污染的频率，已受到的危害程度，对信息污染的厌恶程度}下的模糊语言评估值构成矩阵为 $\boldsymbol{R}=(r_{ij})_{n\times m}$，$r_{ij}\in S$ ={非常低，有点低，一般，比较高，非常高}为模糊语言标度，与其对应的区间数表达式为：非常低=[0,0.2]，有点低=[0.2,0.4]，一般=[0.4,0.6]，有点高=[0.6,0.8]，非常高=[0.8,1]。基于模糊区间标度可能度的主观权重计算过程如下。

步骤 1： 按式(7.20)对所有调研对象给出的模糊区间矩阵进行集结，其中 r_{ij} 通过模糊语言标度进行转换，集结后模糊区间矩阵记为 $\boldsymbol{R}=(r_{ij})_{n\times m}$，其中

$$r_{ij}^*=\frac{1}{t}\sum_{k=1}^{t}r_{ij} \tag{7.20}$$

步骤 2： 对污染信息类型 x_i 的各属性值进行集结，$r_i=\sum_{j=1}^{m}r_{ij}^*$；

步骤 3： 利用式(7.19)对 $r_i,i=1,2,\cdots,n$ 进行两两比较得可能度矩阵 $\boldsymbol{P}=(p_{ij})_{n\times n}$，由定义知，可能度矩阵为互补判断矩阵，并根据式(7.21)计算排序权重②。

$$\omega_i=\frac{1}{n(n-1)}\left(\sum_{j=1}^{n}p_{ij}+\frac{n}{2}-1\right),i=1,2,\cdots,n \tag{7.21}$$

① 白先春，贺晋.一种基于模糊语言评估的多属性决策方法[J].运筹与管理，2006(02)：50-52.
② 徐泽水.模糊互补判断矩阵排序的一种算法[J].系统工程学报，2001(04)：311-314.

3. 改进的拉开档次法客观权重计算

在郭亚军提出的拉开档次法中，评价指标的权重不再体现指标间的相对重要程度，而是让各指标以同等地位参与评价过程，该方法的特点为毫无主观色彩①。但在实际研究中，各项指标重要度往往存在较大差异，不能视作等同。因此本书以初期主观权重数据为基础，对其进行加权，为进一步保证科学性，并利用拉开档次法对其进行二次加权。

计算步骤如下。

步骤 1：指标一致化和无量纲化处理。本书使用标准差标准化处理法，计算如式(7.22)所示，其中，$\bar{x}_j=\frac{1}{n}\sum_{i=1}^{n}x_{ij}$，$S_j=\frac{1}{n}\sum_{i=1}^{n}(x_{ij}-\bar{x}_j)^2,(j=1,2,\cdots,m)$ 分别为样本均值和标准差，其中

$$x_{ij}^*=\frac{x_{ij}-\bar{x}_j}{s_j},(i=1,2,\cdots,n;j=1,2,\cdots,m) \tag{7.22}$$

步骤 2：使用式(7.21)得到的各指标权重 $\omega_i,i=(1,2,\cdots,n)$ 对无量纲化后的 $(x_{ij}^*)_{n\times m}$ 进行加权②。为表达方便，称加权后的数据仍为 $A=(x_{ij})_{n\times m}$；

步骤 3：运用拉开档次法进行二次加权。首先，构造实对称矩阵，如式(7.23)所示；然后，取 ω^* 为 $\boldsymbol{H}$ 的最大特征值所对应的标准特征向量，ω^* 即为所求权重向量③。

$$\boldsymbol{H}=A^T A \tag{7.23}$$

4. TOPSIS 方法

TOPSIS 方法是多目标决策中一种常用的集结评价信息的方法。定义被评价单元 $(x_{i1},x_{i2},\cdots,x_{im})$ 与正理想单元 $(x_1^*,x_2^*,\cdots,x_m^*)$ 之间的加权欧式距离为

$$y_i^*=\sum_{j=1}^{m}\omega_j(x_{ij}-x_j^*)^2,(i=1,2,\cdots,m) \tag{7.24}$$

同理，设被评价单元 $(x_{i1},x_{i2},\cdots,x_{im})$ 与负理想单元 $(x_1^0,x_2^0,\cdots,x_m^0)$ 间的加权欧式距离为

$$y_i^0=\sum_{j=1}^{m}\omega_j(x_{ij}-x_j^0)^2,(i=1,2,\cdots,m) \tag{7.25}$$

定义贴近度指标为

$$h_i=\frac{y_i^0}{y_i^0+y_i^*} \tag{7.26}$$

贴近度 h_i 越大越好，此时被评价单元与负理想单元距离较大，而与正理想单元距离较小。

① 郭亚军.一种新的动态综合评价方法[J].管理科学学报，2002(02)：49-54.

② 王蕾，杨力.基于粗糙集和拉开档次法的煤矿本质安全管理评价模型[J].中国矿业，2015(11)：16-20.

③ 郭亚军.综合评价理论、方法及应用[M].北京：科学出版社，2007.

(二)网络信息污染状况评价方法应用

1. 公众遭遇信息污染的态度调查

研究问卷通过反复讨论和预调研，保证了问卷题目的清晰明了(问卷见附录N)。整个问卷共包括三部分：①基本信息，包括性别、年龄、职业、周上网时长、手机系统类型；②主体部分，共21个题项；③开放式问题部分，共1个题项。问卷选择进行线上线下同步发放，线上以问卷星平台为大本营，线下以重庆市解放碑商圈为根据地，发放周期为一个月。在专家指导下，共发放问卷438份，收回有效问卷417份，有效率为95.2%，其中男性为189名，占比45.3%，女性为228名，占比54.7%。具体统计信息如图7.28～图7.31所示。

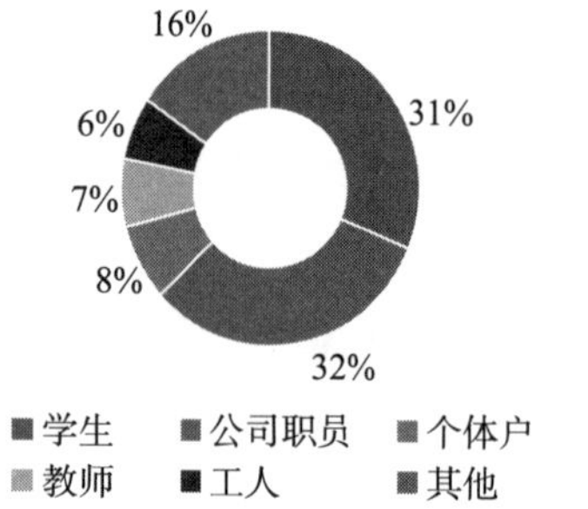

图 7.28 调研对象职业分布

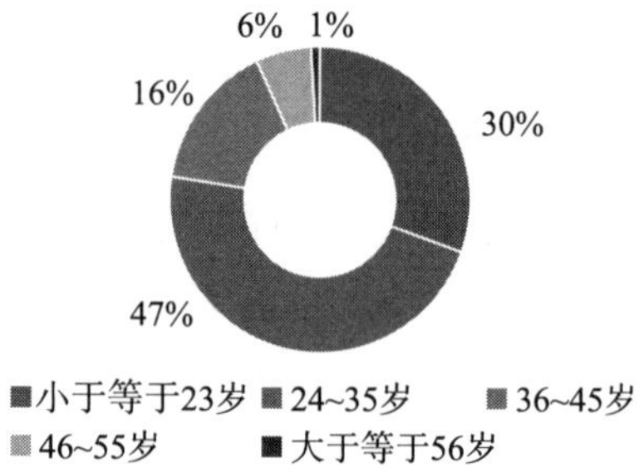

图 7.29 调研对象年龄公布

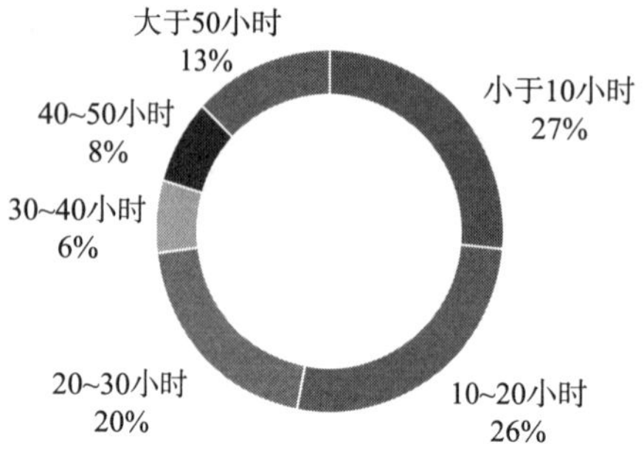

图 7.30 周上网时长

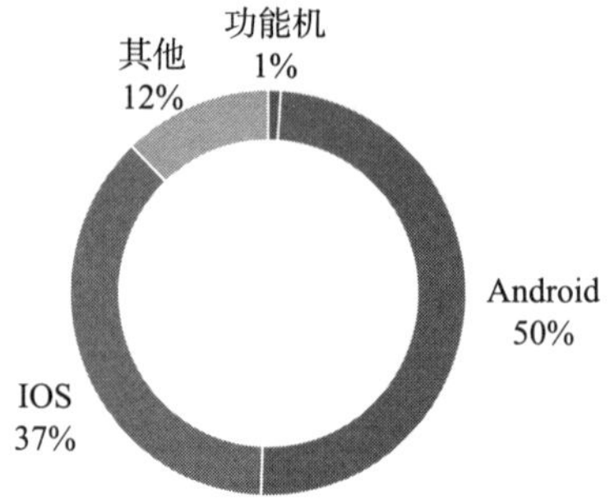

图 7.31 手机系统类型

其中，在线问卷结果由问卷星自动统计，无缺失数据；线下问卷数据由两名研究员使用EpiData3.1软件背对背录入，此部分问卷存在部分缺失数据但小于5%，故在SPSS中采用了最大期望值法(Expectation Maximization，EM)进行了补齐。

2. 问卷信度和效度分析

1)信度

经SPSS计算分析，417份问卷的信度水平大于0.7，满足探索性研究的要求。各题项的信度系数如表7.19所示。

表 7.19　问卷信度系数

问卷题项	测量题项	删除后 alpha	alpha
问卷整体信度			0.925
信息污染的遭遇频率	Q1	0.827	0.839
	Q2	0.812	
	Q3	0.814	
	Q4	0.804	
	Q5	0.818	
	Q6	0.825	
	Q7	0.819	
信息污染的危害程度	Q1	0.892	0.908
	Q2	0.889	
	Q3	0.892	
	Q4	0.887	
	Q5	0.894	
	Q6	0.907	
	Q7	0.897	
信息污染的厌恶程度	Q1	0.894	0.911
	Q2	0.891	
	Q3	0.899	
	Q4	0.895	
	Q5	0.896	
	Q6	0.909	
	Q7	0.896	

2) 效度

常见的问卷效度类型分为内容效度和结构效度，其中问卷的内容效度由 5 名专家讨论通过；关于结构效度部分，由于本问卷主要用于测量用户对不同类型信息污染的认知态度，结构效度不适于此研究目的，故不需做结构效度检验。

3. 权重计算与分析比较

从 12321 举报中心获取的 2014 年 2 月～2016 年 10 月各类污染信息统计数据整理如表 7.20 所示，研究分别对其计算了三种权重。

表 7.20　2012 年 2 月～2016 年 10 月 12321 举报中心垃圾信息举报统计

时间段	B1	B2	B3	B4	B5	B6	B7
201402	4875	6278	3713	4154	369	3647	351311
201403	8229	10953	7156	9914	628	10387	316318
201404	7801	20891	6303	9972	462	11640	341323
201406	7559	22532	8208	10504	403	13546	303995

续表

时间段	B1	B2	B3	B4	B5	B6	B7
201407	11151	25058	14219	11919	317	16431	302723
201408	10563	27236	12035	8761	170	15241	345079
201409	9879	30238	8242	8280	181	22476	279247
201410	5010	24075	9655	10061	279	27433	232123
201411	7976	22349	13440	10183	372	29614	132777
201412	7369	21473	16157	11682	188	34068	94489
201501	6946	26409	14059	11743	230	33290	78826
201502	5384	23152	8475	3677	94	12409	94930
20150304	38528	61558	23074	16477	442	65574	169243
201505	24101	34035	13090	8317	166	31882	66762
20150607	8550	75541	28490	25993	577	72162	54143
201508	7902	34035	9648	11644	233	38411	23728
201509	9438	28407	9455	13026	137	36694	35001
201510	10775	30927	7923	14262	163	39777	24737
201511	11667	25989	7703	11090	158	47914	22294
201601	7746	29152	6717	10523	161	37255	33332
201602	4890	20430	2945	3516	62	9149	30040
20160506	17415	54164	10906	18662	463	69900	90240
201607	6121	30529	8770	13512	221	33957	140221
201608	8123	31151	7989	12162	201	41729	145697
201609	8616	20193	7475	11741	126	41709	64626
201610	5639	22050	7618	8058	189	18766	75094

注：B1 代表垃圾邮件(封/月)，B2 代表不良网站(个/月)，B3 代表垃圾短信(条/月)，B4 代表违法短信(条/月)，B5 代表垃圾彩信(条/月)，B6 代表骚扰电话(起/月)，B7 代表恶意 App(款/月)。

1)客观权重的计算

将数据按照式(7.22)进行了标准化处理，然后运用式(7.23)构造了实对称矩阵 $\boldsymbol{H}$ 见表 7.21，通过求实对称矩阵 $\boldsymbol{H}$ 最大特征值对应的向量得到了客观权重，见表 7.22 中第 2 列。可见，在 7 类染污信息中，“垃圾彩信”权重最大约为 0.964，“骚扰电话”权重最小约为 0.001，这与公众对各类污染信息的反感程度呈反比——对越讨厌的污染分配越小的权重，使其得分越低。

表 7.21　由统计数据计算所得实对称矩阵

	B1	B2	B3	B4	B5	B6	B7
B1	5.38E-07	1.48E-07	3.43E-07	2.75E-07	5.23E-06	1.06E-07	−1.8E-09
B2	1.48E-07	1.28E-07	2.63E-07	3.35E-07	3.94E-06	8.56E-08	−5.3E-09
B3	3.43E-07	2.63E-07	8.86E-07	7.77E-07	1.32E-05	1.67E-07	−5.2E-09
B4	2.75E-07	3.35E-07	7.77E-07	1.28E-06	1.92E-05	2.71E-07	−1.3E-08

续表

	B1	B2	B3	B4	B5	B6	B7
B5	5.23E-06	3.94E-06	1.32E-05	1.92E-05	0.001192	1.8E-06	7.02E-07
B6	1.06E-07	8.56E-08	1.67E-07	2.71E-07	1.8E-06	7.94E-08	−6.9E-09
B7	−1.8E-09	−5.3E-09	−5.2E-09	−1.3E-08	7.02E-07	−6.9E-09	1.95E-09

表 7.22　三种权重分配结果对比分析

污染信息类型	客观权重	权重排名	公众主观权重 ω	权重排名	综合权重 ω^*	权重排名
垃圾邮件	0.0042361	4	0.1501296	4	0.0040680	4
不良网站	0.0031945	5	0.1480478	5	0.0025696	5
垃圾短信	0.0107019	3	0.112668	6	0.0112028	3
违法短信	0.0155342	2	0.1532088	2	0.0153359	2
垃圾彩信	0.9643056	1	0.1741326	1	0.9642245	1
骚扰电话	0.0014601	6	0.1092466	7	0.0020407	6
恶意 App	0.0005675	7	0.1525665	3	0.0005585	7

客观权重在“垃圾彩信”这类污染信息上赋值较大，而在“恶意 App”上的赋值较小。这是由于这两类污染信息的举报数量与其他类型的污染信息存在数量级上的差异，为使各指标地位均等地参与评价，拉开档次法对举报数量最多的“恶意 App”分配了较小的权重，而对举报数量最少的“垃圾彩信”分配了较大的权重。

2）公众主观权重的计算

对问卷信息集结后计算出了可能度矩阵 $\boldsymbol{P}$ 见表 7.23。再由式(7.21)计算出公众主观权 ω，见表 7.22 中第 4 列。

表 7.23　公众问卷信息模糊区间标度可能度矩阵

	V1	V2	V3	V4	V5	V6	V7
1	0.5	0.51247	0.7247	0.481564	0.356085	0.745207	0.485416
2	0.48753	0.5	0.712145	0.469091	0.343652	0.732648	0.472942
3	0.2753	0.287855	0.5	0.256691	0.131082	0.520588	0.260542
4	0.518437	0.53091	0.743309	0.5	0.374436	0.763825	0.503856
5	0.643915	0.656348	0.868918	0.625565	0.5	0.889399	0.629424
6	0.254794	0.267352	0.479412	0.236175	0.110601	0.5	0.240025
7	0.514584	0.527058	0.739458	0.496144	0.370576	0.759975	0.5

3）综合权重的计算

将公众主观权重 ω 与标准化矩阵 $\boldsymbol{A}$ 加权后，再利用拉开档次法二次加权，得到综合权重，见表 7.21 中第 6 列。与传统拉开档次法相比，基于统计数据计算的客观权重得到了修正，使得公众最讨厌的“骚扰电话”和“垃圾短信”权重略有增加，公众诟病较少的污染信息类型的权重略有降低(表 7.24)。

表 7.24 公众主观权重加权处理后的统计数据

时间段	B1	B2	B3	B4	B5	B6	B7
201402	-1.6E-05	-1.2E-05	-3.6E-05	-5.1E-05	0.0007	-1.5E-05	1.72E-06
201403	-5.7E-06	-1.4E-05	-0.00002	-6.9E-06	0.00247	-7E-06	1.93E-06
201404	-5.3E-06	-6.2E-06	-1.6E-05	-8.9E-06	0.00131	-9.2E-06	2.52E-06
201406	-8E-06	-4.9E-06	-1.2E-05	-5.5E-06	0.000693	-8.2E-06	1.28E-06
201407	3.83E-06	-2.3E-06	1.89E-05	4.16E-06	0.000338	-6.7E-06	1.77E-06
201408	1.08E-06	-1.5E-06	7.66E-06	-1.8E-05	-0.00079	-5.5E-06	2.22E-06
201409	-6.6E-07	9.06E-07	-8.7E-06	-2.1E-05	-0.00044	-4.2E-06	1.46E-06
201410	-1.6E-05	-2.8E-06	-4.5E-06	-7.9E-06	7.05E-05	-2.1E-06	7.1E-07
201411	-6.5E-06	-5.2E-06	1.73E-05	-5.4E-06	0.00071	-5.8E-07	-1.8E-07
201412	-6.3E-06	-5.7E-06	0.000021	4.04E-06	-0.00055	1.27E-06	-7E-07
201501	-1E-05	-2E-06	1.84E-05	5.11E-06	-0.0002	8.9E-07	-5.7E-07
201502	-1.7E-05	-3.4E-06	-1.1E-05	-4E-05	-0.00123	-8.6E-06	-6.1E-07
20150304	6.43E-05	2.45E-05	6.34E-05	4.01E-05	0.00138	1.18E-05	2.39E-07
201505	4.42E-05	4.17E-06	9.88E-06	-2.1E-05	-0.00052	2.5E-07	-9E-07
20150607	-4.8E-06	0.000025	9.39E-05	0.000108	0.00216	2.17E-05	-7.9E-07
201508	-6.7E-06	3.65E-06	-5.2E-06	2.76E-06	-0.00025	2.36E-06	-1.4E-06
201509	-1.5E-06	-5.8E-07	-4E-06	1.42E-05	-0.0009	2.49E-06	-1.5E-06
201510	2.18E-06	1.27E-06	-1.4E-05	2.67E-05	-0.00055	3.86E-06	-1E-06
201511	5.69E-06	-1.8E-06	-1.4E-05	-3.1E-07	-0.00078	7.49E-06	-1.4E-06
201601	-5.3E-06	-2.5E-08	-1.9E-05	-4.7E-06	-0.00086	2.03E-06	-1.3E-06
201602	-1.6E-05	-7.5E-06	-2.9E-05	-5.7E-05	-0.00104	-1E-05	-1.3E-06
20160506	2.28E-05	1.35E-05	2.03E-06	5.49E-05	0.00136	2.05E-05	-4.9E-07
201607	-1.2E-05	1.01E-06	-1E-05	1.31E-05	-0.00033	8.7E-07	-8.9E-08
201608	-4.6E-06	1.46E-06	-9.4E-06	7.67E-06	-0.00046	4.83E-06	-3E-08
201609	-4.7E-06	-6.6E-06	-1.6E-05	5.1E-06	-0.00074	4.75E-06	-6.8E-07
201610	-1.6E-05	-4E-06	-1.5E-05	-1.7E-05	-0.00056	-5.7E-06	-8.3E-07

基于统计数据研究还发现，多数类别的信息污染计算权重得分相近，仅“垃圾短信”和“恶意 App”权重得分差异较大。由此可知，社会公众对权重得分相近的信息污染感知与 12321 举报中心数据反馈结果较为一致。对于权重得分差异较大的“垃圾短信”和“恶意 App”，可能是由于中心统计数据不完善或存在统计遗漏。通过访谈得知，造成此种现象的部分原因在于公众接收到垃圾信息后多习惯于删除信息而非举报信息。且大量被调查者的手机上虽安装了具备拦截功能的手机卫士，但当垃圾短信被拦截时，公众由于担心可能有短信被误操作或错误识别，而仍选择进行查看，查看后同样多倾向于选择删除垃圾短信且非举报。“恶意 App”权重分配差异较大的原因在于公众的直观感受和统计数据之间的差异。由于目前各类手机应用商店都和 12321 举报中心有合作，所以用户在下载 App

之前，大量恶意 App 已被过滤掉了，所以出现公众对此类信息污染感知较少，但 12321 举报中心的统计数据却较大。因此，研究对 7 类污染信息的权重分配是合理的。

4) 评价信息集结

由于参与评价的指标均为负向指标，即指标值越小越好。故设置正理想系统为个指标标准化后的最小值，设置负理想系统为各指标标准化后的最大值。研究最后采用 TOPSIS 方法集结评价信息，并将其放大 100 倍，使得分在[0，100]区间内。得分越高表示网络信息污染越少，反之，表示网络信息污染越严重。运用改进后的拉开档次法计算的最终结果与运用传统拉开档次法计算的客观权重对比见表 7.25。

表 7.25　改进后的拉开档次法与传统拉开档次法的评价结果比较

时间段	得分	时间段	得分	时间段	得分	时间段	得分
201601	98.80	201608	80.18	201601	95.70	201608	75.07
201408	98.22	201409	80.15	201408	94.73	201409	75.04
201610	80.77	201404	80.05	201610	75.62	201404	74.94
201402	80.75	201505	80.02	201403	75.60	201505	74.92
201403	80.73	201407	80.01	201402	75.59	201407	74.91
201502	80.67	201501	79.98	201502	75.56	201501	74.89
201607	80.58	201609	79.95	201607	75.44	201609	74.84
201602	80.46	201511	79.91	201602	75.32	201511	74.83
201508	80.38	201411	79.49	201508	75.25	201411	74.43
201406	80.34	20160506	79.37	201406	75.20	20160506	74.33
201410	80.26	20150607	79.31	201410	75.15	20150607	74.27
201509	80.22	201510	79.11	201509	75.11	201510	74.08
201412	80.20	20150304	14.84	201412	75.09	20150304	19.33

注：左侧为改进后的，右侧为传统的。

表 7.25 左侧是改进后的拉开档次法所得出结果。结果显示，研究期间我国信息污染状况得分多在 80 分左右，可见我国新兴信息消费环境治理情况并不容乐观。其中，2016 年上半年整体情况得分较高，网络空间环境相对较好；2015 年 3 月和 4 月整体得分最低，网络空间环境污染最为严重，且其原因多在于此时间段内信息污染较集中，而非时间跨度长。因为 2016 年 5 月和 6 月和 2015 年 6 月和 7 月时间跨度同样是两个月，得分却与平均水平相差不大。

表 7.25 右侧是传统拉开档次法所得出的结果。对比可以发现，改进后的方法得出的结果评分区间由[19，96]扩大到[15，99]。虽然整体排名差异不大，但其中 2014 年 2 月和 2014 年 3 月的信息污染状况排名顺序却刚好发生了调换。改进后的方法相当于对被评价单元作了极化处理，使得好的更好，差的越差，得分能够更明显地反映各时间段内信息污染状况，同时具备更好的区分能力。

综上，目前我国新兴信息消费环境治理仍有较大提升空间，针对垃圾短信、恶意 App 等信息污染的统计与监管均需进一步强化。

本 章 小 结

本章结合重庆市现状，围绕新兴信息消费社会环境、供给环境和需求环境三方面，就产业结构调整、农村信息化、信息污染治理进行了分析，得到以下结论。

(1)研究梳理了重庆市城镇居民信息消费与产业结构之间的初步关系，并通过协整分析和投入产出比分析得到城镇居民信息消费与产业结构升级之间的关联关系，指出新兴信息消费在重庆市产业结构转型升级中的积极作用。同时，课题组结合重庆建设互联网经济高地的现实情况，提出通过发展通道经济、新生经济和服务经济来加速全市产业结构调整。

(2)研究剖析了垫江县农村信息消费的发展背景，并从理论层面指出农村信息消费的供给侧资源配置与区域治理的方向，从应用层面为垫江县信息消费增长提出发展建议。同时，课题组结合垫江县农业农村信息化建设实际，提出通过加强领导、完善政策、健全队伍、拓展渠道来保障农村信息消费发展。

(3)研究分析了网络信息污染现状，并运用内容分析法和拉开档次法对新兴信息消费社会环境中的信息污染演变进行了梳理和评价，发现来自移动电话网的不良信息、垃圾信息和恶意 App 已成为新兴信息消费环境中最为突出的网络信息污染问题，提出政府应加强网络污染监管与统计。

第八章　新兴信息消费的环境治理政策建议

本章基于新兴信息消费的环境评估的结果，按照党的十九大关于信息通信行业的重要论述，以深化供给侧结构性改革、优化数字经济发展环境为目标[①]，针对新兴信息消费的社会环境、供给环境和需求环境中亟待治理的关键问题，从如何要求政府、如何鼓励企业、如何引导消费者视角提出系列政策建议，放大治理措施的应用效率，为新兴信息消费的环境治理措施的实施提供保障。

第一节　加强政府管控，改善新兴信息消费社会环境

一、加快新一代信息基础设施建设，加快信息技术推广

（一）完善基础网络设施建设

1. 加速完善新一代高速光纤网络

持续推进互联网骨干网和城域网结构优化和关键环节扩容，积极构建高速传送、灵活调度和智能适配的骨干传输网络，加快试点布局面向 IPv6 演进的下一代互联网，着力增强网络集散能力、业务承载能力等。继续推进 FTTN（fiber to the node，光纤到节点）、FTTC（fiber to the curb，光纤到路边）、FTTH（fiber to the home，光纤到家）、FTTB（fiber to the building，光纤到楼）等工程建设，构建全程全网的高速光纤布局。继续推进双向化的有线电视网络改造，重点推广农村地区的推广实施，进一步提升三网融合程度。

2. 加快建设先进移动宽带网

加快推进移动宽带普及，推广基于场景和热点区域的 4G-LTE 部署，探索并试点布局 5G 网络建设，提升移动互联网在数据服务水平、数据传输速度等方面的体验，继续扩展 4G 网络在农村地区的覆盖[②]。深入推进移动通信网络基站、铁塔等基础设施共建共享。

---

① 资料来源：中国信息通信研究院，《十九大报告有关信息通信业的重要表述》。

② 资料来源：《工业和信息化部关于印发信息通信行业发展规划（2016—2020 年）的通知》。

3. 积极构建全球化网络设施

以亚投行、一带一路等开放政策为依托，着力优化国际宽带出口通道，优化出入口布局，拓宽出入口带宽。探索跨境陆缆和海缆建设运营模式，增加国际宽带出口直连国家和地区。

（二）加快信息应用设施建设

1. 统筹部署高水平应用基础设施

加大超大型/大型云计算数据中心的部署，加快推广重点行业、企业云计算平台建设，鼓励各类布局分散、规模小的信息平台向统一的云平台迁移，鼓励企业通过运用云计算和大数据手段，改进网络管理框架、优化业务经营模式、创新企业管理机制，提升企业信息化应用能力。

2. 加快新一代信息终端推广应用

引导新兴信息技术产业的终端制造企业加速在智能手机、IPTV、智能穿戴设备等第一节加强政府管控，改善新兴信息消费社会环境。

二、完善新兴信息消费政策引导，提升宏观政策效率

（一）加强顶层设计规划

1. 加强组织领导

加快建立由国家和地方行业管理部门联合推进体系，建立跨地区、跨部门的联动机制，统筹推进新兴信息消费的环境治理工作。设立促进新兴信息消费工作领导小组，统筹管理新兴信息消费的环境治理具体事务；设立新兴信息消费发展专家委员会，为云计算、大数据等新兴信息消费发展与应用提供决策支持。

2. 强化政策扶持

制定并完善促进新兴信息消费的若干政策意见，明确鼓励新兴信息消费供给和需求发展的相关政策，在财政扶持、金融支持、用地保障、电力供给等方面加大扶持力度。落实国家、地方、行业层面相关政策，把云计算、大数据等新一代信息技术领域的发展作为重要突破口，鼓励政府部门购买信息服务、以租代建，对购买新兴信息服务与产品的企事业单位给予一定补贴，提升新兴信息消费潜力。

（二）加大产业扶持力度

1. 健全投融资机制

从各级信息产业发展专项资金中划拨部分，设立新兴信息消费领域相关产业和企业发展的引导基金，探索利用各类社会资本构建产业投资资金。加大新兴信息消费领域相关产

业的政策扶持力度，完善基金支持、资金申报、投资吸引等领域扶持政策，拓宽信息产业企业融资渠道。

2. 着力市场应用培育

加快新兴信息消费市场的培育，以政府购买为引导，鼓励重点行业和领域的企事业单位、社会组织等机构积极购买新兴信息产品与服务，持续培育和壮大新兴信息消费市场。组织以行业主管部门牵头，归集整理国内外新兴信息消费市场培育的成功案例，及时总结相关经验并向各领域推广应用。

3. 支持和保护技术创新

以政策引导、市场化机制运作的模式集聚创新资源，引进国外知名的新一代信息技术研发、生产和应用服务企业来华建设研发中心和工程研究中心，鼓励和支持国内大型企业、机构与国外大型企业或机构合作，组建新一代信息技术的专业研究院/实验中心，针对新一代信息技术的重要领域加速技术、产品、服务等研发。政府层面引导设立各类技术联盟、应用联盟，汇聚国内外政产学研用各界资源，加强技术交流合作，为积极推进国内外技术交流合作的企业提供财税金融、人才引进等方面的优惠政策。

4. 人才政策

加快创新并完善人才的相关政策体系，构建以企业为主体、政产学研一体化的人才战略联盟。优化人才培养、创业、科研、流动等领域优惠政策，加快培养专业化的素质人才，加速高端人才向创新创业核心区集聚，鼓励中高层次人才向基层岗位流动。落实中高层次人才引进政策，给予引进的中高层次人才在编制、岗位、社保、购房、配偶择业、子女入学等领域的优惠政策。

三、健全新兴信息消费法律保障，形成长效拉动机制

（一）完善网络基础设施相关立法

1. 尽快出台网络安全法

《中华人民共和国网络安全法》是网络安全管理、网络主体权利保护等方面的基础性法律，应确立保障网络安全的基本原则、战略规划等顶层制度设计，加速完善网络基础设施、运行维护等领域的网络安全法律法规体系。

2. 适时出台统一的信息通信法

加快制定统一的信息通信法，整合当前落后的《广播电视管理条例》《中华人民共和国电信条例》等法律法规，以统一的法律体系对广播电视、基础电信等领域进行规范，对信息通信领域的互联互通、资源配置、共享交换等关键点进行约束。

（二）加快重点信息服务管理立法

1. 推进网络信息服务管理统一立法

加快制定并推行《互联网信息服务管理办法》，以明文规定的形式确立网络信息服务市场各参与方的权利和义务。明确网络信息服务监管单位的职责与权限，加强市场监管。对不良网络信息服务要制定出台严格的惩罚机制，构建多方参与的共同治理体系，营造清朗的网络信息服务市场空间。

2. 加快重点领域的信息服务立法体系建设

加快制定电子商务关键领域立法，对电子商务交易流程、支付管理、消费者保护、售后服务等重点领域加以法律保护，严厉打击和惩处电子商务欺诈行为。加快研制电子政务领域立法，确立政府信息资源共享、政务信息化、政务自动化等领域的法律保护制度，继续完善信息公开、共享和保护机制。完善互联网金融领域立法，结合互联网金融业务特点，明确互联网金融的准入机制、主体权益、业务运行、行政监管和法律责任，对互联网金融涉及的政府部门、行业组织、消费者权益等方面的相关信息予以保护。

（三）加快网上个人信息安全保护立法

1. 加快出台《个人信息安全法》

加快推进《个人信息安全法》出台，对个人信息保护的标准、规范进行要求，对于数据采集、存储和使用行为实行严格保密体系。对个人网上信息的相关权益要加强保护，同时新兴信息消费是一个时代重点发展的领域，用户信息的决定、获取、信息获取、信息更正等权利都需要进一步的保护，同时随着时间的推移，新兴信息消费的内涵和外延将发生改变，有必要按期对法律制度进行补充完善。

2. 明确个人信息保护的边界和奖惩制度

以法律制度的形式明确个人信息保护的范畴，对不同类型的信息数据进行差异化的分级分类保护，规定各类信息保护的主体和权责。将电商店铺、网上银行、电信机构、招聘公司、中介机构等互联网时代掌握海量个人信息的单位和工作人员列为个人信息安全犯罪主体范畴，加强对这些主体的管控。以法律形式规定个人信息安全犯罪主体的犯罪渠道、犯罪行为，对个人信息安全犯罪进行定罪量刑，降低入刑门槛，增强惩处力度，解决当前个人信息安全犯罪成本低的“顽疾”。

四、加强新兴信息消费环境监管，提高持续发展能力

（一）继续深化行政体制改革

1. 持续推进简政放权

深化行政审批改革，全面公布政府权力清单和责任清单，依托网上行政审批系统，加强相关业务部门系统对接，完善政府部门行政审批基本流程、标准指引及规范办法。探索通过取消和下放的形式加快行政审批事项“瘦身”，简化行政审批流程，加强事中事后监管。

2. 深化商事制度改革

积极争取相关部委将互联网牌照审批、监管权限下放，由相关部门代为监管，对不能下放的，推行政府协办制，统一由相关主管部门代办。加快“五证合一”“一照一码”等登记制度改革，探索“一照多址”“一址多照”“集群注册”等住所登记制度改革，推进全程电子化登记和电子营业执照试点，降低新兴信息消费领域创业准入的制度成本。

3. 创新市场监管机制

加快依托社会联合征信系统构建企业信用平台，依托企业信用平台实现信用信息的互联互通和资源共享，并以此为基础，充分利用云计算、大数据等手段构建新兴信息消费的市场监管机制。探索建立企业负面清单，完善守信激励和失信惩戒机制，加强事中事后监管。加快推进执法体系改革，构建跨部门、跨区域的联动式执法机制，明确相关机构的权责，探索适应新兴信息消费的审慎监管制度。

4. 优化政府服务

推进“互联网+政务”服务改革，加快利用大数据、云计算等信息技术推动政务信息公开和流程优化再造，推进“一号一窗一网”服务模式，建立电子证照库，实现“一号申请”“一窗受理”“一网通办”。优化新一代信息产业的扶持机制，放宽创业补助、融资渠道、上市门槛等领域门槛，增强财税金融政策的支持力度。

（二）完善统计监测分析制度

1. 完善新兴信息消费环境统计监测制度

进一步明确统计范围，以新兴信息消费环境评估指标体系和评估模型为基础，将智能产品、互联网业务、数字内容等纳入信息消费统计，从社会环境、供给环境、需求环境三个层面入手，构建新兴信息消费环境统计监测体系。以制度形式明确新兴信息消费环境统计监测，加强中央、地方、行业、重点企业间的协调联动，强化信息消费数据采集、处理、发布和共享。

2. 建立健全新兴信息消费环境评估机制

进一步加强新兴信息消费环境统计监测数据应用，探索并建立基于统计数据的新兴信息消费环境发展指数，定期公开发布，实现对政府决策的有效支撑，同时加大对新兴信息消费的环境中的重点领域的有效监督、问题预判、应对处置等能力，推动新兴信息消费的环境有效治理。

（三）加强信息通信网络安全

1. 加强网上风险综合防控

增强网上风险防控意识和能力，研究网络空间下的经济行为风险发生的规律和特征，全面梳理互联网金融、位置应用、跨境电子商务、云计算大数据等新生经济发展的风险点。建立跨部门网上风险研判协同工作机制，提升对新兴信息消费环境安全风险的发现和处置能力，有效化解和遏制各类风险。健全市、区县（自治县）、乡镇街道三级新兴信息消费舆情监测体系，强化实时巡查，依法打击网络犯罪。

2. 加强关键信息基础设施防护

围绕新兴信息消费的重点行业及领域的关键信息基础设施安全保护，严格安全管理和技术防范，做好关键信息基础设施网络安全检查、定级备案和测评整改。加强政府机关、企事业单位、社会组织以及其他机构网站、平台、信息系统、数据中心等关键基础设施的安全保护，探索制定风险监测、评估和控制体系，加强安全防控的统筹管理，确保要求明确，责任到人。

3. 加强数据信息安全保护

加快构建数据信息的分级分类保护机制，加快构建政府、企业和个人数据资源的资产化和信用授权机制，对数据采集、存储、处理、分析、传播等全生命周期行为进行规范性要求，确保数据使用安全。将数据信息安全保护与网上征信体系挂钩，对不按规定、破坏数据信息安全的组织、个人给予严厉惩处。新一代信息终端设备升级换代，以政策形式鼓励和推广新一代信息终端应用，鼓励在农村地区通过降低终端价格、业务价格等形式加以推广。鼓励基础网络运营商加快网络和业务升级，通过提网速、降资费，加速新一代信息终端应用推广。

第二节　推进产业改革，提升新兴信息消费供给环境

一、培育新一代信息技术产业生态，增强产品与服务供给

（一）鼓励相关企业加速转型发展

1. 传统企业加速可持续发展

在国家创新、协调、绿色、开放、共享五大发展理念的支撑下，尤其是在互联网的巨大冲击下，传统产业面临转型困境，针对国内各地的产业基础，充分发挥互联网的渗透性，推进三次产业中的大型企业与互联网、大数据、人工智能的深度融合，充分利用企业在资金、技术、营销网络等方面的优势，重构传统产业组织、生产、经营模式，鼓励新一代信息技术在工业、农业、服务业领域的创新应用，实现传统企业由要素投入向创新驱动转换，形成一批新兴信息消费领域的新技术、新产品、新模式。

2. 信息技术企业创新发展

鼓励信息技术企业在云计算、大数据、人工智能等新一代信息技术领域加速创新，突破关键技术瓶颈，研发、培育一批云计算、大数据、人工智能等领域的新产品、新业态和新模式。互联网企业加速由线下发展转为线上发展，利用用户积累和平台优势，探索用户价值挖掘和渠道应用。系统集成厂商加速向业务合作伙伴关系转型，由技术导向的基础或单项 IT 服务逐渐向业务导向的全流程服务转型。

3. 小微创业企业稳步发展

引导和鼓励创业型的小微企业充分利用新一代信息技术产业发展的契机，加快研发、培育跨行业、跨领域的新经济形态，探索新一代信息技术在生产、消费、服务、应用等各领域中的融合应用，重点鼓励企业在数字传媒、互动娱乐、体验消费、共享经济等领域的探索，叠加形成经济新业态、新模式、新产业。

（二）加强企业先进技术和产品研究

1. 加强前沿技术的攻关研究

加快构建前沿信息技术的研发体系，充分利用国家、地方创新投入的资金倾斜，加大行业和企业的资源投入，立足长远，加快在大规模/超大规模集成电路、传感器、人工智能、下一代互联网等领域的前沿技术创新，鼓励相关领域的基础技术和共性关键技术研发，以长远眼光探索打造新一代信息技术领域的先进技术体系。

2. 鼓励新一代信息技术产品与服务研发

突破一批核心新一代信息技术产品和服务，推动面向互联网的智能可穿戴、智慧家庭、智能音响、智能车载、智慧健康、智能无人系统等智能硬件核心产品的关键技术突破。推动工业嵌入式操作系统、工业操作系统、移动智能终端操作系统等基础软件发展，提高智能制造领域操作系统等基础软件能力，构建具备自主发展能力的通用基础软硬件平台。统筹基础研究、技术创新、产业发展与应用部署，加强产业链各环节协调互动，致力于提高产品服务附加值，加速产业向价值链高端迁移。

（三）深化与国外先进企业的合作

1. 积极疏通国内市场到国际市场的对接渠道

鼓励企业充分研究国际市场规则、国际惯例及当地政治、经济、文化、消费等方面的特征，通过实训教育、海外培训等方式加强软件人才知识结构持续更新，夯实企业发展基础。综合运用各类协会、产业联盟等中介，通过技术支持、财税、投融资、管理咨询等服务“出海”，鼓励国内大型企业积极参与国际标准制定，着力打通国内国际市场的对接渠道。

2. 加速与国外先进企业的技术合作

鼓励国内新一代信息技术企业借技术攻关、跨国经营、投资合作等契机，拓展业务经营范围、获取技术资源、实施品牌战略、构建生态体系，提升企业在技术研发、系统集成、项目管理、工程实施、生态构建等方面的能力，提高全球资源配置能力。通过国际技术合作挖掘并培养一批龙头骨干人才，成为带动企业创新发展的核心力量。

二、推进实施信息产业人才战略，提升专业人才技能

（一）加大信息产业人才发展投入

1. 构建政府-企业-高校多渠道人才经费体系

以国家和各级地方政府的专项资金为引导，以贷款贴息、投资入股等多种形式拓宽人才发展投入体系带动信息产业人才经费投入。鼓励大型企业和高校设立信息产业人才培养专项教育资金，深化高等教育改革、推进社会化教育，重点支持科技领军人才、青年学术者和技术带头人以及各类急需人才的培养，对符合企业需求的人才培养提供经费支持。

2. 加大信息产业人才奖励力度

继续落实国家特支计划等人才战略，根据人才实际缴纳个人所得税额度进行资金奖励。提高深入科研一线、地方基层的顶级专家、人才的一次性奖励额度。支持向在新一代信息技术产业中对地方、行业、企业发展做出突出贡献的人才倾斜奖励措施。对投身大众

创业、万众创新的突出团队，地方财政应一次性给予整个团队经费资助。

3. 改善信息产业人才基本保障条件

通过优化升级新一代信息技术产业人才的社保待遇、购租房补贴、生活补贴等，保证相关人才在居住、生活等方面均无后顾之忧，同时通过加大科研经费扶持力度等措施，鼓励相关人才投身科研、专注创新。进一步完善科研成果评价和激励机制，健全科研成果分级分类的奖励制度，落实科技成果转换的相关政策体系。

（二）加强信息产业人才队伍建设

1. 加大信息产业人才引进力度

鼓励地方政府、企事业单位、科研机构等单位加快新一代信息技术产业人才引进，在各级人才管理部门的统筹管理下，进一步扩大社会力量在人才引进中的主体作用，扩大人才吸引力。加快依托人才交流平台、大型会议、商务合作等契机，加强对外联络，探索人才区域流动机制，拓宽人才引进渠道。

2. 健全信息产业人才培养政策

行业主管部门要研究制定人才教育培训、实践锻炼长期规划和年度计划，采取学习培训、进修深造、挂职锻炼、鼓励参加非学历教育等多种形式，为各类人才提升能力素质搭建平台。鼓励企业建立首席信息官制度，增加互联网应用培训，推动人才转型升级。鼓励高校积极与企业合作，定向培养、专项培养，以社会需求和市场需求为导向，建立全方位的培养体系。

（三）优化信息产业人才管理模式

1. 加强信息产业人才统筹管理

由各地人才主管部门联合行业管理部门建立新一代信息技术产业人才工作协调小组，负责统筹管理地区人才队伍建设和人才调控，负责各项重大人才工程的目标分解和实施监督。对于目前紧缺的中水平人才引进相应措施尚未建立，建议建立人才分类标准，进行人才水平评定。鼓励各地建立区域性的新一代信息基础产业人才信息库，实现人才分层次、分类型的信息管理，面向行业、企业发布人才供求信息、政策信息、培训信息等，实现全行业人才信息的集聚式管理。

2. 推进信息产业人才职称制度改革

细化信息通信行业职称评审实施方案，逐步建立由地方职称改革办公室授权，由各地通信管理局等机构组织评审，以品德、能力和业绩为导向，被社会认可的人才评价体系。完善职称评价标准，克服“唯论文、唯学历、唯资历倾向”，对具有较高学术造诣、重大研究成果或特殊技能的，视其情况可适当放宽政策，在职称评聘上有所突破。创新职称评价机制，打破户籍、地域、身份、档案、人事关系等制约，不断提高评价科学化、规范化、社会化水平。改进职称管理服务，合理下放权限，科学设置条件，更好地为人才服务。

3. 构建开放性的信息产业人才交流平台

依托“一带一路”倡议等国家对外开放战略，鼓励吸引具有国际影响力的交流峰会和论坛，促进国内外相关领域一流专家深入交流，积极提升我国信息产业在国际的知名度和影响力，并依托大型对外活动吸引更多海外高层次人才。重点资助对经济社会发展做出突出贡献的信息产业人才出国出境学习交流，联合海外高水平科研机构共建信息产业人才培养基地，组织优秀人才赴海外接受高层次培训。

（四）完善信息产业人才激励机制

1. 健全三位一体的人才成长激励体系

加快构建以政府为引导、以企业为主导、以社会为辅助的新一代信息技术产业人才激励机制，以技能、业绩和报酬一体化为原则，从生活、医疗、购租房、配偶就业、子女入学等方面入手构建激励体系。依托人才数据库，推进职称评定、技能鉴定、人才评级与人才激励紧密挂钩，从高级专家、基层人才、有特殊贡献的人才中进行评优和重奖，进一步激励和鼓励人才不断提升自我。

2. 加大基层人才激励力度

针对长期扎根基层并有突出贡献的人才，在职称评定、技能鉴定、岗位晋升等方面予以政策倾斜，在生活补贴、购租房、配偶就业、子女入学等方面予以政策优惠。适当提升从基层人才中选拔高层次人才、杰出人才等的比例，鼓励行业主管部门对基层优秀人才进行表彰奖励。

三、续推大众创业，万众创新，挖掘产业创新潜力

（一）突破科技成果转化的关键制度障碍

1. 加强知识产权运用和协同保护

在新一代信息技术领域，由政府、企业、行业协会等共同完善知识产权运用和快速协同保护体系，扩大知识产权快速授权、确权、维权覆盖面，加快推进快速保护由单一产业领域向多领域扩展。推动建设区域的知识产权保护中心和知识产权法庭，构建在知识产权的审查确权、行政执法、维权援助、仲裁调解等领域的一体化联动模式。

2. 加速科技成果市场化转化

加快推进企业新一代信息技术科技成果转化，完善无形资产价值评估工作体系，简化评估流程，支撑后续定价拍卖。通过转让授权、技术入股等多种形式，促进科技成果、专利在企业的推广应用。

3. 推动各类双创孵化器转型

加快引导新一代信息技术领域的众创空间、创新创业孵化器向专业化、精细化方向升级，整合一批小而散的双创孵化器，鼓励龙头骨干企业、高校、科研院所围绕优势细分领域建设平台型众创空间。鼓励新一代信息技术企业自有仪器设备开放共享，探索仪器设备所有权和经营权分离机制，探索引入专业服务机构进行社会化服务等多种方式，提升双创孵化器创新创业动力。

（二）不断拓宽创业企业融资渠道

1. 完善债权、股权等融资服务机制

加快构建专利抵押等知识产权融资机制，鼓励技术入股等投资模式，扩大企业投融资渠道。探索建立创新创业债券体系，通过率先在国家和地方的双创试验区试点创新创业债券的管理和运行机制，并逐步向其他区域拓展，同时要探索创新创业债券的跨区域互通互认机制，促进创新资源的共享和流通。

2. 加快国家产业发展资金扶持力度

以国家和各级地方政府的新兴信息技术产业专项扶持资金为引导，充分利用社会资源以贷款、投资等形式拓宽企业发展资金来源，加快构建中小企业发展资金、创新创业投资基金等多维度、多形式的产业发展资金扶持体系。加快构建新兴信息消费领域的企业信用评价制度，推进信用评价和资金扶持挂钩的有效机制，保证资金使用安全、到位、高效。

第三节　引导消费转型，优化新兴信息消费需求环境

一、着力提升人均可支配收入，培育信息消费潜力

（一）拓宽各类就业渠道

1. 积极拓宽就业渠道

加快促进服务业等劳动密集产业发展，推进小微型企业发展，鼓励创新创业，有效扩大就业容量。加快提升就业教育、宣传引导、就业指导中的意识导向作用，破除陈旧的就业观念，加快构建自主择业、市场调节和政府促进相结合的就业拉动机制。继续大力推进各类创新创业培训，完善和落实相关创新创业扶持政策体系，以创业带动就业。

2. 规范劳动力市场

建立完善劳动力市场管理规范体系，加快构建劳动者、用人单位、政府机构三方制度化、程序化、规范化的劳动关系调整机制。引导企业完善职工薪酬待遇、福利社保、津贴

补贴体系，建立规范的考核激励制度，健全劳动争议集体协商制度。加强劳动力市场监管、劳动者保护、执法监察力度，进一步规范劳动力市场。

（二）优化生产经营体系

1. 提高企业生产经营能力

落实五大发展理念，加快供给侧结构性改革，优化企业生产经营模式，着力降低生产和经营成本，通过科学有效的成本控制来提升企业利润。加强在人力资源、生产流程、财务管理、市场营销等方面的先进管理理念运用，科学规划管理层级，加强新技术研发创新，加快与信息技术的融合，培育大规模定制、人工智能等新业态、新模式，增强自主开放水平。

2. 优化农业经营体系

加快农业经营模式转变，加速互联网、物联网等信息技术在农业生产中的融合应用，大力发展设施农业、智慧农业、农村电商等新兴农业生产经营模式。完善农业服务与管理体系，培育多元化的农业生产经营主体。大力发展农产品加工、深加工产业，提升农产品价值。

（三）健全完善福利保障体系

持续完善社保体系，加快构建城镇和农村社会保障体系，构建政府财政引导、企业资金参与的社会保障支出体系，加强政府财政在社保上的转移支付力度。加快构建多层次、多领域、体系化的社会保障体系，提升城乡居民在医疗、养老、失业等方面的风险抵御能力，加大对弱势群体、低收入群体等群体的最低生活保障力度，改善低收入群体的生活状况。加大对重大疾病的社会保障力度，将常见重大疾病纳入社保资金支付清单，避免因病返贫。

二、加快推进信息化能力引导，提升居民信息素质

（一）加强学校信息教育

1. 进行信息基础知识教育

高校应在已有的计算机课程设置的基础上，充分结合互联网发展趋势，加快课程设置改革，进一步普及网络课程、网络教育等新模式，提升计算机技术、算法语言、数据分析等课程的比重，指导学生使用计算机及网络，并鼓励学生运用网络和信息技术进行学习。

2. 鼓励学生在社会的信息环境中自我培养

鼓励学生合理利用网络化的传媒途径以及各地方性网络、企业网络和事业网络等平台，锻炼信息获取、信息甄别等技能，促进学生信息素质的发展。随着家庭信息环境初具

规模，家庭宽带普及率不断提升，在网上收发函件、查阅资料、访亲交友、订购物品、寻医问药等服务持续拓展，鼓励学生从中学习信息技术的应用，培育自觉学习和自觉提高的动力。

（二）加快农村信息技术普及

1. 加快农村信息社建设

加快在基层农村布局建设集中式的农村信息社，在农村信息社中配备 12316 咨询电话、宽带接入、多功能信息服务终端、体验式信息产品如 IPTV、可穿戴设备等等硬件设施。组织在村级单位选聘信息员，加强农村信息社管理和农民信息技术、产品和服务的培训工作。同时指导农民在生活、生产过程中使用信息化手段提升生活水平和生产效率。

2. 加快农村信息平台建设

加快利用农村信息平台建设的契机，统筹整合各类农村农业信息资源、信息服务，面向农村农业提供丰富的生产信息服务、消费信息服务、三农政策指导、市场状态信息服务、农村生活服务等 Web 端和移动端的信息服务，逐步实现桌面和手机一体化的农村信息平台，实现信息服务个性化、泛在化、精准化的投放。

三、增强居民新兴信息消费意识，培育信息消费习惯

（一）加强推广宣传力度

利用 O2O（online to offline，线上到线下）模式加快新兴信息消费在普通公众、高层次人才、企业组织中的推广。对于普通公众来说，充分利用媒体途径，宣传信息技术带来的便利性、实用性和价值性，逐步在公众中形成信息技术是未来创造财富的关键资源。对于高层次人才和企业组织来说，应当有针对性地就某些关键领域进行信息技术应用的宣传推广，有针对性地推荐新兴信息产品与服务，引导其产生新兴信息消费动力。对于信息技术和信息知识了解最少、消费意识最为淡薄的群体来讲，要提高他们的信息意识，应借助大众传媒的力量，联合各类信息机构，通过多样化的信息手段加大信息宣传力度，促使他们意识到在当今市场经济环境下，信息是财富的源泉，谁拥有的信息多，掌握的信息技术水平高，谁就拥有了资源，就能开发、创造出更多财富。

（二）试点推广体验式消费

1. 加快营销模式创新

引导和鼓励国内大型信息产品生产企业和信息服务提供企业在社会诚信体系基础上积极探索“30 天不满意就退货”“先使用，后付款”等新模式，在一、二线城市试点新兴信息消费产品和服务体验式营销模式。通过体验式营销激发并满足消费者对产品和服务全方位的体验需求，促进新兴信息消费。

2. 线上线下共同实现精准营销

利用线上销售渠道获取消费者信息，利用线下体验评估消费者体验结果，通过对消费者的属性、偏好、平均驻店时间、价格敏感度等数据的分析，完成用户画像，实现从经验经营到数据经营、从数据化营销到数据化体验的转变，通过进一步优化产品质量、优化供应链以控制价格，为消费者提供投其所好的新兴信息消费产品与服务。

（三）落实信息产品与服务下乡

1. 制定信息产品与服务下乡实施方案

坚持实事求是、公正公平、管理规范、服务便民的原则，加快制定信息产品与服务下乡工作方案，引导建立适合农村信息消费特点的生产和流通体系。实施“万村千乡”市场工程，推动相关企业到基层乡村建立销售网络，实行辖区统一管理模式，加快基层农村信息产品与服务的销售和服务体系。各级政府主管部门在国家相关管理部门的指导下，遴选并推荐候选企业，通过统一招标确定各地区参与信息产品和服务下乡工程的企业。

2. 严格管控信息产品与服务下乡价格

要求中标企业推进布局建设下乡服务网点，保证信息产品和服务下乡过程能够保质保量完成。要求中标企业准确把握市场动态，及时调整生产、供货计划，对于已经销售的信息产品和服务要做好售后跟踪，保证售后服务质量。中标流通企业要合理制定家电下乡产品的统一配送价格，不得随意提高供货价格或低价倾销。对农村各信息产品与各服务销售网点进行最高限价管理，严格按照标的价格进行销售。

3. 信息产品与服务售后保障

消费者购买到的硬件信息产品若出现质量问题，可联系原销售机构进行检修或换货，确需退货的，购买人要先与销售网点协商，完成基层管理部门相关手续后可办理退货。对于软件服务，由销售机构进行必要的安装和使用辅导，一经激活使用后不接受退货，厂商负责为软件服务提供必要的支撑服务。

四、进一步加强个人诚信体系建设，规范公民网上行为

（一）加快推进个人网上诚信记录建设

1. 完善网络实名登记制度

加快推进在互联网、云计算、大数据等新兴信息消费重点领域的统一社会信用代码体系应用，落实推进以居民身份证号为基础的网络实名制登记制度，为准确采集个人诚信记录奠定基础，通过信息化技术手段，不断加强网络个人身份信息的查核工作，确保个人身份识别信息的唯一性。

2. 建立个人网上诚信记录

加快建立基于网络实名制登记制度的个人网上诚信记录制度，通过技术手段实时采集、动态更新网民网上行为中产生的诚信数据。加快推进个人网上诚信记录与联合征信体系挂钩，健全网民个人网上诚信档案，完善联合征信体系。

3. 规范推进个人网上诚信信息共享使用

加快构建个人网上信用记录的互联互通，依托各级各类信用信息交换平台，集聚各类信用信息，探索个人网上诚信数据的共建共享体系。鼓励个人网上信用记录(如芝麻信用等)在金融、交通、购房等领域的应用，加快个人网上诚信信息与各类社会信用体系共享交换。鼓励政府部门依法合规及时向社会公众提供个人网上信用情况查询，并鼓励通过PPP(Public-Private-Partnership，政府和社会资本合作)等方式开发各类信用应用，提供数量更多、功能更全的信用服务。

（二）完善个人守信激励和失信惩戒机制

1. 为优良信用个人提供更多服务便利

加快完善个人网上守信激励措施，针对个人网上信用记录良好的个人，在金融、交通、购房、创业、教育、就业等领域，给予费用减免、优先办理、创业指导等更多的优惠服务，还可以根据实际情况优先依法申请“绿色通道”“容缺受理”等便利服务。对于社会机构中推广使用个人网上信用记录的给予财税金融方面的一定奖励措施。

2. 对网上严重失信个人实施联合惩戒

加大个人网上失信的惩戒力度，加大网上失信成本。加快落实将利用互联网开展非法集资、诈骗、虚假宣传、黄赌毒等严重失信活动的个人纳入严重失信名单，依法采取行政和刑事约束，加大惩戒措施力度。对于参与互联网严重失信活动的企业、社会组织等机构在采取强制措施的过程中，对相关责任人也要采取强制的惩戒措施。利用个人网上诚信记录的共享交换，挂钩社会联合征信系统，对失信个人按照相关法律规定给予失信惩戒。

本章小结

本章围绕新兴信息消费环境评估中的社会环境、供给环境和消费环境三方面内容，结合评估结果和新兴信息消费环境治理的重点方向，从政府、产业和消费者层面提出相应的政策建议。本章主要结论如下。

(1)针对新兴信息消费社会环境中的信息基础设施建设不强、政策效率不高、法律保障不全等重点内容，围绕如何要求政府这一核心，以推进网络和应用设施建设为重点加快新一代信息技术设施建设，以推进顶层设计和产业政策优化为重点完善新兴信息消费政策，以推进基础设施、信息服务和个人信息保护为重点健全新兴信息消费法律，以推进简政放权、统计监测和网络安全为重点加强新兴信息消费环境监管，提出改善新兴信息消费社会环境的政策建议。

(2)针对新兴信息消费供给环境中高附加值信息产品与服务供给不够、专业人才队伍不强、产业持续发展动力不足等重点内容，围绕如何鼓励企业这一核心，以促进企业转型、技术研发、国际交流为抓手加快培育新一代信息技术产业，以促进人才投入、队伍建设、人才管理和人才激励为抓手实施信息产业人才战略，以促进成果转化、企业融资和双创体系构建为抓手持续推进大众创业、万众创新，提出提升新兴信息消费供给环境的政策建议。

(3)针对新兴信息消费需求环境中人均信息消费潜力不高、居民信息素质不均衡、信息消费习惯未形成、网上行为无序等重点内容，围绕如何引导消费者这一核心，以优化就业渠道、企业经营、福利体系为框架提升人均可支配收入，以优化学校教育和科技下乡模式为框架强化各阶段信息教育，以优化宣传和体验式消费模式为框架增强新兴信息消费意识，以优化网上诚信体系和激励奖惩机制为框架加强个人诚信体系建设，提出提升新兴信息消费环境的政策建议。

第九章　主 要 结 论

信息消费已经成为拉动我国经济增长与消费结构升级的重要引擎，随着移动互联网、大数据、云计算与物联网等新兴信息技术的发展，信息消费领域不断涌现出新产品、新服务和新业态，信息消费也呈现出新的内涵和特征。为响应国家十三五规划建议，促进我国信息消费，实现消费结构升级，就必须在新兴的信息技术背景下，明确新兴信息消费的内涵及其特征、把握新兴信息消费的环境治理方向，制定更加科学的新兴信息消费发展对策。

本书的主要研究工作内容如下。

(1) 通过对大量信息消费相关的国内外文献、文本资料的分析，以扎根理论为主要研究工具来对相关的研究资料进行开放式编码、主轴性编码及选择性编码，同时对各因素之间的关系进行了深入探讨，分析了信息消费与其结构要素的关系和结构要素之间的关系，在此基础上对信息消费目前的研究视角进行综合梳理，阐释了信息消费的本质和核心内涵，并进一步构建了信息消费未来的研究框架。

(2) 在已有关于信息消费的研究基础之上，运用文献分析法和逻辑推演法对新兴信息消费和新兴信息消费的环境这两个概念进行了科学界定，并对新兴信息消费的环境演变及时代特征进行了研究，分析了新兴信息技术快速发展背景下我国信息消费环境的演变过程以及移动互联网、大数据及物联网新时代下信息消费环境的新特征，剖析了目前我国信息消费环境建设中存在的主要问题，为新兴消费的环境评估指标体系构建及治理方向选取奠定了理论基础。

(3) 主要从社会环境、供给环境、需求环境三个视角出发来对国内外新兴信息消费环境的建设现状进行评估。分析结果表明：①全球新兴信息消费社会环境正快速向利好方向发展，国内也已取得显著成效，但仍需继续改善；②全球新兴信息消费的供给逐步多样化，电子信息产业、云计算大数据移动互联网等供给产业发展形式多样，各国支撑政策遍地开花，国内相关产业的发展也较为迅猛；③全球互联网用户规模不断扩大，国内居民消费观以及消费支付方式的转变为我国新兴信息消费的刺激和增长提供了关键的条件。

(4) 通过对现有信息消费指标体系相关研究的梳理得出影响信息消费环境的关键因素，从供需视角切入并结合新兴信息消费的时代背景，从供给环境、需求环境和社会环境三个方面构建并优化了新兴信息消费的环境评估指标体系。该指标体系包含 3 个一级指标、9 个二级指标、21 个三级指标以及若干个四级指标，为新时代背景下新兴信息消费的相关研究奠定了理论基础，也为相关政府部门评估新兴信息消费环境的发展现状、明确新兴信息消费环境的治理方向提供了参考依据。

(5) 运用专家意见法和熵权模糊语言决策法、秉承科学、客观、可持续等原则，对新兴信息消费的环境评估指标体系进行优化处理，并以 AHP 层次分析法为理论工具确定各个指标权重，明确新兴信息消费的环境治理重点方向。同时进一步选取分别代表东部、南部、西部、北部和中部的上海、广东、重庆、山西和湖北 5 个地区进行新兴信息消费的环境评估，评估结果呈现出东部、南部优于中西部，中西部又优于北部的大形势，对于欠佳地区来说主要存在基础设施建设落后、产业创新动力不强、人口信息消费意识不强等问题。

(6) 在新兴信息消费的环境评估结果及治理方向选取的基础之上，结合当前我国现实社会环境，将新兴信息消费环境发展过程中的问题细化为基础设施建设进度缓慢、信息产品和服务供给不足、大数据发展动力不强、信息污染严重和居民信息消费不足五个方面，进一步基于 Shapley 值法、演化博弈、委托代理等基础理论，采用定性和定量相结合的手段，构建了包含政府、企业、社会公众等多主体参与的信息基础设施合作共建、移动应用安全治理、信息服务外包激励、政府数据资源共享等新兴信息消费的环境治理模型。

(7) 围绕新兴信息消费的社会、供给和需求环境中的重点治理方向，从如何强化政府职能、如何鼓励企业创新、如何培育消费者习惯等方面提出政策建议，为提升我国新兴信息消费的环境治理效果提供参考。提出的建议如下：①围绕加快新一代信息技术设施建设、完善新兴信息消费政策、健全新兴信息消费法律、加强新兴信息消费环境监管等方向，强化政府职能，改善新兴信息消费社会环境。②围绕加快培育新一代信息技术产业、实施信息产业人才战略、持续推进大众创新及万众创业等方向，鼓励企业创新，提升新兴信息消费供给环境。③围绕提升人均可支配收入、强化各阶段信息教育、增强新兴信息消费意识、加强个人诚信体系建设等方向，培育消费者习惯，优化新兴信息消费需求环境。

本书的创新点如下。

(1) 研究视角创新。已有信息消费的研究多从图书馆、情报学及行为学视角展开，信息消费作为信息消费行为的外部直接动因，其发展水平决定着信息消费市场产品和服务的供给，间接影响着居民信息消费选择和消费规模。因此本书从信息消费的环境视角出发，研究新兴信息消费的环境评估方法，探索新兴信息消费的环境有效治理机制，力图推动营造良好的信息消费环境，丰富信息消费相关研究理论视角。

(2) 研究内容创新。现有信息消费研究多侧重于环境特征和影响因素分析，鲜有学者进行系统的评价指标体系研究。本书依照科学、客观、合理的指导原则，以针对新兴信息消费环境开展系统、全面的评估为目标，构建了多层次、多维度相关联的新兴信息消费环境评价指标体系，依据新兴信息消费环境的独特性和复杂性，采用主客观相结合的方法对指标体系进行优化，并通过熵权法等对各项指标权重进行了进一步的量化研究，进一步为我国新兴信息消费环境治理指明了方向，不仅丰富了我国新兴信息消费环境评估方案，更明确了新兴信息消费环境的治理内容。

(3) 研究方法创新。本书遵循环境演变梳理—环境评估分析—治理方向选取的总体研究路线，综合运用扎根理论、内容分析法、社会调查法、综合赋权法及激励治理理论建模等方法，系统地构建新兴信息消费环境评价指标体系和评估模型，有效衡量了各因素会新兴整理环境的影响程度，并以此为参考，结合社会发展现状，确定了多主体激励治理机制，形成了一套具有特色的新兴信息消费环境评估及治理理论和方法，为进一步促进我国信息消费扩大升级、持续释放内需提供了重要参考和支撑。

附录A 新兴信息消费的环境评价指标优化调查表

您好！新兴信息消费是一种以智能终端为载体，以移动互联网为渠道，以大数据和云计算等新兴信息技术为背景，以比特产品为主要消费对象的消费活动，其发展受到信息社会供给和需求环境的影响。本研究需对新兴信息消费环境进行评价，目前已通过文献资料分析、专家访谈等方式确定初步评价指标如下表。现需要对指标的科学性、可操作性和代表性程度进行判断，以支撑后续评价模型构建，请您根据您在相关领域的学习和工作经验，判断下列指标的科学性、可操作性和代表性程度，请用｛1=非常符合，2=比较符合，3=一般，4=不太符合，5=非常不符合｝进行评价。

说明：①科学性(scientific)原则。评价指标是否符合客观实际，符合已证明了的科学理论或已有研究结论。评价指标的意义是否明确，能否全面评价目标的内涵。②可操作性(operational)原则。评价指标是否可测量，是否可比较，以确保数据的质量。一般来说，确定的指标应能在统计资料中查到或者通过有关资料以及抽样调查获得。③代表性(representative)原则。指标是否有明显重复，选择的指标应简明、概括。

——新兴信息消费的环境评估及治理研究课题组

请用｛1=非常符合，2=比较符合，3=一般，4=不太符合，5=非常不符合｝进行评价。

信息消费环境	衡量指标	指标说明	科学性	操作性	代表性
信息社会环境	信息消费市场政策	为规范信息消费市场秩序、完善信息消费市场体系制定的价格政策、税收政策、监管政策等			
	信息消费产业政策	关于信息消费人才、资金和技术等方面的专项政策			
	人均GDP	反映地区整体经济发展水平			
	数字电视使用率	数字多媒体内容的重要终端，是家庭信息消费的重要条件			
	固定宽带接入率	网络基本覆盖条件，信息消费以信息化为基础			
	移动高速4G网络接入率	移动高速接入条件，是新兴信息消费发展的趋势			
	垃圾短信数	未经用户同意向用户发送的商业类、广告类等短信息和其他违反行业自律性规范的短信息			
	骚扰电话数	响一声电话、广告推销、诈骗电话、房产中介、保险理财等			
	恶意程序数	增加资费消耗、推销广告等手段的恶意App，主要以Android平台为主			

续表

信息消费环境	衡量指标	指标说明	科学性	操作性	代表性
供给环境	信息产业固定资产投入	信息产业固定资产投入，固定资产投入数量越多表明对新兴信息消费的支撑力度越强			
	信息产业就业人员数	信息制造业和信息服务业相关从业人员数量			
供给环境	信息产业 R&D 经费投入	信息产业研究与开发经费投入，反映企业软实力投入			
	信息产业人均产值	反映信息产业人均创造财富的能力			
	信息产业经济增加值占 GDP 比重	从整体角度衡量信息产业对经济增长的贡献			
	每万人口发明专利拥有量	衡量信息产业人力资本的提升程度			
需求环境	数字广播电视支付能力	反映收入与使用数字广播电视业务成本之间的倍数，倍数越高，支付能力越强			
	智能电话支付能力	反映收入与使用智能电话所耗平均成本之间的倍数，倍数越高，支付能力越强			
	固定宽带支付能力	反映收入与固定宽带资费水平的倍数，倍数越高，支付能力越强			
	人均周上网时长	从时间角度衡量居民个人对智能手机、平板电脑等智能终端的使用情况			
	人均新兴信息消费支出	从金钱支出角度反映其实际新兴信息消费行为的结果			
	信息能力	从个体应用角度反映信息搜索能力、分析识别能力等的结果			
	各级政府网站绩效	反映政府通过电子政务等形式的新兴信息消费，提高办事效率的提升程度			
	政府信息产品采购支出	反映政府进行便民网站系统建设等新兴信息消费的努力程度			

补充意见及建议：

姓名：

工作单位：

联系电话：

电子邮箱：

联系方式仅供回访，课题组将严格保密

再次感谢您的参与！

附录B　新兴信息消费的环境评价指标权重打分表

您好！新兴信息消费是一种以智能终端为载体，以移动互联网为渠道，以大数据和云计算等新兴信息技术为背景，以比特产品为主要消费对象的消费活动，其发展受到信息社会、供给和需求环境的影响。本研究组目前已在2016中国信息经济年会上通过访谈和发放问卷的方式，邀请行业内专家对现有的指标进行了优化，现需对新兴信息消费环境指标进行权重判断，以支撑后续评价模型构建和数据搜集工作。请您根据您在相关领域的学习和工作经验，判断下列指标与其他指标两两比较的重要性，并作出适当的选择。

填表说明：对于每一行的因素两两比较判断，只能在一个选项栏中打√。

您的选择越靠近哪个指标则代表此指标比另外一个指标越重要。

例如：如果您认为政策支持要素与经济发展要素同等重要，则在(0=同等重要)下面打√。

　　　　−7　−5　−3　−1　0　1　3　5　7

1）政策支持要素 ○ ○ ○ ○ ◉ ○ ○ ○ 经济发展要素

如果您认为政策支持要素比经济发展要素极端重要，则在(−7)下面打√；

　　　　−7　−5　−3　−1　0　1　3　5　7

1）政策支持要素 ◉ ○ ○ ○ ○ ○ ○ ○ 经济发展要素

如果您认为政策发展要素比政策支持要素极端重要，则在(7)下面打√；

　　　　−7　−5　−3　−1　0　1　3　5　7

1）政策支持要素 ○ ○ ○ ○ ○ ○ ○ ◉ 经济发展要素

1.新兴信息消费基础指标要素

信息消费指标要素	−7	−5	−3	−1	0	1	3	5	7	信息消费指标要素
A 社会环境										B 供给环境
A 社会环境										C 需求环境
B 供给环境										C 需求环境

2.社会环境主要指标要素

信息消费指标要素	−7	−5	−3	−1	0	1	3	5	7	信息消费指标要素
A1 政策支持										A2 经济发展
A1 政策支持										A3 基础设施
A1 政策支持										A4 信息污染度
A2 经济发展										A3 基础设施
A2 经济发展										A4 信息污染度
A3 基础设施										A4 信息污染度

3.信息社会环境-基础设施主要指标要素

信息消费指标要素	−7	−5	−3	−1	0	1	3	5	7	信息消费指标要素
A31 数字电视使用率										A31 数字电视使用率
A31 数字电视使用率										A32 固定宽带接入率
A31 数字电视使用率										A33 移动高速 4G 网络接入率
A32 固定宽带接入率										A33 移动高速 4G 网络接入率

4.信息社会环境-信息污染度主要指标要素

信息消费指标要素	−7	−5	−3	−1	0	1	3	5	7	信息消费指标要素
A41 垃圾短信数										A42 骚扰电话数
A41 垃圾短信数										A43 恶意程序数
A42 骚扰电话数										A43 恶意程序数

5.供给环境主要指标要素

信息消费指标要素	−7	−5	−3	−1	0	1	3	5	7	信息消费指标要素
B1 产业要素投入										B2 产业发展效果

6.供给环境-产业要素投入主要指标要素

信息消费指标要素	−7	−5	−3	−1	0	1	3	5	7	信息消费指标要素
B11 信息产业固定资产投入										B12 信息产业就业人员数
B11 信息产业固定资产投入										B13 信息产业 R&D 经费投入
B12 信息产业就业人员数										B13 信息产业 R&D 经费投入

7.供给环境-产业发展效果主要指标要素

信息消费指标要素	−7	−5	−3	−1	0	1	3	5	7	信息消费指标要素
B21 信息产业人均产值										B22 信息产业经济增加值占 GDP 比重
B21 信息产业人均产值										B23 每万人口发明专利拥有量
B22 信息产业经济增加值占 GDP 比重										B23 每万人口发明专利拥有量

8.需求环境主要指标要素

信息消费指标要素	−7	−5	−3	−1	0	1	3	5	7	信息消费指标要素
C1 个体信息消费能力										C2 信息素质
C1 个体信息消费能力										C3 政府在线服务
C2 信息素质										C3 政府在线服务

9.需求环境-个体信息消费能力主要指标要素

信息消费指标要素	−7	−5	−3	−1	0	1	3	5	7	信息消费指标要素
C11 数字广播电视支付能力										C12 智能电话支付能力
C11 数字广播电视支付能力										C13 固定宽带支付能力
C11 数字广播电视支付能力										C14 人均周上网时长
C11 数字广播电视支付能力										C15 人均新兴信息消费支出
C12 智能电话支付能力										C13 固定宽带支付能力
C12 智能电话支付能力										C14 人均周上网时长
C12 智能电话支付能力										C15 人均新兴信息消费支出
C13 固定宽带支付能力										C14 人均周上网时长
C13 固定宽带支付能力										C15 人均新兴信息消费支出
C14 人均周上网时长										C15 人均新兴信息消费支出

补充意见及建议：

姓名：
工作单位：
联系电话：
电子邮箱：
联系方式仅供回访，课题组将严格保密

再次感谢您的参与！

附录C　关于地区新兴信息消费的环境现状重要维度的评估调查

您好：

我们是重庆邮电大学国家级课题——《新兴信息消费的环境评估与治理研究》项目团队。因为研究需要，诚邀您协助我们完成各地新兴信息消费的需求环境现状调查。本研究中新兴信息消费主要指云计算、大数据、物联网、移动互联网等相关领域产品和服务的消费。请您根据自己掌握的信息，对所在地区新兴信息消费的环境相关变量进行1～9赋分，无关对错。我们保证本次问卷数仅作研究分析使用，不泄露您的私人信息，请放心填写。

1.您所在的省份市为

2.您的工作类型是什么？

□企事业单位高层　　□政府工作人员　　□创业者　　□科研工作者　　□其他

此问题针对政府工作人员和政府官员，非政府工作人员直接跳至第4题

3.请根据您的经验和掌握的信息，对您所在地区政府财政经费方面对于进行新兴信息消费购买云计算、大数据、物联网、移动互联网等相关产品和服务的支撑能力(1=支撑能力很弱；9=支撑能力很强)。

□1　□2　□3　□4　□5　□6　□7　□8　□9

4.请根据您的实际情况，评价您每个月能够花费在购买数字电视、固定电话、固定宽带等信息服务方面的资金充裕程度(1=非常不充裕；9=非常充裕)。

购买数字广播电视服务　□1　□2　□3　□4　□5　□6　□7　□8　□9

购买固定电话服务　□1　□2　□3　□4　□5　□6　□7　□8　□9

购买固定宽带服务　□1　□2　□3　□4　□5　□6　□7　□8　□9

5.请根据您的实际情况，评价您每天在上网中的时长(包括固定宽带上网和手机移动上网)(1=非常短，低于30分钟；9=非常长，超过5个小时)。

□1　□2　□3　□4　□5　□6　□7　□8　1　□9

6.请根据您的实际情况，评价您的年收入对于进行新兴信息消费购买云计算、大数据、物联网、移动互联网等相关产品和服务的支撑能力(1=支撑能力很弱；9=支撑能力很强)。

□1　□2　□3　□4　□5　□6　□7　□8　□9

7.请根据您的实际体验，对您所在地区的新兴信息消费相关政策鼓励消费、产业发展等的完善程度进行评价(1=非常不完善；9=非常完善)。

□1　□2　□3　□4　□5　□6　□7　□8　□9

再次感谢您的积极参与！

新兴信息消费的环境评估及治理研究课题组

二〇一七年十月

附录D 典型地区新兴信息消费的环境现状评估数据来源

指标	数据	数据来源
信息消费产业政策	定性衡量指标	问卷调查
人均 GDP	人均国内生产总值(元)	中国统计信息网
数字电视使用率	数字电视用户数(万户/总户数)	2017 年中国统计年鉴
固定宽带接入率	固定宽带接入用户(亿户/总户数)	2017 年中国统计年鉴
移动高速 4G 网络接入率	4G 用户渗透率(%)	《2016 年通信运营统计公报》
垃圾短信数	垃圾短信拦截量(亿条)	360 互联网安全中心
骚扰电话数	骚扰电话拦截量比例(%)	360 互联网安全中心
恶意程序数	恶意程序感染数量比例(%)	360 互联网安全中心
信息产业固定资产投入	信息传输、软件和信息技术服务业固定资产投资(亿元)	2017 年中国统计年鉴
信息产业就业人员数	信息传输、计算机服务和软件业城镇单位就业人员(万人)	2017 年中国统计年鉴
信息产业 R&D 经费投入	研究与试验发展 R&D 经费投入(亿元)	《2016 年全国科技经费投入统计公报》
信息产业人均产值	软件和信息技术服务业与电子信息制造业收入之和与人口数的比值(万元/人)	《2016 年全国软件和信息技术服务市场的整体状况分析》《2016 年电子信息制造业运行情况》、2017 年中国统计年鉴
信息产业经济增加值占 GDP 比重	软件和信息技术服务业与电子信息制造业收入之和与 GDP 的比值(%)	2017 年中国统计年鉴
每万人口发明专利拥有量	每万人口发明专利拥有量(件)	中国产业经济信息网
数字广播电视支付能力	定性衡量指标	问卷调查
智能电话支付能力	定性衡量指标	问卷调查
固定宽带支付能力	定性衡量指标	问卷调查
人均周上网时长	定性衡量指标	问卷调查
人均新兴信息消费支出	定性衡量指标	问卷调查
信息能力	定性衡量指标	问卷调查
政府信息产品采购支出	定性衡量指标	问卷调查

附录E　典型地区新兴信息消费的环境现状评估原始数据集

指标	上海	广东	重庆	山西	湖北
信息消费产业政策	87.63	89.67	78.97	75.31	80.39
人均 GDP	103795.50	67896.82	52321.00	35094.79	50251.00
数字电视使用率	125.94%	68.14%	30.95%	29.10%	47.97%
固定宽带接入率	69.00%	76.90%	62.70%	56.50%	52.90%
移动高速 4G 网络接入率	102.60%	94.00%	65.10%	56.20%	54.30%
垃圾短信数	2.002	7.189	1.138	0.956	1.365
骚扰电话数	43.20%	36.10%	39.60%	58.80%	43.90%
恶意程序数	87.87	644.38	111.30	152.31	181.60
信息产业固定资产投入	127.27	486.81	100.72	104.27	136.93
信息产业就业人员数	25.44	35.31	4.67	5.54	11.47
信息产业 R&D 经费投入	3.73%	2.47%	1.57%	1.04%	1.90%
信息产业人均产值	318.83	1124.25	872.70	135.68	889.34
信息产业经济增加值占 GDP 比重	32.49%	54.52%	25.93%	5.89%	34.52%
每万人口发明专利拥有量	35.20	22.40	5.60	2.70	5.39
数字广播电视支付能力	88.71	88.45	82.19	79.82	80.31
智能电话支付能力	87.94	88.91	78.94	71.36	79.06
固定宽带支付能力	91.18	85.55	80.64	68.64	78.36
人均周上网时长	88.35	90.64	86.76	74.55	76.38
人均新兴信息消费支出	78.53	80.36	74.21	56.36	67.69
信息能力	88.32	90.26	84.61	79.95	85.01
政府信息产品采购支出	79.35	82.55	74.63	53.64	70.36

附录F 重庆市城镇居民信息消费支出结构

	人均信息消费支出(元)		人均信息消费占比(%)	
	通信	文化教育娱乐	通信	文化教育娱乐
1999	233.17	730.05	24.21	75.80
2000	248.53	785.75	24.03	75.96
2001	274.02	850.15	24.38	75.62
2002	364.80	1065.12	25.51	74.49
2003	496.68	1025.99	32.62	67.38
2004	537.66	1199.99	30.94	69.06
2005	605.49	1391.11	30.33	69.68
2006	639.46	1449.49	30.61	69.40
2007	598.42	1237.35	32.60	67.40
2008	574.04	1267.03	31.18	68.82
2009	596.53	1351.90	30.62	69.38
2010	761.30	1408.02	35.09	64.90
2011	761.12	1474.89	34.04	65.95
2012	948.12	1483.02	39.00	61.00
2013	984.46	1737.15	36.17	63.83
2014	1001.15	1728.02	36.68	63.31
2015	1187.21	1967.72	37.63	62.37

附录G　1987～2015年重庆市三次产业增加值比重

年份	第一产业(%)	第二产业(%)	第三产业(%)	第二、三产业占比(%)
1987	30.3	43.9	25.8	69.7
1988	28.7	45.0	26.3	71.3
1989	27.0	44.7	28.3	73.0
1990	30.6	41.4	28.0	69.4
1991	29.3	41.2	29.5	70.7
1992	25.4	42.1	32.5	74.6
1993	23.3	44.7	32.0	76.7
1994	23.5	45.2	31.3	76.5
1995	23.5	43.9	32.6	76.5
1996	21.9	43.3	34.8	78.1
1997	20.3	43.1	36.6	79.7
1998	18.8	42.2	39.0	81.2
1999	17.2	42.0	40.8	82.8
2000	15.9	42.4	41.7	84.1
2001	14.9	42.6	42.5	85.1
2002	14.2	42.9	42.9	85.8
2003	13.3	44.4	42.3	86.7
2004	14.1	45.4	40.5	85.9
2005	13.4	45.1	41.5	86.6
2006	9.9	47.9	42.2	90.1
2007	10.3	46.7	43.0	89.7
2008	9.9	44.6	45.5	90.1
2009	9.3	45.0	45.7	90.7
2010	8.6	44.6	46.8	91.4
2011	8.4	44.6	47.0	91.6
2012	8.2	45.4	46.4	91.8
2013	7.8	45.5	46.7	92.2
2014	7.4	45.8	46.8	92.6
2015	7.3	45.0	47.7	92.7

附录H　2007年重庆城镇居民信息消费对42部门的诱发影响表

部门	信息消费细项	信息消费总额(亿元)	信息消费诱发增加值(亿元)	信息消费诱发系数	居民消费诱发系数
农林牧渔业		0	1.8847	0.00755	0.2011
煤炭开采和洗选业		0	1.4340	0.00574	0.0068
石油和天然气开采业		0	−7.0260	−0.02814	−0.0526
金属矿采选业		0	−2.5143	−0.01007	−0.0266
非金属矿及其他矿采选业		0	−1.3044	−0.00522	−0.0179
食品制造及烟草加工业		0	1.9358	0.00775	0.2031
纺织业		0	0.6123	0.00245	0.0728
纺织服装鞋帽皮革羽绒及其制品业		0	0.3948	0.00158	0.0339
木材加工及家具制造业		0	0.6091	0.00244	0.0102
造纸印刷及文教体育用品制造业	文教用品教材	49.9841	74.1784	0.29711	0.0196
石油加工、炼焦及核燃料加工业		0	−2.8468	−0.01140	−0.0148
化学工业		0	6.1913	0.02480	0.1220
非金属矿物制品业		0	2.1160	0.00848	0.0080
金属冶炼及压延加工业		0	3.4170	0.01369	0.0301
金属制品业		0	0.7923	0.00317	0.0073
通用、专用设备制造业		0	3.2141	0.01287	0.0446
交通运输设备制造业		0	3.2873	0.01317	0.0366
电气机械及器材制造业		0	2.1862	0.00876	0.0363
通信设备、计算机及其他电子设备制造业	通信工具	13.4722	15.8112	0.06333	0.0250
仪器仪表及文化办公用机械制造业		0	5.0157	0.02009	0.0078
工艺品及其他制造业		0	−0.0924	−0.00037	0.0050
废品废料		0	0.4348	0.00174	0.0005
电力、热力的生产和供应业		0	8.0066	0.03207	0.0583
燃气生产和供应业		0	0.2816	0.00113	0.0231
水的生产和供应业		0	0.3427	0.00137	0.0108
建筑业		0	0.9940	0.00398	0.0138
交通运输及仓储业		0	9.9898	0.04001	0.0605
邮政业		0	0.4399	0.00176	0.0017

续表

部门	信息消费细项	信息消费总额(亿元)	信息消费诱发增加值(亿元)	信息消费诱发系数	居民消费诱发系数
信息传输、计算机服务和软件业	通信服务	67.9130	71.5041	0.28640	0.0539
批发和零售业		0	10.9692	0.04394	0.0723
住宿和餐饮业		0	7.0117	0.02808	0.1074
金融业		0	5.4621	0.02188	0.0428
房地产业		0	1.7767	0.00712	0.0165
租赁和商务服务业		0	3.9234	0.01571	0.0322
研究与试验发展业		0	−0.0605	−0.00024	−0.0001
综合技术服务业		0	0.1959	0.00078	0.0020
水利、环境和公共设施管理业		0	0.6036	0.00242	0.0124
居民服务和其他服务业		0	1.9965	0.00800	0.0201
教育	教育费用	74.7510	75.8066	0.30363	0.0615
卫生、社会保障和社会福利业		0	1.3503	0.00541	0.0324
文化、体育和娱乐业	文教娱乐服务	43.5445	44.1946	0.17702	0.0173
公共管理和社会组织		0	0.0921	0.00037	0.0035
合计		249.6648	354.6120	1.42035	1.4012

注：表中的负号表示该部门的产品需求来自省外(市外)，包括国内省外流入和进口，其负数的绝对值越大表示对该类产品的省外需求量越大，需要进口的量越大。

附录Ⅰ　2012年重庆城镇居民信息消费对42部门的诱发影响表

部门	信息消费细项	信息消费总额(亿元)	信息消费诱发增加值(亿元)	信息消费诱发系数	居民消费诱发系数
农林牧渔业		0	4.1013	0.01005	0.2209
煤炭开采和洗选业		0	−0.4371	−0.00107	0.0081
石油和天然气开采业		0	21.9638	0.05384	−0.0710
金属矿采选业		0	−1.0567	−0.00259	−0.0027
非金属矿及其他矿采选业		0	0.0038	0.00001	0
食品制造及烟草加工业		0	1.6049	0.00393	0.1589
纺织业		0	0.0830	0.00020	0.0421
纺织服装鞋帽皮革羽绒及其制品业		0	1.8170	0.00445	0.0727
木材加工及家具制造业		0	1.7284	0.00424	0.0101
造纸印刷及文教体育用品制造业	文教用品+教材	69.5071	100.3783	0.24606	0.0273
石油加工、炼焦及核燃料加工业		0	−11.0006	−0.02697	−0.0140
化学工业		0	10.9028	0.02673	0.0734
非金属矿物制品业		0	0.1158	0.00028	0.0096
金属冶炼及压延加工业		0	2.9744	0.00729	0.0094
金属制品业		0	1.5727	0.00386	0.0082
通用、专用设备制造业		0	1.9833	0.00486	0.0050
交通运输设备制造业		0	1.5721	0.00385	0.0017
电气机械及器材制造业		0	1.4413	0.00353	0.0226
通信设备、计算机及其他电子设备制造业	通信工具	26.6444	31.0293	0.07606	0.0413
仪器仪表及文化办公用机械制造业		0	7.8780	0.01931	0.0684
工艺品及其他制造业		0	1.4410	0.00353	0.0005
废品废料		0	0.2082	0.00051	0.0049
电力、热力的生产和供应业		0	−4.4475	−0.01090	−0.0056
燃气生产和供应业		0	−48.7827	−0.11958	−0.1141
水的生产和供应业		0	3.4026	0.00834	0.0370
建筑业		0	0.1905	0.00047	0.0177
交通运输及仓储业		0	−4.4384	−0.01088	0.0052
邮政业		0	1.3092	0.00321	0.0127

续表

部门	信息消费细项	信息消费总额(亿元)	信息消费诱发增加值(亿元)	信息消费诱发系数	居民消费诱发系数
信息传输、计算机服务和软件业	通信服务	132.4499	146.0092	0.35791	0.0965
批发和零售业		0	6.1478	0.01507	0.0439
住宿和餐饮业		0	3.6849	0.00903	0.0803
金融业		0	1.5294	0.00375	0.0372
房地产业		0	14.3098	0.03508	0.0792
租赁和商务服务业		0	5.0356	0.01234	0.0457
研究与试验发展业		0	2.7482	0.00674	0.0305
综合技术服务业		0	0.3413	0.00084	−0.0007
水利、环境和公共设施管理业		0	0.0340	0.00008	0.0074
居民服务和其他服务业		0	1.7300	0.00424	0.0202
教育	教育费用	74.0540	74.2676	0.18205	0.0286
卫生、社会保障和社会福利业		0	0.0029	0.00001	0.0472
文化、体育和娱乐业	文教娱乐服务	105.2890	107.0004	0.26229	0.0117
公共管理和社会组织		0	−0.0154	−0.00004	0.0051
合计		407.9444	490.3642	1.20204	1.1831

注：表中的负号表示该部门的产品需求来自省外(市外)，包括国内省外流入和进口，其负数的绝对值越大表示对该类产品的省外需求量越大，需要进口的量越大。

附录 J　重庆市战略性新产业与传统产业对照表

战略性新兴产业	现有统计分类产业
高端装备制造业	交通运输设备制造 仪器仪表及文化、办公用机械制造业 专用设备制造业
新一代信息技术	信息传输、计算机服务和软件业 交通运输、仓储和邮政业
新能源汽车	交通运输设备制造业
生物医药	化学原料及化学制品制造业 医药制造业 专用设备制造业
新能源	通用设备制造业 电力、热力的生产和供应业
新材料	非金属矿物制品业 黑色金属冶炼及压延加工业 通用设备制造
节能环保	仪器仪表及文化、办公用机械制造业 专用设备制造业 通用设备制造业

附录K 2007年重庆城镇居民信息消费结构对42部门的诱发系数

部门	通信工具		通信服务诱发		文化用品和教材		教育		文化娱乐	
	诱发增加值	诱发系数	诱发增加值	诱发系数	诱发增加值	诱发系数	诱发增加值	诱发系数	诱发增加值	诱发系数
农林牧渔业	0.0220	0.0016	0.1474	0.0022	0.4966	0.0099	0.4296	0.0057	0.7891	0.0181
煤炭开采和洗选业	−0.0047	−0.0003	0.2425	0.0036	0.6361	0.0127	0.3021	0.0040	0.2580	0.0059
石油和天然气开采业	−0.2094	−0.0155	−0.4612	−0.0068	−4.7773	−0.0956	−0.8264	−0.0111	−0.7517	−0.0173
金属矿采选业	−0.2731	−0.0203	−0.3919	−0.0058	−0.8560	−0.0171	−0.5866	−0.0078	−0.4065	−0.0093
非金属矿及其他矿采选业	−0.1141	−0.0085	−0.1226	−0.0018	−0.4491	−0.0090	−0.3943	−0.0053	−0.2242	−0.0051
食品制造及烟草加工业	0.0073	0.0005	0.0914	0.0013	0.0745	0.0015	0.2609	0.0035	1.5017	0.0345
纺织业	0.0045	0.0003	0.0581	0.0009	0.3673	0.0073	0.0648	0.0009	0.1177	0.0027
纺织服装鞋帽皮革羽绒及其制品业	0.0118	0.0009	0.0652	0.0010	0.0594	0.0012	0.0359	0.0005	0.2225	0.0051
木材加工及家具制造业	0.0024	0.0002	0.0272	0.0004	0.0152	0.0003	0.2084	0.0028	0.3558	0.0082
造纸印刷及文教体育用品制造业	0.0870	0.0065	0.3754	0.0055	69.1007	1.3825	2.8382	0.0380	1.7770	0.0408
石油加工、炼焦及核燃料加工业	−0.0579	−0.0043	−0.3132	−0.0046	−0.1966	−0.0039	−1.3458	−0.0180	−0.9333	−0.0214
化学工业	0.6906	0.0513	0.3559	0.0052	2.8748	0.0575	1.1023	0.0147	1.1677	0.0268
非金属矿物制品业	0.1491	0.0111	0.2034	0.0030	0.8853	0.0177	0.4952	0.0066	0.3830	0.0088
金属冶炼及压延加工业	0.4005	0.0297	0.5818	0.0086	1.0056	0.0201	0.8709	0.0117	0.5582	0.0128
金属制品业	0.0685	0.0051	0.1748	0.0026	0.0857	0.0017	0.2602	0.0035	0.2031	0.0047
通用、专用设备制造业	0.0429	0.0032	0.1600	0.0024	0.4431	0.0089	2.2057	0.0295	0.3624	0.0083
交通运输设备制造业	0.2680	0.0199	0.6029	0.0089	1.0897	0.0218	0.4842	0.0065	0.8424	0.0193
电气机械及器材制造业	0.2774	0.0206	0.5027	0.0074	0.1676	0.0034	0.5711	0.0076	0.6673	0.0153
通信设备及其他电子设备制造业	14.2553	1.0581	1.3019	0.0192	0.0117	0.0002	0.0552	0.0007	0.1872	0.0043
仪器仪表及文化办公用机械制造业	0.0146	0.0011	4.5279	0.0667	−0.0049	−0.0001	0.1491	0.0020	0.3289	0.0076
工艺品及其他制造业	−0.0012	−0.0001	−0.0507	−0.0007	−0.0087	−0.0002	−0.0256	−0.0003	−0.0063	−0.0001
废品废料	0.0060	0.0004	0.0097	0.0001	0.3714	0.0074	0.0287	0.0004	0.0191	0.0004
电力、热力的生产和供应业	0.0951	0.0071	2.1144	0.0311	0.9229	0.0185	2.7750	0.0371	2.0992	0.0482
燃气生产和供应业	0.0076	0.0006	0.0139	0.0002	0.1853	0.0037	0.0345	0.0005	0.0404	0.0009

续表

部门	通信工具		通信服务诱发		文化用品和教材		教育		文化娱乐	
	诱发增加值	诱发系数	诱发增加值	诱发系数	诱发增加值	诱发系数	诱发增加值	诱发系数	诱发增加值	诱发系数
水的生产和供应业	0.0016	0.0001	0.0152	0.0002	0.0150	0.0003	0.2140	0.0029	0.0969	0.0022
建筑业	0.0066	0.0005	0.0510	0.0008	0.1058	0.0021	0.5243	0.0070	0.3063	0.0070
交通运输及仓储业	0.1342	0.0100	1.0066	0.0148	2.0710	0.0414	2.6832	0.0359	4.0948	0.0940
邮政业	0.0021	0.0002	0.0365	0.0005	0.0206	0.0004	0.1313	0.0018	0.2494	0.0057
信息传输、计算机服务和软件业	0.0218	0.0016	69.4816	1.0231	0.1239	0.0025	0.9248	0.0124	0.9522	0.0219
批发和零售业	0.2356	0.0175	1.7274	0.0254	6.3502	0.1270	1.0523	0.0141	1.6036	0.0368
住宿和餐饮业	0.0650	0.0048	0.8784	0.0129	0.4486	0.0090	2.5428	0.0340	3.0769	0.0707
金融业	0.0791	0.0059	0.4620	0.0068	0.3376	0.0068	0.9538	0.0128	3.6297	0.0834
房地产业	0.0293	0.0022	0.3840	0.0057	0.1151	0.0023	0.3818	0.0051	0.8664	0.0199
租赁和商务服务业	0.2359	0.0175	0.6310	0.0093	0.3104	0.0062	0.3469	0.0046	2.3992	0.0551
研究与试验发展业	−0.0021	−0.0002	−0.0521	−0.0008	−0.0013	0.0000	−0.0033	0.0000	−0.0017	0.0000
综合技术服务业	0.0115	0.0009	0.0723	0.0011	0.0144	0.0003	0.0457	0.0006	0.0521	0.0012
水利、环境和公共设施管理业	0.0080	0.0006	0.1164	0.0017	0.0546	0.0011	0.2472	0.0033	0.1773	0.0041
居民服务和其他服务业	0.0135	0.0010	0.3779	0.0056	0.1652	0.0033	0.6826	0.0091	0.7571	0.0174
教育	0.0724	0.0054	0.1024	0.0015	0.0474	0.0009	75.3024	1.0074	0.2820	0.0065
卫生、社会保障和社会福利业	0.0291	0.0022	0.0331	0.0005	0.2653	0.0053	0.5150	0.0069	0.5079	0.0117
文化、体育和娱乐业	0.0046	0.0003	0.1327	0.0020	0.0372	0.0007	0.2397	0.0032	43.7803	1.0054
公共管理和社会组织	0.0025	0.0002	0.0087	0.0001	0.0046	0.0001	0.0267	0.0004	0.0497	0.0011
合计	16.7009	1.2397	85.6821	1.2616	82.9860	1.6602	96.8043	1.2950	72.4387	1.6636

附录L　2012年重庆城镇居民信息消费结构对42部门的诱发系数

部门	通信工具		通信服务		文化用品和教材		教育		文化娱乐	
	诱发增加值	诱发系数	诱发增加值	诱发系数	诱发增加值	诱发系数	诱发增加值	诱发系数	诱发增加值	诱发系数
农林牧渔业	0.0745	0.0055	0.5170	0.0076	2.4342	0.0487	0.2675	0.0036	0.8081	0.0186
煤炭开采和洗选业	0.0018	0.0001	−0.4097	−0.0060	0.1244	0.0025	−0.0096	−0.0001	−0.1440	−0.0033
石油和天然气开采业	−0.9444	−0.0701	13.8933	0.2046	−2.5243	−0.0505	3.6180	0.0484	7.9212	0.1819
金属矿采选业	−0.2684	−0.0199	−0.0968	−0.0014	−0.1637	−0.0033	−0.0788	−0.0011	−0.4488	−0.0103
非金属矿及其他矿采选业	0.0012	0.0001	0.0004	0.0000	0.0010	0.0000	0.0006	0.0000	0.0006	0.0000
食品制造及烟草加工业	0.0222	0.0016	0.4955	0.0073	0.4069	0.0081	0.1727	0.0023	0.5077	0.0117
纺织业	0.0004	0.0000	0.0093	0.0001	0.0366	0.0007	0.0018	0.0000	0.0349	0.0008
纺织服装鞋帽皮革羽绒及其制品业	−0.0095	−0.0007	0.1466	0.0022	0.0892	0.0018	0.0282	0.0004	1.5625	0.0359
木材加工及家具制造业	0.0196	0.0015	0.0297	0.0004	1.0179	0.0204	0.0365	0.0005	0.6246	0.0143
造纸印刷及文教体育用品制造业	0.1496	0.0111	0.6948	0.0102	86.4099	1.7287	1.7612	0.0236	11.3628	0.2609
石油加工、炼焦及核燃料加工业	0.1353	0.0100	−5.4212	−0.0798	−0.8892	−0.0178	−1.6111	−0.0216	−3.2143	−0.0738
化学工业	1.5234	0.1131	0.8383	0.0123	6.0734	0.1215	0.7580	0.0101	1.7098	0.0393
非金属矿物制品业	0.0366	0.0027	0.0192	0.0003	0.0118	0.0002	0.0408	0.0005	0.0073	0.0002
金属冶炼及压延加工业	−2.0041	−0.1488	0.5267	0.0078	1.3731	0.0275	0.4491	0.0060	2.6296	0.0604
金属制品业	0.9871	0.0733	0.0750	0.0011	0.3420	0.0068	0.0411	0.0005	0.1276	0.0029
通用、专用设备制造业	1.2063	0.0895	0.3729	0.0055	0.0464	0.0009	0.0923	0.0012	0.2654	0.0061
交通运输设备制造业	0.0337	0.0025	0.8235	0.0121	−0.0029	−0.0001	0.2342	0.0031	0.4836	0.0111
电气机械及器材制造业	0.0729	0.0054	1.0290	0.0152	0.1003	0.0020	0.0639	0.0009	0.1753	0.0040
仪器仪表及文化办公用机械制造业	5.2977	0.3932	0.9171	0.0135	0.4878	0.0098	0.2385	0.0032	0.9369	0.0215
工艺品及其他制造业	0.1177	0.0087	0.8399	0.0124	−0.0424	−0.0008	0.2171	0.0029	0.3087	0.0071
废品废料	0.0087	0.0006	0.0389	0.0006	0.0056	0.0001	0.0431	0.0006	0.1118	0.0026
电力、热力的生产和供应业	0.2317	0.0172	−0.1866	−0.0027	−3.2489	−0.0650	−0.1860	−0.0025	−1.0578	−0.0243
燃气生产和供应业	−6.8781	−0.5105	−7.7093	−0.1135	−9.7896	−0.1959	−4.4501	−0.0595	−19.9555	−0.4583
水的生产和供应业	0.0386	0.0029	1.2908	0.0190	0.4963	0.0099	0.7607	0.0102	0.8163	0.0187

续表

部门	通信工具		通信服务		文化用品和教材		教育		文化娱乐	
	诱发增加值	诱发系数	诱发增加值	诱发系数	诱发增加值	诱发系数	诱发增加值	诱发系数	诱发增加值	诱发系数
建筑业	0.0033	0.0002	0.0493	0.0007	0.0068	0.0001	0.0874	0.0012	0.0437	0.0010
交通运输及仓储业	−0.1093	−0.0081	−1.7632	−0.0260	−0.2996	−0.0060	−1.4025	−0.0188	−0.8638	−0.0198
邮政业	0.0091	0.0007	0.3053	0.0045	0.0565	0.0011	0.7941	0.0106	0.1441	0.0033
信息传输、计算机服务和软件业	0.8993	0.0668	136.0769	2.0037	4.8454	0.0969	0.3638	0.0049	3.8238	0.0878
批发和零售业	0.2454	0.0182	2.8872	0.0425	0.5082	0.0102	0.8780	0.0117	1.6290	0.0374
住宿和餐饮业	0.0215	0.0016	1.5425	0.0227	0.0504	0.0010	0.7308	0.0098	1.3397	0.0308
金融业	0.0647	0.0048	0.7227	0.0106	0.1145	0.0023	0.2734	0.0037	0.3542	0.0081
房地产业	0.2792	0.0207	7.2652	0.1070	1.6869	0.0337	1.7133	0.0229	3.3651	0.0773
租赁和商务服务业	0.0337	0.0025	3.2145	0.0473	0.2960	0.0059	0.3537	0.0047	1.1377	0.0261
研究与试验发展业	0.0999	0.0074	1.1468	0.0169	0.1616	0.0032	0.1422	0.0019	1.1976	0.0275
综合技术服务业	−0.0239	−0.0018	0.2984	0.0044	−0.0643	−0.0013	0.0585	0.0008	0.0726	0.0017
水利、环境和公共设施管理业	−0.0004	0.0000	0.0125	0.0002	−0.0003	0.0000	0.0045	0.0001	0.0177	0.0004
居民服务和其他服务业	0.0443	0.0033	0.4057	0.0060	0.0549	0.0011	0.8614	0.0115	0.3637	0.0084
教育	−0.0003	0.0000	0.0914	0.0013	0.0021	0.0000	74.1371	0.9918	0.0372	0.0009
卫生、社会保障和社会福利业	0.0000	0.0000	0.0021	0.0000	0.0001	0.0000	0.0001	0.0000	0.0005	0.0000
文化、体育和娱乐业	−0.0043	−0.0003	0.1625	0.0024	0.0022	0.0000	0.0702	0.0009	106.7698	2.4520
公共管理和社会组织	−0.0004	0.0000	−0.0040	−0.0001	−0.0017	0.0000	−0.0045	−0.0001	−0.0049	−0.0001
合计	31.9496	2.3715	161.3749	2.3762	90.1890	1.8044	81.6085	1.0917	125.2422	2.8762

附录 M　农村信息化供给的经济效应模型数据标准化结果

农村信息化供给的经济效应模型数据标准化结果 1

年份	Y 农林牧渔业总产值	L 农林牧渔从业人数	K 农村农户固定资产投资额	I 农村信息化指数
2003	−1.22504	1.80603	−1.28833	−1.01943
2004	−0.95084	1.14646	−0.87080	−0.97300
2005	−0.78000	0.74350	−0.74596	−0.89716
2006	−0.65848	0.36676	−0.63864	−0.78019
2007	−0.34509	0.02847	−0.31718	−0.37261
2008	0.08930	−0.44377	−0.15646	−0.07993
2009	0.27389	−0.61201	0.18035	0.32141
2010	0.44630	−0.79316	0.70593	0.75072
2011	1.26611	−1.01812	1.39258	1.26384
2012	1.88385	−1.22417	1.73850	1.78635

农村信息化供给的经济效应模型数据标准化结果 2

年份	A 农村 信息资源	B 农村信息化 基础设施	C 农村信息化 技术应用	D 农村 信息产业	E 农村 信息化人才	F 农村 信息化政策
2003	−1.67449	−1.38758	−1.05791	−0.59448	−1.40574	−1.48779
2004	−1.18943	−1.12802	−1.01097	−0.57513	−1.13824	−1.14309
2005	−0.86854	−0.91370	−0.93076	−0.55091	−0.90501	−0.81278
2006	−0.22896	−0.61294	−0.80046	−0.54730	−0.70350	−0.54009
2007	0.00465	−0.18748	−0.35324	−0.45400	−0.23129	−0.20820
2008	0.27862	0.17221	−0.03718	−0.36208	0.28470	0.14464
2009	0.50940	0.51656	0.41625	−0.35633	0.81201	0.63177
2010	0.69468	0.95540	0.86965	−0.13449	0.98978	0.82727
2011	1.01985	1.24429	1.25541	1.13883	1.08944	1.17122
2012	1.45421	1.34126	1.64922	2.43589	1.20513	1.41704

附录 N　大众遭遇信息污染的态度调查问卷

您好：

我们是重庆邮电大学电子商务与现代物流实验室团队，由于课题《新兴信息消费的环境评估及治理研究》需要，特开展此次调查，旨在了解网络信息污染已经对公众造成的危害程度和影响，希望得到您的支持与帮助！本问卷无记名，我们承诺您的个人信息将被严格保密，问卷结果仅做学术研究之用。信息污染源主要包括：垃圾邮件、不良网站、垃圾短信(如金融保险、房地产等推销)、违法短信(如金融诈骗、反动政治、色情暴力等)、垃圾彩信、骚扰电话以及恶意 App 等。谁都不愿意生活在一个充斥着虚假、诈骗、攻击、谩骂、恐怖、色情、暴力等信息污染的空间，“天气清朗、生态良好”的网络空间才符合人民的利益。选项无所谓对错，请勾选最符合您实际情况的选项！谢谢！

1.您的性别[单选题][必答题]

□男

□女

2.您的年龄[单选题][必答题]

□23 岁及以下

□24～35 岁

□36～45 岁

□46～55 岁

□56 岁及以上

3.您的职业[单选题][必答题]

□学生

□公司职员

□个体户

□教师

□工人

□其他___________

4.您每周上网时长[单选题][必答题]

□0～10 小时

□10～20 小时
□20～30 小时
□30～40 小时
□40～50 小时
□50 小时以上

5.您的手机系统属于什么类型[单选题][必答题]
□功能机 □安卓(Android)智能机 □苹果(IOS)智能机 □其他

6.您遭遇到的信息污染的频率(是否经常遇到)(垃圾短信，如金融保险、房地产等推销；违法短信，如金融诈骗、反动政治、色情暴力等)[矩阵量表题][必答题]

	非常低	有点低	一般	有点高	非常高
垃圾邮件	□	□	□	□	□
不良网站	□	□	□	□	□
垃圾短信	□	□	□	□	□
违法短信	□	□	□	□	□
垃圾彩信	□	□	□	□	□
骚扰电话	□	□	□	□	□
恶意 App	□	□	□	□	□

7.信息污染已经对您造成的危害程度(心理伤害、时间浪费、钱财损失等)[矩阵量表题][必答题]

	非常低	有点低	一般	有点高	非常高
垃圾邮件	□	□	□	□	□
不良网站	□	□	□	□	□
垃圾短信	□	□	□	□	□
违法短信	□	□	□	□	□
垃圾彩信	□	□	□	□	□
骚扰电话	□	□	□	□	□
恶意 App	□	□	□	□	□

8. 您对信息污染的厌恶程度[矩阵量表题][必答题]

	非常低	有点低	一般	有点高	非常高
垃圾邮件	□	□	□	□	□
不良网站	□	□	□	□	□

续表

	非常低	有点低	一般	有点高	非常高
垃圾短信	□	□	□	□	□
违法短信	□	□	□	□	□
垃圾彩信	□	□	□	□	□
骚扰电话	□	□	□	□	□
恶意 App	□	□	□	□	□

9.您觉得还有什么也是信息污染？它们对您造成了什么负面影响？[问答题][非必答]

附录O 名词解释

【U-Japan】日本在 2004 年度推出了基于物联网的国家信息化战略，称作 U-Japan。U 代指英文单词 ubiquitous，意为普遍存在的，无所不在的。该战略是希望催生新一代信息科技革命，实现无所不在的便利社会。

【智慧地球】智慧地球分成三个要素，即物联化、互联化、智能化，是指把新一代的 IT、互联网技术充分运用到各行各业，把感应器嵌入、装备到全球的医院、电网、铁路、桥梁、隧道、公路、建筑、供水系统、大坝、油气管道，通过互联网形成物联网；而后通过超级计算机和云计算，使得人类以更加精细、动态的方式和生活，从而在世界范围内提升智慧水平，最终就是“互联网+物联网=智慧地球”。

【网络外部性】是指连接到一个网络的价值，取决于已经连接到该网络的其他人的数量。通俗地说就是每个用户使用某产品得到的效用，与用户的总数量有关。用户人数越多，每个用户得到的效用就越高，网络中每个人的价值被网络中其他人的数量所影响。这也就意味着网络用户数量的增长，将会带动用户总所得效用的平方级增长。

【保有量】指某地某个时间点上已登记在册的或处于在用状态的某种物品的数量。

【产业发展政策】是指国家、政府有关产业的一切政策、法令，具体包括产业结构政策、产业组织政策、进出口政策等，是对整体信息产业发展做出的规划。

【产业专项领域发展政策】除开对信息产业进行全局的规划外，地方政府更多地结合自身的信息产业发展特点制定了专项领域政策，如移动互联网发展政策、电子商务政策、物联网政策等专项政策。

【整体市场规模】指信息产业的市场容量，即其产业在特定时间内的产值或者产量。主要包括现有市场规模和潜在市场规模两方面。

【对国民经济的影响程度】指信息产业对国家经济发展做出贡献的多少及其经济总量。该指标可以从另一面直接地反映信息供给方的经济环境，可以通过经济总量占本地区 GDP 比重、出口创汇总额、经济增长率等主要指标进行衡量。

【科技人才与经费投入】指企业在科技创新中的人才和资金投入，对其进行衡量时，主要从相关人员数量和资金投入进行衡量。

【科技产出】指的是通过科技活动所产生的各种形式的结果，包括科技出版物、专利和成果转化率等。科技产出的水平是衡量企业竞争环境的重要指标。

【信息制造业】主要指电子信息制造业，是研制和生产电子设备及各种电子元件、器件的工业。随着新兴信息技术的发展，新兴信息制造业企业数量在不断发展，如 TD-LTE 数字移动电话生产企业、物联网核心芯片生产企业等。

【信息服务业】指利用现代科学技术对信息进行生产、收集和处理等过程，最终以信息产品的形式为社会提供服务的专门行业，包括信息传输服务业，IT 服务业。

【支付能力】指个体对获取信息消费产品和服务的资金支付能力，主要取决于收入水平和信息消费成本两个方面。

【人均信息消费比重】指个体在日常生活中，在信息消费中的支出占日常生活总支出的比重，该指标作为环境指标，反映个体信息消费频率的高低或者信息消费在个体生活中占据的重要性，从而反映信息消费需求的大小。

【信息能力】指人们有效利用信息设备和信息资源获取信息、加工处理信息以及创造新信息的能力，包括信息工具使用能力、信息搜索能力、信息分析识别能力等。

【信息意识】该指标反映人们在信息活动中产生的认识、观念和需求的总和，信息意识是个体信息素质的深层次体现，拥有与时俱进的信息意识，才能产生有效利用信息产品及服务的需求，其主要体现在对信息重要性、敏感度和需求的认识上。

【信息知识】指个体拥有的一切与信息有关的理论、知识和方法，主要包括传统文化素质、信息常识和网络技术等现代化信息技术知识。

【信息道德】指涉及信息开发、传播、管理和利用等方面的道德要求、道德准则，以及在此基础上形成的新型道德关系。主要体现在对隐私的尊重程度、抵制不良信息和对知识产权的认识等方面。

【信息设备使用状况】指组织对各类信息设备的使用水平，随着新兴信息技术的发展，组织对信息设备的依赖和使用程度也得到了大幅度提升，信息消费需求得到了有效的推动。

【信息资源使用状况】主要指组织内部积累起来的以信息为核心的各类信息活动要素的集合，丰富的资源和良好的使用状况是促进组织信息消费的重要外在条件。

【信息消费资金投入】指组织在信息消费中的资金投入情况，营造一个良好的资金投入和资金运作环境，可以有效地提升组织信息需求，促进信息消费。资金投入主要包括信息消费日常支出占总支出的比例及年 R&D 投入。

【信息设备数】指组织具有的能够进行比特产品消费的智能终端，如计算机和智能手机等。组织设备作为组织进行信息消费的硬件基础，是组织信息消费需求的重要环境组成部分。

【人力资源状况】指组织内部主要从事信息消费或者信息再创的人员状况，主要包括 R&D 人员和工程师数等。

【经济状况】主要指企业在生产经营中的经济情况，组织良好的经济环境是进行信息消费的重要基础，考虑到政府是非营利性组织，所以，政府的经济状况主要考虑其年财政收入和国家财政投入。

【数字黑洞】又称陷阱数，类具有奇特转换特性整数任何数字全相同整数，经有限重排求差操作，总会得某或些数，些数即黑洞数重排求差操作，即把组成该数数字重排得大数减去重排得小数。

【信息污染指数】指衡量媒介信息中混入了有害性、欺骗性、误导性信息元素，或者媒介信息中含有的有毒、有害的信息元素超过传播标准或道德底线，对传播生态、信息资源以及人类身心健康造成破坏、损害或其他不良影响的一个象征性的指标。

参考文献

白先春, 贺晋, 2006. 一种基于模糊语言评估的多属性决策方法[J]. 运筹与管理, 15(02): 50-52.

方维慰, 2003. 信息产业发展环境的分析与评价[J]. 情报杂志, 08: 61-63.

高洁, 2014. 基于演化博弈视角的植物品种权价值链合作伙伴行为协调机制研究[J]. 运筹与管理, 23(05): 205-212.

韩子静, 2008. 信息生态系统初探[J]. 图书情报工作, S2: 230-234.

贺修铭, 1996. 信息消费概念的确立及其理论基础——兼论信息消费学的建设[J]. 图书情报工作, 4: 45-51.

贺修铭, 1997. 信息安全、信息污染、信息犯罪与信息消费——信息社会化环境下的消费者权益保护[J]. 消费经济, 1: 19-23.

胡永宏, 2012. 对统计综合评价中几个问题的认识与探讨[J]. 统计研究, 1: 26-30.

黄郴, 况能富, 2002. 企业技术创新的信息消费评价[J]. 中国软科学, 6: 73-77.

蒋序怀, 2000. 略论我国居民信息消费的现状及存在的问题[J]. 消费经济, 5: 33-37.

李新家, 2007. 消费经济学[M]. 北京: 中国社会科学出版社.

栾大鹏, 欧阳日辉, 2012. 生产要素内部投入结构与中国经济增长_栾大鹏[J]. 世界经济, 6: 78-92.

马哲明, 陈立军, 2015. 信息消费效益分析及提高信息消费效益策略研究[J]. 情报科学, 8: 35-38.

马哲明, 李永和, 2011. 我国农村居民信息消费与其收入关系研究[J]. 情报科学, 11: 1701-1704.

沙勇忠, 高海洋, 2001. 关于信息消费的几个理论问题[J]. 图书情报工作, 5: 28-31.

宋之杰, 郭燕平, 崔冬初, 2014. 地方政府监管与稀土上游企业的演化博弈分析[J]. 科研管理, 8: 145-152.

孙世民, 张吉国, 王继永, 2008. 基于 Shapley 值法和理想点原理的优质猪肉供应链合作伙伴利益分配研究[J]. 运筹与管理, 6: 87-91.

王元卓, 靳小龙, 程学旗, 2013. 网络大数据: 现状与展望[J]. 计算机学报, 36(6): 1125-1138.

徐泽水, 2002. 基于模糊语言评估及语言 OWA 算子的多属性群决策法[J]. 系统工程, 5: 79-82.

许民利, 王俏, 欧阳林寒, 2012. 食品供应链中质量投入的演化博弈分析[J]. 中国管理科学, 5: 131-141.

杨善林, 罗贺, 丁帅, 2012. 基于云计算的多源信息服务系统研究综述[J]. 管理科学学报, 5: 83 96.

尹世杰, 1992. 消费经济学原理[M]. 北京: 经济科学出版社.

尹世杰, 2007. 消费经济学[M]. 北京: 高等教育出版社.

郑英隆, 1994. 信息消费论纲[J]. 上海社会科学院学术季刊, 2: 51-59.

郑英隆, 2013. 基于发展方式转变的我国城乡居民信息消费差异研究述评 2006-2011[J]. 图书馆论坛, 332: 17-25.

钟玲玲, 徐春燕, 王战平, 2016. 2002-2015 年我国信息消费对经济增长促进作用的实证研究[J]. 情报科学, 11: 80-85.

Koroleva K, Krasnova H, Günther O, 2010. STOPSPAMMINGME! – Exploring information overloadonFacebook[C]// Sustainable It Collaboration Around the Globe. Americas Conferenceon Information SystemsAmcis 2010Lima, Peru, August: 447.

Lanvin B, 2006. The WTO, the Internet and Tradein Digital Products: EC-USPerspectives. By Sacha Wunsch-VincentOxford: Hart Publishing2006. ISBN1841135739, 295pp. [J]. Journalof International Economic Law, 93: 771-774.

Nelson P, 1970. Information and consumer behavior[J]. Journalof Political Economy, 782: 311-329.

Sengupta A, Pal T K, 2000. On comparing interval numbers[J]. European Journal of Operational Research, 1: 28-43.

Xu Z S, Da Q L, 2002. The uncertain OWA operator[J]. International Journal of Intelligent Systems, 6: 569-575.